DIGITAL POWER 2021

SW가 주도하는 미래사회의 비전

HadA

디지털 파워 2021

SW가 주도하는 미래사회의 비전

2021년 1월 22일 초판 1쇄

지은이 강송희, 김상규, 김수환, 김 은, 김정민, 김준연, 김진숙, 김진형, 김한성, 김형철, 김휘영, 민상윤, 박강민, 박국흠, 박현제, 송경재, 송민정, 송지환, 여 현, 유재흥, 이승환, 이연희, 조영임, 차성덕, 최공필, 최준균
펴낸곳 HadA
펴낸이 전미정
책임편집 최효준
디자인 고은미
교정·교열 강찬휘
출판등록 2009년 12월 3일, 제301-2009-230호
주소 서울 중구 퇴계로 243 평광빌딩 10층
전화 070-7090-1177
팩스 02-2275-5327
이메일 go5326@naver.com
홈페이지 www.hadabooks.com
ISBN 978-89-97170-62-3 03300

정가 19,800원

DIGITAL POWER 2021

SW가 주도하는 미래사회의 비전

프롤로그

레트로토피아를 넘어서

박현제 소프트웨어정책연구소 소장

코로나에 의한 디지털 전환과 변화된 우리의 삶

2020년의 디지털 전환, 그 첫째 특징은 무엇보다도 지난겨울에 발생하여 올 겨울을 맞아 맹위를 떨치는 코로나19가 그 요인이 된 것이다. 코로나19로 인해 사람 간의 만남과 이동이 억제되면서 개인 생활은 물론 경제, 사회 활동 전체가 변하고 있다. 비대면 교육, 재택근무 등이 일상화되었다. 미국 등 다른 선진국에서는 원격 진료도 널리 확산되고 있다. 2020년 디지털 전환의 두 번째 특징은 인공지능의 부각과 활용이다. 인공지능 알파고와 프로 기사 이세돌 9단의 바둑 대결로, 인공지능이 우리 국민에게 화려하게 데뷔한 해가 2016년이었다. 2017년 아마존의 인공지능 스피커는 대표적인 소프트웨어 기술로써 일반 가정에서도 인공지능 기술을 실제로 체험할 수 있게 했다. 최근 세계 각국 정부들이 인공지능 전략을 발표하였고, 우리나라도 작년 12월 "IT 강국을 넘어 인공지능 강국으로"라는 캐치프레이즈로 국가 전략을 발표하였고, 올해에는 코로나19 속에서도 이를 차질 없이 시행하고 있다.

디지털 전환은 제4차 산업혁명과 함께 산업계를 중심으로 수년전부터 시작되었다. 새로운 혁신을 유도하며, 궁극적으로 인류 문명의 발전을 이끄는 것이 그 취지였다. 2020년은 산업의 범주에 머물렀던 디지털 전환이 사회·정치·경제·문화 및 일상 삶에까지 영향을 미치는 현상으로 확장되었음을 분명하게 인식할 수 있게 된 해였다.

먼저 코로나19는 플랫폼 경제로의 전환을 가속시켰다. 우리나라는 코로나19로 인한 경기 위축으로 실질 국내 총생산(GDP)이 작년 상반기 대비 0.7% 감소한 것으로 나타났지만, 국내 소프트웨어 생산액은 사회 전반의 언택트 수요에 대응하여, 전년 상반기 대비 9.2% 증가하였다. 예를 들어 네이버, 카카오 등 빅테크 기업은 언택트를 기회로 삼아 비대면 서비스를 자사의 플랫폼과 결합하여 제공하며 성장하고 있다. 네이버는 홈콕족을 위한 네이버 라이브 커머스 서비스를 제공하고 카카오는 카카오 메이커스 등을 추가로 출시하는 등 비대면 수요에 적극적으로 부응하면서 급격한 성장을 하고 있다. 네이버는 올해 2분기에 전년 같은 분기 대비 매출액 17%, 영업 이익 80%가량이 증가하였으며, 카카오는 무려 매출액 30%, 영업 이익이 232%가 증가하였다.

유튜브 플랫폼이 언택트로 더욱 빛을 발하고 있는데, 유튜브에 기반한 나를 돌보는 콘텐츠가 유행하면서 요가, 집 운동, 요리 등의 키워드가 작년 대비 100~350% 증가한 것이 대표적이다. '땅끄부부'와 같은 홈트는 매 콘텐츠 조회수가 수백만~수천만 회에 달하고 있으며, '애주가TV참피디'와 같은 혼술 서비스는 수백만 회 조회되고 있다. BTS가 한국어 노랫말로는 최초로 빌보드 싱글차트 1위에 오른 것과 블랙핑

크의 인기가 급부상한 것 등은 유튜브 등을 비롯한 디지털 혁신을 효율적으로 활용한 예로 거론된다.

경영상의 어려움을 겪었던 공유경제 비즈니스는 부활할 것으로 전망된다. 2020년 상반기만 해도 대표적인 공유 서비스인 우버는 전 직원의 25%를 해고하였고, 위워크, 에어비앤비 등이 위기에 처했었다. 하지만 언택트 수요와 공유 경제를 결합하여, 어린이집 등의 공동 육아 서비스나 기업체 등의 직원 공동 교육 서비스 등이 창출되었다. 국내에서는 공유 사무실 서비스인 패스트파이브가 2분기에, 1분기 대비 신규 입점이 13% 늘어났다. 배달 전문점과 주방을 공유하는 공유 주방 서비스도 새로운 문화로 떠오르고 있다.

공유경제는 이제 B2C를 넘어 B2B에서도 활성화되고 있다. 대표적으로 마이창고와 같은 공유 물류는 창고 공간은 물론 입출고, 검수, 반품, 재고 관리 등의 서비스 등을 함께 제공하고 있다. 일본에서는 공유 공장이 확대되고 있다. 코로나19로 인한 언택트 시대에 공유경제가 부활하는 아이러니가 현실이 된 것이다.

교육도 코로나로 크게 변화한 분야이다. 올해 초에는 각급 학교에서 원격 수업에 많은 혼란을 겪었으나, 시스템과 서비스가 안정되어 가고 있어서, 원격 수업에 대한 긍정적 인식이 증가하고 있다. 교육부 설문조사에 의하면 코로나 사태 이후에 학생의 71.9%, 교수의 73%가 원격 강의의 확대가 필요하다고 응답하였다. 초기에 우려했던 것과 달리, 서비스 품질이 좋아지고 있으며, 교육부가 대학의 원격 수업 제한에 관한 규제를 없애는 등 제도적인 정비를 서두르고 있어, 대학에서의 원격 수업은 코로나 이후에도 주요 강의형태의 하나로 남게 될 것 같다.

디지털은 미래를 바꾸는 게임 체인저

비대면 시대에 가상융합(XR)이 산업과 사회를 혁신하는 게임 체인저로 주목받고 있다. 의사소통에 있어 비언어적 표현은 매우 중요하며, XR은 이를 효과적으로 지원할 수 있다. 원격 회의, 원격 강의 등에서 활용될 수 있으며, XR 파티 공간을 가상으로 만들어 사교 활동을 할 수도 있고, 의료 분야에서는 격리된 코로나 환자를 관리하고 모니터링하는 데에도 적용될 수 있다. 이와 관련하여 우리 정부도 지난 12월 가상융합 경제(XR 경제) 전략을 발표하였으며, 2021년에는 세부 실천 사업들이 전개될 것이다. 특히 엔비디아의 CEO 젠슨 황 등이 최근에 언급한 메타버스는 가상·초월과 세계·우주의 합성어로서 3차원 가상 세계를 뜻하는데, 80년대 세컨드 라이프 등 게임에서 주로 거론되던 개념이 XR과 결합하면서 디지털세상의 새로운 가능성으로 부각될 전망이다.

일하는 방법도 변화될 것이다. 코로나19로 인해 재택근무에 대한 인식 변화가 생겨, 조사 대상자의 57%가 생산성 향상에 기여했다고 응답했으며 51%는 재택근무를 확대하겠다고 응답하였다. 프리랜서 유니언(Freelancer Union)의 조사에 따르면 미국 프리랜서 숫자가 지속적으로 늘어나 2027년에는 프리랜서가 정규직 등의 비프리랜서보다 많아질 것으로 예측하고 있다. 다만 코로나19 이후로 프리랜서의 소득이 평균 70%로 감소한 사실을 볼 때, 프린랜서를 위한 사회적 안전망에 대한 논의가 필요할 것이다.

온라인 쇼핑의 증가는 또 다른 큰 변화이다. 중국에서는 전자상거래 신규 고객이 1억 명 이상 새로 유입되었다고 하며, 우리나라에서는 고령층이 전자상거래를 시작하였다. 온라인 쇼핑은 인공지능과 같은 맞춤형 서비스의 적용이 가속화되면서 거대 플랫폼에 의한 독점이 사회 문제로 부각되는 문제점을 안고 있다. 미국의 블랙프라이데이가 올해는 하루가 아닌 블랙노벰버로 1달 동안 지속되었다. 이로 인해 미국 소비자들이 11월에 작년 대비 21.5% 증가한 총 90억 달러의 온라인 쇼핑을 하였다. 이러한 현상은 역으로 백년 역사를 지닌 메이시스(Macy's), JC페니(JC Penny), 노드스톰(Nordstrom) 등의 백화점들의 파산으로 이어졌다.

디지털 화폐의 도입도 현실이 될 전망이다. 우리나라에서는 전 국민 대상으로 한 긴급 재난 지원금의 90%를, 디지털 수단을 이용하여 한 달 만에 수령한 것에 반해, 일본에서는 팩스를 활용하는 등 온라인 대체가 되지 않은 프로세스로 인해, 한 달 동안 불과 19%만이 재난지원금을 수령한 것은, 우리나라의 디지털 전환의 경쟁력을 잘 보여준다.

2021년에 기록될 디지털 기술

소프트웨어정책연구소에서는 매해 연말마다, 인터넷을 빅데이터로 분석하여 그 다음해 소프트웨어 산업의 10대 이슈를 발표하고 있다. '언택트 서비스 영역 확대'는 2019년 말에 선정했던, 2020년 소프트웨어 산업 10대 이슈 중 하나였다. 사람과의 접촉을 최소화하는 비대면 서비스가 이삼십 대를 넘어 사십 대 연령층으로 확대된다고 예측하였는데, 공교롭게도 코로나 사태로 인해 언택트 서비스를 모든 세대가 사용하게 되었다. 따라서 최근에 2021년의 10대 이슈를 선정할 때 언택트는 하나의 이슈가 아닌, 모든 이슈의 저변에 깔리는 대표 키워드로 제시되었다.

2021년은 어떤 이슈가 주목받을 것인가? 1위로는 교육 분야로서 '에듀테크 소프트웨어 시장 수요의 확대'가 선정되었다. '마이데이터 시대의 본격화'가 새로 추가되었는데, 이는 올해 발표된 데이터 3법 등의 영향을 받은 것이다. 또한 '딥택트(Deeptact)'는 업종과 영역을 불문하고 전통 산업과 언택트 기술의 강점을 결합한 것으로서, 전통 산업과 소프트웨어 융합이 본격화하고 있음을 예고한다.

인공지능을 신뢰할 수 있을까? 하는 의문도 계속되고 있다. 2021년 이슈에는 인간과 인공지능의 협업을 전제로 한 시스템으로서, HITL AI(Human in the Loop AI)가 선정되었다. 이는 작년 이슈에 있던 XAI(Explainable AI)의 다른 접근법으로, 결과 도출 과정에 반드시 인간의 피드백을 학습시키도록 하는 개념이다.

세계 각국의 단체에서는 인공지능 윤리를 표방하며 기술의 사회적 책무를 강조하고 있다. 하버드대학에서 종합 정리한 국가 및 단체, 대학, 기업들이 발표한 인공지능 윤리 원칙에 관한 자료를 보면, 개인정보 보호, 책무성, 안전과 보안, 공정성, 전문가의 책임, 인간의 가치 및 권리 존중을 인공지능 윤리의 주요 테마로 삼고 있다. 이런 추세에 발맞추듯 소프트웨어와 인공지능은 사회적 문제를 해결하는 데 기여하고 있다. 특히 코로나 사태에서 감염 탐지기로 감염 확률을 계산하고, 전염 경로를 실시간 추적하며, 환자 분류와 가상 도우미 챗봇 등을 도입하는 등의 대응 단계에 이용되고 있다. 또한 정보 오류에 대응하여 뉴스 개인화 서비스를 제공하고, 드론을 이용하여 물자를 수송에 활용되고 있다. 소셜미디어를 이용하여 경제 회복을 추적하는 데에도 인공지능을 활용한 사례가 보고되고 있다.

무엇을 해야 하는가?

디지털 혁신에 의한 새로운 기회의 창출에도 불구하고, 코로나19는 특히 세계 경제를 암흑으로 몰아갈 것으로 전망된다. IMF는 올해 세계 경제 성장률이 4.4% 감소할 것으로 예측했으며, WTO는 상품 교역 전망을 12.9~31.9% 감소할 것으로 예측하였다. 매킨지는 유럽의 실업자 수가 5,900만 명에 달할 것이라고 전망하는 등 전 세계가 일자리 감소로 고통받고 있다. 각국의 정부 부채는 이미 최고 수준에 도달하여 한동안 세계 경제를 어둡게 할 것으로 전망된다. 한편 포스트 코로나19에 대한 경제 예측은 그야말로 오리무중이다. 처음에는 1975년 1차 오일쇼크와 같은 V자형 반등을 기대하였으나, U자형, Z자형, W자형, L자형 등의 예측 모델도 있다. 최근에는 미국 국제금융센터나 이코노미스트 등에서 K자형의 양극화 모델을 제시하였는데, 가장 정확한 모델로 인정받고 있다. 즉 선진국과 신흥국 간의 양극화, 산업 간 양극화, 소득 간 양극화 등 다양한 분야에서 양극화가 심화될 것이라고 한다. 그러면 우리는 양극화가 예견되는 미래를 어떻게 준비할 것인가?

K형 모델에서 주목하는 기술이 바이오와 소프트웨어이다. 그러면 디지털 혁신을 가속화하며 디지털에 의해 작동하는 경제 체제로의 이행은 늦출 수 없는 이유이다. 정부는 코로나19의 충격과 위기를 극복하기 위한 전략으로, 지난 7월 14일 한국판 뉴딜을 발표하며 디지털 뉴딜을 핵심 축의 하나로 선정하였다. 데이터, 네트워크, 인공지능(D.N.A) 등 디지털 신기술을 바탕으로 산업의 혁신을 견인하고 국가 경쟁력을 결정짓는 핵심 요소로서 디지털 전환을 인식하고, 4대 분야 12개 추진 과제에 2025년까지 38.5조 원을 투입하기로 결정한 것이다.

디지털 사회로의 전환에 첫째도 사람, 둘째도 사람, 셋째도 사람이다. 인공지능도 사람이 있어야 개발하는 것이다. 따라서 디지털 경제로 향한 국가 간의 경쟁에서 우수한 소프트웨어 인재의 양성은 더 이상 미룰 수 없다. 우리나라 소프트웨어 필수 교육 시수는 초등학교의 경우 17시간에 불과하여, 영국 180시간, 인도 180시간, 일본 140시간, 중국 70시간 등에 크게 못 미치고 있다. 더구나 일본에서는 2022년부터 정보 과목을 대입 필수 과목으로 지정하여 입시에 반영할 예정이다. 우리나라도 초등학교에서부터 소프트웨어를 통해 문제 해결 능력과 기본 소양을 갖추어야 우수한 전문가가 양성될 것이며, 디지털 경제시대에 걸맞은 시민 의식과 교양도 갖출 수 있게 될 것이다. 초중등학교의 소프트웨어 필수 교육 시수를 주요 경쟁국에 대응할 수 있도록 대폭 늘려야 한다.

또한, 공익을 위한 디지털 전환을 위해 소프트웨어의 신뢰성과 투명성, 책임성의 확보는 꼭 필요하다. 세계는 독과점 및 종속의 우려가 커져가는 플랫폼에 신뢰를 부여하는 체제에서, 인공지능, 블록체인 등 소프트웨어 알고리즘에 신뢰를 부여하는 사회로 전환하고 있다. 소프트웨어, 특히 인공지능의 불확실성, 예측 불가능성이라는 특성을 해소하기 위해 신뢰할 수 있는 소프트웨어 기술의 확보는 꼭 필요하다. 디지털 기술은 악용되거나 오용되는 사례도 발견되고 있다. 디지털 기술에 정보 노출 사례가 자주 발생하고 있으며, 실제 지난 11월에는 해안 경계를 위해 우리 군에 설치된 중국제 CCTV에서 기밀이 중국 서버로 유출되는 악성코드가 발견되었다. 특히 인공지능 기술은 CCTV와 SNS, 각종 금융 거래 기록 등을 통해 시민의 사생활을 감시할 수 있는 빅브라더의 탄생을 예고할 수 있다는 점에서 경계심을 불러일으키고 있다.

그리고 지속 가능한 혁신을 하되 소프트웨어의 확산에 따른 디지털 데믹도 예방해야 한다. 소프트웨어 오류로 인하여 인명 사고가 발생하거나 심각한 금전적인 피해를 입은 경우도 많이 발생하고 있다. 보잉 737 추락, 2차 전지 화재 사고, 의료 장비 오작동으로 인한 사망 등 소프트웨어 오류로 인하여 손실액이 최소 1천만에서 최대 34억 달러에 이른다고 알려져 있다. 소프트웨어가 우리 사회 곳곳을 결합하는 디지털 경제가 깊어 갈수록 소프트웨어 안전을 강화하지 않으면 코로나19 못지않은 사태를 맞이할 수도 있다.

마지막으로 글로벌 이슈, 특히 미중 기술패권 경쟁을 염두에 두어야 한다. 디지털 경제에서 이미 미국과 중국은 양강 체제를 이루고 있으며, 데이터와 인공지능 기술을 기반으로 한 거대 플랫폼을 독점해 나가고 있어서, 세계 디지털 경제의 혜택이나 이익이 양국에 종속될 염려에 처해 있다. 중국과 미국의 기술 패권 경쟁이 가속화되는 환경에서, 코로나19 발생으로 인해, 글로벌 밸류체인이 붕괴하고 지역 중심의 새로운 밸류체인의 필요성이 부각되는 등 양대 진영의 경쟁 속에서 자국의 번영과 보존을 위한 세계 각국의 이해득실이 복잡하게 얽히고 있다.

포스트 코로나, 레트로토피아를 넘어서

사회학자 지그문트 바우만은 재난 이후에 과거를 낭만화해서 그리워하고 이상화하는 것을 레트로토피아라고 명명하였다. 우리는 코로나19라는 비정상의 예외적 순간이 끝나고 이전의 삶으로 돌아가기를 고대하고 있다. 하지만 코로나19 이전으로 돌아가기는 어려울 것으로 보인다. 코로나19로 인해 우리 삶이 이미 급격하게 변했고, 디지털 혁신의 도움으로 새로운 삶이 효과적임을 확인하였기 때문이다. 이제 레트로토피아는 환상임을 깨닫고, 재난 이후의 디지털 전환을 준비해야 할 때다.

2021년 이후에는 디지털 전환이 가속화하고 디지털 경제에 한발 더 다가감에 따라, 소프트웨어의 역할도 변화되어야 한다는 요구가 대두되고 있다. 2011년 마크 안드레센(Marc Andreessen)이 소프트웨어가 세계를 먹고 있다고 예견하였듯이, 이제 글로벌 기업 가치 상위 순위를 애플, 마이크로소프트, 알파벳, 아마존, 페이스북 등 소프트웨어 기업이 차지하고 있다. 우리나라에서도 소프트웨어의 중요성을 인지하여 2014년 '소프트웨어 중심사회'를 천명한 바가 있다. 인간과 인류를 위한 소프트웨어(SW for All)라는 새로운 역할이 소프트웨어에 부여되고 있는 것이다.

2021년도 다보스포럼은 '팬데믹은 우리 세상을 재구성하고, 재설정할 수 있는, 그러나 자주 오지 않는 기회의 창'으로 보고 '그레이트 리셋(Great Reset)'을 키워드로 제시했다. 그리고 그 지향점은 첫째, 국내 및 국제적으로 보다 공정한 시장을 조성하고, 둘째, 경기 부양책으로 시스템의 균열을 메우는 단기적 처방보다는 녹색 도시 인프라와 같은 지속 가능성을 확보해야 하고, 셋째, 4차 산업혁명의 혁신을 활용하여 공익을 지원하는 기회로 삼아야 한다는 내용이다.

디지털 전환의 성공은 우리가 미래 디지털 세상의 주역이 되기 위해 매우 중요하다. 소프트웨어의 능력과 가치, 한계를 이해하고 적극적으로 활용할 수 있어야 한다. 소프트웨어는 레트로토피아를 넘어, 미래의 디지털 세상으로 우리를 이끌어 갈 것이다.

CONTENTS

DIGITAL POWER 2021

SW가 주도하는 미래사회의 비전

Part. 1
디지털과 미래 경제

Part. 2
AI와 미래 기술생태계

Part. 3
디지털 전환과 미래 산업

Part. 4
AI시대의 미래 일자리

Part. 5
SW와 미래 교육

Part. 6
SW와 미래 사회

Part. 1

디지털과 미래 경제

DIGITAL POWER 2021

데이터 이코노미로의 여정

박국흠 한경대학교 교수

데이터 이코노미의 부상

데이터 처리를 위해 많은 비용을 지불하던 시대에서, 데이터 처리를 통해 수익을 창출하는 시대로 접어들고 있다. 4차 산업혁명이 구호에만 그치지 않고 산업 각 부문에서 빅데이터를 양산하고, 이를 처리해 막대한 이윤을 창출하는 기업들이 생겨나고 있다. 즉 데이터 이코노미(Data Economy)가 등장한 것이다.[1]

지금까지 인류가 만든 데이터의 90%는 지난 2년간 만든 것이며, 최근 들어 매일 23억 기가바이트의 데이터를 만들어 내고 있다. 이러한 추세는 앞으로 더욱더 가속화될 것이라고 전망한다.[2] 데이터 생성의 폭발적 증가와 함께 데이터 이코노미 규모도 성장하고 있다. 2016년 IDC는 세계 빅데이터 및 비즈니스 분석시장 규모를 1,301억 달러로 추산하고, 연평균 11.7% 성장해 2020년에는 2,030억 달러에 달할 것으로 전망했다. 데이터의 경제적 가치평가에 있어서 혹자는 구글,

이베이, 페이스북의 순자산이 125억 달러인데, 이들의 주식평가액은 6,600억 달러로 5배가 넘는 것은, 데이터의 가치가 반영되었기 때문이라고 주장하기도 한다.[3]

데이터 이코노미는 다양한 의미로 쓰이고 있는데, 한국정보통신기술협회의 IT 용어사전은 "데이터의 활용이 다른 산업 발전의 촉매 역할을 해 새로운 가치를 창출하는 시대의 경제"라고 정의한다. 데이터 이코노미 개념은 빅데이터 활용, 4차 산업혁명 등의 표현을 거치면서 자리를 잡아가고 있는데, 데이터 활용에 의한 가치창출이 그 핵심이다. 자율주행 자동차가 등장하고 알파고가 세계 바둑계를 제패하면서부터 데이터 이코노미는 세인의 주목과 기대를 모으고 있다.

지금까지 이러한 데이터 이코노미의 발전은 정보기술의 급속한 발전에 따른 산업계 데이터 수요에 의한 것이다. 초고속 통신망, 유비쿼터스, 인공지능, 고성능 컴퓨팅, 사물인터넷, 블록체인 등 데이터 이코노미를 만들어 가기에 충분한 기술발전을 이루었다. 그러나 개인정보 유출, 빅데이터와 개인정보 부정합, 정보유산자와 무산자 간 부의 편중, 다크웹의 등장, 디지털 범죄 증가 등 데이터 이코노미의 시장실패를 암시하는 현상 또한 급증하고 있다. 이는 데이터 이코노미를 지원할 제도가 시장을 뒷받침할 만큼 변화를 따라잡지 못하고 있는 상황에서 비롯된 것이다. 현재 데이터 거래가 마치 금주법 시대의 주류 거래와 다를 바 없다는 것은 지나친 과장일까? 데이터3법이 개정되기 이전의 데이터 관련 제도를 보면 금주(개인정보 보호) 외에는 제도적 장치가 없었음을 금방 알 수 있다. 현재의 정보화 혁명을 이끈 PC가 처음 등장했을 때, 우리가 소프트웨어 불법복제에 대한 대처가 늦었기 때문에 HW 부문은 세계적 위상을 가지는 데 반해, SW 부문은 항상 그에 못 미쳤다는 점을 되짚어 봐야 할 시점이다.

데이터 이코노미가 정착하기 위해서는 실물경제가 실물시장에 기반하고, 자본주의가 자본시장에 기반하듯이 데이터 이코노미는 데이터 시장에 기반해야 한다. 데이터 시장이 원활하게 작동하기 위한 이론적, 제도적 기반이 형성되어 있는지를 검토해야 할 시기임에도 그 기반은 매우 취약하다. 지금까지 경제학 분야에서 데이터 이코노미 관련 재화를 정보재로써 다루고 있으나, 이는 데이터의 독특한 경제적 속성을 이해하지 못하고 있으며 '데이터재'라는 용어는 사용조차 되지 않고 있다.

데이터 이코노미의 특성

지금까지 데이터를 재화로 보지 않았으므로 재화적 특징에 대한 논의는 거의 없었다. 데이터가 갖는 재화로서의 특성을 잘 이해해야만 데이터를 원활히 유통하는 시장을 설계하고, 데이터 이코노미 관련 제도를 발전시켜 나갈 수 있다. 데이터재의 특성은 다음과 같이 정리할 수 있다.

첫째, 데이터재는 다른 정보재와는 달리 집합적 가치를 가진다는 점이 가장 큰 특징이다. 그렇기 때문에 특정 목적의 분석이 가능할 만큼 데이터가 모여야 경제적 가치를 갖게 되며, 부분적 가치에 대한 산정은 어렵다. 그러므로 전체의 집합적 가치와 부분적 가치 간 비례관계가 형성되지 않는 경향이 있다.

둘째, 데이터재는 보편적 서비스로서 범용적 가치를 가진다. 그러나 대중들은 데이터의 활용에 대해 사용자마다 다양한 목적으로 활용 가치를 인식하므로 같은 데이터에 대해 그 가치를 상대적으로 다르게 인식한다. 따라서 같은 데이터에 대한 가치 판단은 사람마다 달라진다.

셋째, 연결에 의한 확장성으로 인해 데이터를 연결했을 경우, 데이터재의 경제적 활용 가치가 기하급수적으로 높아질 뿐만 아니라 새로운 경제적 가치를 창출할 수 있다. 공공데이터 개방의 예로 설명하자면, 건강 검진 정보와 질병 진단 정보를 비식별화해 공개했으므로 두 데이터는 연결될 수 없는데, 만약 두 파일이 연결된다면 검진 항목과 질병 발생 간 상관관계를 분석할 수 있게 된다. 이에 더해 민간의 카드 사용 정보 등과 연결되면 식품 등 소비생활과 질병 간 관계 등 창출할 수 있는 정보의 가짓수는 기하급수적으로 늘어나게 된다.

넷째, 데이터재에 있어서 개인정보는 보호의 대상이 되면서도 다른 편으로 활용의 대상이 된다. 정보의 분석은 주로 개인의 특성 변수별로 분석을 하게 되고, 자료구조론의 관점에서 보면 개인정보는 주로 데이터재의 인덱스키로서 역할을 하게 된다.

다섯째, 방송 등 콘텐츠의 생산자와 소비자 간의 관계가 일대다인데 반해, 데이터의 생산자와 소비자의 관계는 주로 다대일 혹은 다대다 관계이다. 이것이 기존 정보재와 데이터재의 큰 차이점이다. 이로 인해 생산자인 정보 주체의 경우 광고와 같이 우회적인 방법으로 수익을 얻을 수 있는 방안이 없다.

여섯째, 데이터재도 다른 정보재와 마찬가지로 공공재적 성격을 가지므로 재산권 보호가 없는 경우 무임승차 및 저생산의 문제가 발생한다.

지금까지 데이터재의 특징을 나열했는데, 이러한 성질을 복합적으로 결합하면 데이터재의 다양한 측면을 설명할 수 있다. 평범해 보이는 특징이지만 데이터를 거래한다고 생각해 보면 간단하지 않다. 여러 가지 데이터 이코노미의 시장실패 중 대표적인 것은 정보제공 동의를 데이터 거래로 보지 않았다는 것이다. 정보통신 서비스 회원가입 시, 정보 주체의 권익은 서비스 이용료를 감면받는 정도이고 정보통신 서비스 사업자의 막대한 이윤과 비교했을 때 형평성에 맞는 계약인지 의심하지 않을 수 없다. 개개인은 정보제공 동의가 데이터재로서 얼마만큼의 가치를 갖는지 모르는 상태에서 서비스를 이용할 목적으로 동의하게 되고, 협상의 여지 없이 이용자 수가 가장 많은 서비스에 가입한다. 그러므로 정보제공 동의에 있어서 독점과 유사한 불공정 거래가 형성된다. 이렇게 데이터재의 가치는 누적이 되고, 결과적으로 데이터재의 집합적 가치에 대한 '정보수집자의 무임승차'가 발생한다. 따라서 정보 주체의 개인정보 보호 이외에 제공한 정보에 대해 재산권 보호가 없는 경우 데이터 수집자의 무임승차에 대응할 수단이 거의 없게 된다.

위 예시는 데이터재의 복잡한 특성을 설명해 주는 하나의 단면이고 전체적으로는 다양한 시장실패 가능성이 복합적으로 얽혀 있다. 현재로서는 질서 있는 데이터 거래를 위한 제도를 완비하기 어렵지만 다양한 측면에서 데이터 이코노미의 생태계 조성을 위한 노력을 추진하고 있다.

데이터 이코노미를 둘러싼 각국의 선점 전쟁

데이터 이코노미를 맞이하기 위한 빅데이터 활용 여건 조성에 세계 각국이 제도 개선을 모색하고 있다. 일본은 2015년 <개인정보의 보호에 관한 법률>을 개정해 누구의 정보인지 알 수 없도록 비식별화를 거친 익명 가공정보에 대해서는 개인정보 보호의 적용을 배제해 기업의 자유로운 활용을 인정하고, 빅데이터 활용의 길을 열었다. 또한 <번호의 이용 등에 관한 법률>을 2013년 제정하고 개인번호(My Number)를 2016년 시행했다. 아울러 2015년 산업구조심의위원회를 설치해 범부처 차원의 종합대책을 마련해 7대 추진전략을 추진하고 있다.

EU는 2012년 개인정보보호일반규칙(GDPR, General Data Protection Regulation)을 입안했는데 가명정보의 활용, 잊힐 권리, 프로파일링(Profiling)에 대한 거부권, 정보이동권을 규정하고 있다. 2016년 스위스에 본부를 둔 세계경제포럼에서 4차 산업혁명이라는 용어를 세계적으로 유행을 시킨 것을 보면 유럽 산업의 디지털 전환을 중시하고 있다는 사실을 알 수 있다. 또한 2015년에는 빅데이터 유럽을 출범해 5년간 3조 3,870억 원을 투입해 자동차 빅데이터 장터 과제 등을 수행하고 있다. 한편 2017년 스웨덴은 디지털 전환을 지원하는 디지리프트(DigiLift) 프로젝트를 추진했다.

미국의 경우 통합된 개인정보 보호에 관한 법률이 없고, 민간 자율에 의해 비식별화된 정보를 활용할 수 있도록 하고 있다. 2015년 국립표준기술원(NIST)은 비식별화 기법에 관한 표준권고안을 발표했고, 그 이전에 2010년부터 의료 분야에서는 전문가 결정 방식과 식별자 18개를 제거하는 세이프하버 방식을 제시했다. 이러한 미국의 신자유주의적 전략은 세계 데이터 이코노미를 주도하도록 만들고 있다. 데이터 시장규모가 급속히 성장해 가는 과정에서 데이터 브로커 시장은 데이터 장터 이전에 미국에서 형성되어 있었다. 2015년 데이터 브로커 기업인 액시엄(Acxiom)은 데이터베이스 정보 매칭으로 페이스북과 트위터에 광고를 효율적으로 할 수 있게 도와주며 약 8억 달러의 매출을 올렸다. 미국 데이터 브로커 시장은 2012년 기준 약 1,500억 달러인 것으로 추산하고 있다.[4] 미국은 유럽, 일본과 같은 국가 주도의 데이터 이코노미 전략을 발표하지는 않았으나, 연방정부 차원에서 2016년 연방정부 빅데이터 연구개발 전략계획, 인공지능의 미래를 위한 준비, 국가 인공지능 연구개발 전략계획 등을 추진하고 있다.

우리의 데이터 이코노미는 어디로 가는가?

우리나라도 빅데이터 활성화에 기여하기 위해 공공데이터를 민간에 개방하고 빅데이터 활용 분위기를 조성하고 있다. 2013년 제정된 〈공공데이터의 제공 및 이용 활성화에 관한 법률〉에 의해 공공데이터가 민간에 개방되었고 2020년 10월 파일데이터 36,952건, 오픈API 6,299건, 표준데이터 11,578건으로 급증했다. 이러한 정부 차원의 적극적인 정책으로 우리나라는 2015년, 2017년, 2019년 OECD 공공데이터 개방평가인 OUR Data Index에서 세계 1위를 차지했다. 공공데이터 개방은 정부의 업무 과정에서 생성된 데이터를 민간에게 제공해 영리적, 비영리적 목적으로 재이용(Re-Use)할 권한을 부여하는 것이다. 미국에서 공공데이터 개방의 법적 근거는 1966년 제정된 〈정보자유법〉

과 1996년 개정된 〈전자적 정보자유법〉에 의해 목적에 상관없이 정부가 보유한 데이터에 대해 접근할 권한을 부여한 것이다. EU는 2003년 11월에 제정된 〈공공데이터 재이용에 관한 지침〉을 근거로 회원국의 민간사업자가 공공기관의 데이터를 재이용해 상업적으로 활용할 수 있도록 공공데이터 개방을 추진했다.

한편 데이터3법을 개정했는데, 〈개인정보보호법〉, 〈정보통신망법〉, 〈신용정보법〉을 말한다. 개정의 방향은 불필요한 중복규제를 완화해 데이터 활용의 제한을 해소하자는 취지이다. 주요 사항은 다음과 같다.

① 개인정보의 판단기준 명확화
② 가명정보 개념 도입
③ 보안시설을 갖춘 전문기관을 통해 기업 또는 기관 간 데이터 결합 허용
④ 개인정보 처리자의 책임 강화
⑤ 개인정보 보호 관련 법률의 유사·중복 규정을 정비하고 추진체계를 일원화

데이터3법의 개정으로 실현 가능한 데이터 이코노미의 대표적인 사업으로 마이데이터와 마이페이먼트를 들 수 있다. 마이데이터 사업은 여러 기관에 흩어져 있는 개인정보를 정보 주체가 능동적으로 관리·활용하는 것을 말한다. 개인이 정보의 주체가 될 수 있도록 데이터 권리를 보장하는 개념으로 〈신용정보법〉 개정을 통해 도입되었다. 아울러 마이데이터 사업이 핀테크와 결합해 마이페이먼트라는 혁신 서비스도 가능해지게 된다. 이것은 소비자가 정보를 능동적으로 사용할 수

있어야 하므로 마이데이터를 전제로 하는 서비스이다. 마이페이먼트는 '지급지시 서비스업'을 의미하는데, 대행업자(PISP)에게 자신의 계좌에 대한 지급권한을 허용해 주면 고객을 대신해서 PISP가 계좌이체 거래를 진행하는 서비스이다.

여기에서 데이터 이코노미의 생태계 조성을 위한 각국의 노력들은 주로 공공데이터 개방과 가명정보 활용으로 요약됨을 알 수 있다. 개인정보 보호에 묶여 있는 데이터를 익명화해 활용하자는 의도는 빅데이터 활용성을 높인다는 점에서 높이 평가할 만하다. 주된 논거는 수집된 데이터를 추가 비용 없이 다양한 목적으로 활용함으로써 효용이 증대된다는 논리이다. 그러나 이는 정보사업자의 입장만 생각한 것이며 데이터를 제공한 정보 주체와 다른 참여자의 입장을 배제한 것이다. 논리적으로 데이터 이코노미는 데이터의 가치를 높이 보는 경제를 말하는데, 데이터베이스 소유자 이외의 참여자의 데이터 제공 노력을 0으로 만들어 버리는 것은 모순이다. 더군다나 정보수집자의 무임승차를 누리고 있는 데이터베이스 소유자에게 가명정보 무료 이용권을 준다는 것은 당장은 생태계 조성에 기여할지 모르나, 궁극적으로는 데이터 이코노미의 발전을 가로막을 것이다. 그것은 마치 소프트웨어가 존재하니 무료로 복사해서 사용하면 사회 전체의 이익이 증대된다는 논리와 유사하다. 데이터재는 데이터의 집합적 가치에 다수가 기여했다는 특징이 있다. 즉 데이터재의 부분적 가치를 산정하고 집합적 가치에 투영하는 방법에 대한 고민에서 데이터 이코노미가 출발해야 한다.

데이터가 펼치는 미래 거버넌스는?

데이터 이코노미의 미래전망은 데이터재의 특성에 부합하는 데이터 거래를 원활히 할 수 있는 제도를 어떻게 만들어 내느냐에 달렸다고 할 수 있다. 데이터재의 공공재적 성격인 비경합성, 비배제성뿐만 아니라 네트워크 생산의 특성 등을 보완할 수 있는 제도로써 다양한 방안이 검토되고 있는데, 지적재산권을 부여하는 방안, 소유권을 부여하는 방안, 데이터권을 신설하는 방안 등이 독일을 중심으로 심도 있게 논의되고 있는 상황이다. 이것을 그림으로 표현하면 다음과 같다. 데이터재는 공공재적 성격을 가지므로 정부가 이용수익권을 부여해야 하는데, 그럴 경우 데이터재의 공익성이 확장된다는 것이다. 이용수익권을 보장할 경우 정보 주체의 데이터 제공 동의가 늘어나서 (다)와 (라) 영역을 포함한 C의 영역으로 확장될 것이다. 그러나 현재 가명정보를 활용하는 것으로는 정보제공 동의는 늘어나지 않으며, 가명정보

〈공공재로서 데이터재의 공익성〉

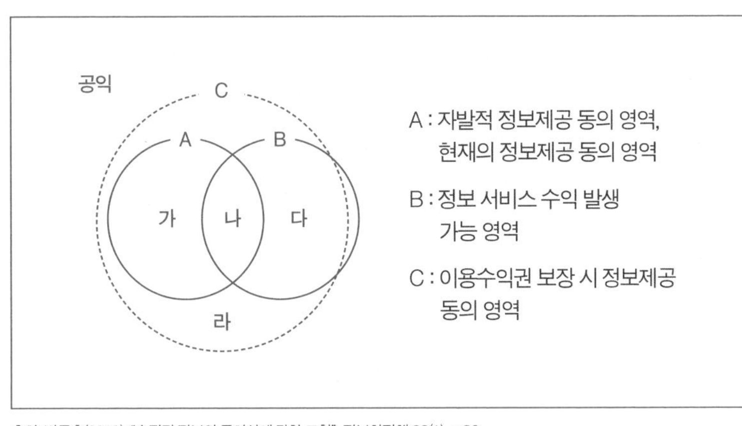

출처: 박국흠(2019), "수집된 정보의 공익성에 관한 고찰", 정보화정책 26(1), p.36

를 활용해 (다) 영역의 일부로 공익성이 확장될 것이다. 그러므로 데이터재에 이용수익권을 부여하자는 논의가 있는 것이다.

그 시작은 GDPR 제20조의 개인정보이동권(RDP, Right to Data Portability)인데 정보사업자에 대해 정보 주체가 정보의 이동을 요구할 수 있는 권리이다. 정보이동권의 목표로는 첫째, 정보 주체의 통제권을 강화해 서비스 제공자의 시스템에 데이터를 가두어 두지 않고 재사용할 수 있는 동기를 부여하는 것이다. 둘째, 개인 데이터의 자유로운 이동을 촉진하기 위한 것이다. 셋째, 서비스 이용자의 자유로운 선택을 확장시키는 것이다. 넷째, 디지털 서비스 개발자들이 새로운 서비스와 애플리케이션을 개발할 수 있는 동기를 부여해 데이터 기반 혁신을 촉진한다. 이와 유사한 것으로 호주 재무성은 2019년 소비자데이터권리(CDR, Consumer Data Right)를 제정했는데, 소비자가 정보사업자가 보유한 정보 주체의 데이터를 본인이나 본인이 지정한 제3자에게 안전하게 정보를 제공하게 하는 등, 정보에 대한 정보 주체의 통제권을 강화하려는 목적이다. 이를 통해 금융상품 종합관리 및 금융관리 개선 서비스, 인터넷 데이터 사용에 기반한 휴대폰·인터넷 상품 비교 서비스 등 데이터 이코노미 시장 창출을 기대하고 있다.

유럽과 호주의 정보이동권은 정보사업자에 갇혀 있는 데이터를 정보 주체가 활용할 수 있도록 만들었다는 점에서, 과거 보호 위주의 개인정보 정책에서 벗어나 데이터의 활용에 첫걸음을 뗀, 데이터 이코노미의 시작을 알리는 규정이다. 하지만 데이터재의 복잡한 성질을 감당하기에는 갈 길이 멀다. 사업자 간 경쟁을 유발한다는 점에서는 의미가 있지만, 정보 주체의 적극적인 권리를 끌어내기에는 난관이 많을 것으로 예상된다.

유럽의 경우 독일을 중심으로 데이터 거버넌스의 정립을 위해 간명한 거래 질서의 형성을 이끌어 낼 수 있는 데이터에 소유권을 부여하는 방안을 지속적으로 탐색하고 있다. 현행법 질서하에서 데이터는 소유권의 객체가 될 수 없다. 물건을 중심으로 소유권이 정립되어 있으므로 물건이 아닌 데이터는 적용의 여지가 없다. 그렇다고 지적재산권으로 규정하기도 어렵다. 데이터는 인간의 창작물로서 가치를 가지는 것이 아닌 단순한 활동의 결과로 생겨나는 기록이므로 인간의 창의성이 부여된 것은 아니기 때문이다.

물건에 대해 소유권을 부여하는 것은 현물이 소유의 표시를 쉽게 할 수 있다는 이유 때문이다. 그런데, 블록체인 기술은 정보에 대해 소유를 표시할 수 있으므로, 블록체인 기술을 데이터재의 소유권 표시에 사용하자는 논의가 최근 등장하고 있다. 전자화폐 거래에 활용되는 블록체인을 데이터 거래에 활용하는 것은 검증된 기술이라는 점에서 많은 신뢰를 얻고 있다. 이런 점에서 데이터재에 소유권을 부여하자는 논의가 재점화되고 있다.

데이터재의 재화적 성격상 시장실패가 데이터 이코노미의 가장 중요한 이슈이므로 이를 방지하는 권리 부여가 가장 중요하다. 데이터 이코노미의 주된 생산요소는 과거의 주된 생산요소였던 자본·노동에 데이터가 추가된 것이다. 데이터재가 주된 생산요소로 작용하는 산업 분야에서 데이터 시장의 실패는 노동 시장의 그것과 유사하다. 이러한 시장실패의 유형에 있어서는 재산권을 부여하는 것보다는 공정한 협상을 할 수 있는 권한을 부여하는 것이 타당한 방향이다. 결론적으로 데이터 거버넌스를 구현하기 위한 이용수익권의 구성요소로서 수집된 정보 활용 결정을 대표할 조직권과 대표들의 교섭권을 부여해야 한다.

이러한 권한의 부여는 데이터 이코노미 시대에 데이터의 활용에 대한 자치를 강화해 데이터의 공익적·합리적 활용을 증진시킬 것이다.

데이터 거버넌스에 법 제도도 중요하지만, 기술적 구현도 중요하다. 데이터 브로커에 의한 데이터 거래는 신뢰성에 한계가 있다. 페이스북의 개인정보 유출 사건도 이 데이터 브로커에 의해 일어났기 때문이다. 데이터 장터의 거래방식도 데이터 제공자가 판매하는 데이터만을 거래하므로 연결성에 의한 확장을 얻는 데 한계가 있다. 판매하는 데이터 대부분은 사업목적을 달성하기 위해 수집된 데이터이고, 이미 활용한 데이터들이다. 다른 목적으로의 가치가 크다면 그 사업자가 그 목적에 맞게 활용하지, 판매하지는 않을 것이다. 따라서 활용성을 극대화할 수 있는 거래소는 데이터들을 연결해 새로운 가치를 창출하고 보편적 서비스로서 데이터를 제공할 수 있는 거래소여야 한다. 그러기 위해서는 개인정보를 유출하지 않는, 신뢰할 수 있는 기술을 갖춘 조직과 시스템이어야 하고 법적으로도 신뢰할 수 있는 기관이어야 한다.

아울러 기술적인 방법으로 개인식별번호가 유일식별자 기능을 함과 동시에 프라이버시를 보호할 수 있도록 익명성을 제공하는 새로운 개인식별번호 체계를 도입하는 것도 고려해 볼 만한 시점이다. 개인정보 유출에 대한 걱정이 없고, 유출되어도 쉽게 바꿀 수 있는 개인식별번호 시스템이 정착된다면 사설 정보거래소의 등장도 기대할 수 있을 것이다.

데이터를 비트코인처럼

빅데이터와 4차 산업혁명이라는 용어로 상징되는 데이터 이코노미의 진전에 큰 기대를 모으고 있고, 세계 각국은 데이터 이코노미 생태계 조성 노력을 기울이고 있다. 데이터 이코노미의 병목은 기술이 아닌 제도에 있다. 어쩌면 데이터 이코노미의 시장실패는 이미 왔는지도 모른다. 데이터 이코노미가 가장 앞서 있는 미국에서 데이터 브로커 시장이 발달해 있다는 것이 그 증거이다. 만약 데이터 시장거래가 원활하다면 브로커 없이 바로 데이터 장터를 발전했을 것이다. 하지만 또 한편으로는 현재 상황이 긍정적일 수도 있다. 제도를 잘 설계하면 데이터 이코노미가 급물살을 탈 수 있기 때문이다.

데이터재는 기존의 정보재와는 다른 매우 독특한 성질을 가지고 있으며 기존의 개념으로는 이해하기 힘든 복잡한 경제적 성질을 가진다. 즉 기존 시장거래의 패러다임 체인지를 요구하고 있다. 데이터3법의 개정과 가명정보의 활용은 긴 여정의 시작이며 원활한 데이터 이코노미의 본질을 이끌어 내기 위해서는, 데이터재의 장점을 최대한 활용할 수 있는 원활한 제도를 만드는 것이 급선무이다. 지적재산권 인정으로 근대 자본주의 사회의 인센티브는 작동됐다. 순수한 인간의 창의력으로 현대문명을 이끌어 낸 산업혁명 시대의 인센티브 제도는 지적재산권이이었다. 하지만 알파고가 인간을 이기는 데이터 이코노미 시대의 인센티브 제도는 데이터권이 되어야 할 것이다.

데이터를 비트코인처럼 거래하는 시대가 과연 올까? 당연히 올 것이라고 믿어 의심치 않는다. 아무 가치 없는 비트를 거래하는 기술을 가진 시대 아닌가.

DIGITAL POWER 2021

포스트 코로나 시대의 플랫폼 이코노미

김준연 소프트웨어정책연구소 책임연구원

코로나19가 앞당긴 플랫폼의 시대

플랫폼 경제의 특성과 위협을 설명한 마르코 이안시티, 카림 R. 라카니는 2017년 하버드비즈니스리뷰에서 소수의 디지털 슈퍼파워, 즉 허브기업(플랫폼 기업)이 글로벌 경제에서 창출되는 가치의 많은 부분을 과도하게 독식하는 경제를 허브이코노미라고 소개했다. 이와 함께 이러한 현상은 경제 양극화와 경제 기반을 위태롭게 하고, 결국 사회적 불안을 초래한다고 경고했다. 그들은 해결책으로 플랫폼 기업 스스로 경제적 가치를 공유하고 이해관계자들이 지속 가능할 수 있도록 노력을 기울여야 한다고 주장하기도 했다.

최근 코로나 사태가 장기화되면서 무접촉(Zero-Contact) 기술에 대한 수요 증가와 산업·사회 곳곳에서 디지털 전환(Digital Transformation)이 보다 가속화될 것이라는 전망이 우세하다. 일찌감치 디지털 전환을 선제적으로 대응한 플랫폼 기업들은 이번 코로나 사태가 오히려 기회의 창(Windows of Opportunity)으로 작동해 '코로나 특수'를 누릴 수 있을 것으로 보인다. 반대로 디지털 준비도가 떨어지는 기업은 '코로나 탓'에 재앙 수준의 '성장 빙하기'에 진입할 것으로 예상되어, 양극화와 경제 불안이 가중될 것이라는 전망도 있다. 본 장에서는 코로나19가 변화시킨 우리 일상 속에서 환경변화를 기회로 활용하는 플랫폼 기업의 특징과 전략을 소개한다. 결론 부분에서는 포스트 코로나 시대에 플랫폼 경제가 우리 사회에 시사하는 기회와 위협 그리고 관련된 정책 대안을 제시하고자 한다.

포스트 코로나 시대에 진가를 발휘하는 플랫폼의 위력

코로나 사태에서도 선방하며 영역을 확장하는 비즈니스가 바로 플랫폼이다. 흔히 파이프라인이라고 불리는 가치사슬 개념이 원자재의 구매, 가공을 거쳐 완제품을 생산하고 이를 소비자에게 판매하는 선형적 모델로서, 이 과정에서 각 단계에 투입되는 비용을 최소화하는 것이 전략이었다면, 플랫폼은 둘 이상의 상호보완적인 그룹 간에 재화와 용역의 교환 활동을 통해 새로운 가치를 창출하는 비즈니스이다(Rysman, 2009). 이때 창출되는 것이 네트워크 효과인데, 제품 및 서비스의 특정 사용자가 다른 사용자의 가치에 영향을 미치는 것을 의미하며, 네트워크 효과가 클수록 제품이나 서비스의 가치는 사용자의 수에 비례한다(Shapiro and Varian, 2013). 플랫폼에 참여하는 기업 간에는 위계적 질서나 선형적 관계가 덜하고, 단계별 비용 최소화보다는 플랫폼에 의한 다양한 조합으로 새로운 가치 창출을 중시한다. 최근 비대면, 무인화, 비언어적 소통 등 코로나19가 등장시킨 새로운 요구에 전통 개념의 비즈니스는 주춤하고 있는 반면, 참여 그룹 간의 상호작용을 자동화한 플랫폼 기반의 서비스가 진가를 발휘하고 있다.

네이버와 카카오는 대표적 플랫폼 기업인데, 최근 코로나 사태에 대응하기 위해 자사 플랫폼에 '금융-결제-쇼핑-엔터테인먼트-뉴스' 콘텐츠 등으로 이어지는 생태계를 구축하면서 코로나19를 비대면 서비스 네트워크로 통합할 수 있는 기회로 활용하고 있다(네트워크의 효과는 그림 참조). 먼저 네이버는 이용자들의 자산을 묶어둘 수 있는 '네이버 통장'을 출시하고, 연동된 결제 플랫폼 내에서 '쇼핑·콘텐츠' 등의 소비를 창출함으로써 언택트 특수를 극대화하고 있다. 특히 최근 '집콕족'의 증가 추세에 따라 20여 개가 넘는 유통물류업체와 협력해서 실시간 상품을 소개하는 네이버 라이브커머스를 출시했고, 게임·웹툰 등 엔터테인먼트의 경우 해외, 주로 북미와 일본 등에서 이용이 증가하는 추세이다. 카카오도 마찬가지로 카카오톡, 카카오뱅크, 카카오페이를 일종의 콘텐츠 소비와 결제 플랫폼으로 통합하고 카톡 선물하기, 톡스토어, 메이커스 등 카카오커머스와 연계해 플랫폼 생태계를 확장하고 있다. 카카오의 지난 1분기 플랫폼 부문 매출은 전년 대비 41% 증가한 4,418억 원을 기록했다. 코로나19로 증가한 온라인쇼핑으로 카카오커머스의 1분기 전체 거래액이 전년 대비 55% 늘면서 코로나19가 일등 공신 역할을 톡톡히 했다.

원래 이러한 빅테크 기업들은 대면이 불필요한 플랫폼 사업자인데, 코로나19로 인한 언택트(비대면) 문화에 누구보다 신속하게 적응하면서 기업의 스케일업(규모 성장)을 추진하고 있다. 플랫폼 기업에게 코로나19는 확장의 기회가 된 셈이다. 한편 외식업은 코로나 불황에 가장 헤매고 있는데, 배달의 민족과 같은 음식배달과 음식유통은 매출이 급속도로 증가하고 있다. 새벽배송 시장의 포문을 연 '마켓 컬리'와 '쿠팡'이 코로나 특수를 누리는 대표적인 기업이다. 이들은 모두 디지털 플랫폼에 기반한 D2C(Direct to Customer) 형태의 비즈니스로 방대한 공급망과 사용자의 다양한 수요를 직접 매칭하면서 유통혁신을 이끌고 있다.

〈다양한 플랫폼 네트워크의 가치 비교〉

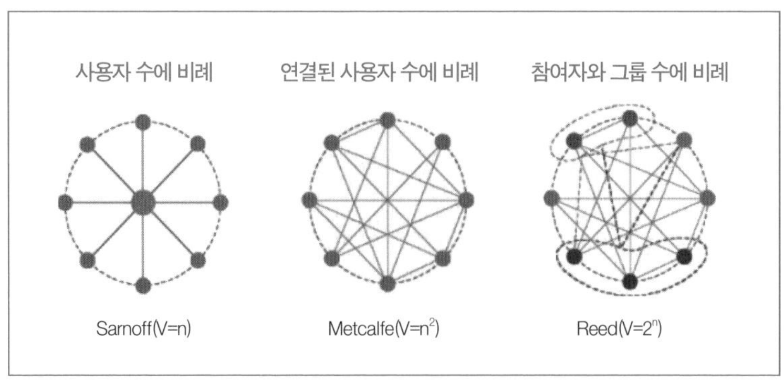

출처: 투이컨설팅(https://www.2e.co.kr/news/articleView.html?idxno=175818)

워크플랫폼도 코로나19로 부상하는 비즈니스의 새로운 풍경 중 하나이다. 그간 ICT를 활용해서 집에서 원격근무를 하는 방식을 확산시키려 했으나 제대로 일을 하지 않을 것이라는 고정관념 때문에 원격근무는 특수 직군 및 업체에서만 제한적으로 활용했다. 그러나 코로나19는 부정적인 인식으로 기피했던 원격근무에 대해 보편화된 업무 방식으로 자리 잡을 것이라는 긍정적 인식 변화를 촉발했으며, 원격화된 일상 속에서 업무와 소통을 하는 것이 뉴노멀로 자리 잡는 데 기여하고 있다. 이러한 비대면의 업무환경 변화 트렌드에 신속하게 대응하는 것이 워크플랫폼이다. 구글은 지메일(Gmail)과 화상회의 시스템 미트를 통합하고, 구글Docs(구글이 제공하는 문서 도구)와 구글챗(Chats)을 연동하면서 원격근무 플랫폼을 제공한다. 화상회의를 진행하면서 메일, 채팅, 문서 사용 등이 모두 가능해지므로 이 앱에서 저 앱으로 이동할 필요 없이 통합작업을 할 수 있게 됐다. 이는 코로나19에 의한 원격경제가 플랫폼의 위력을 드러나게 하는 계기가 됐다. 시스코의 웹엑스, 마이크로소프트(MS)의 팀즈 등도 원격근무를 지원하는 플랫폼으로 발전하고 있다. 이번 코로나 사태로 일약 스타가 된 기업 줌(Zoom)이 아직 확보하지 못한 것이 바로 이러한 플랫폼에 의한 통합과 연결 역량이다. 이러힌 플랫폼 기업들은 이질적인 서비스를 통합하면서 기존 비즈니스의 관행을 넘는 와해적 혁신을 촉진하고, 새로운 참여기업들을 활성화시키면서 가치를 창출한다. 이 과정에서 기존 시장은 통합되거나 분할되고, 전에 없던 새로운 시장이 창출되는 것이다.

한편 플랫폼은 다양한 참여기업을 양산하는데, 가장 작은 단위의 참여기업이 바로 1인 소호라 불리는 크리에이터이다. 집에서 보내는 여가시간이 늘어나면서 홈트, 홈술, 홈뷰티 등 디지털 홈코노미(Home+Economy) 열풍이 불고 있으며, 덩달아 1인 크리에이터, 유튜버, BJ 등이 제작하는 콘텐츠 이용 빈도도 빠르게 증가하고 있다. 유튜브 크리에이터는 다양한 분야에서 활동하는데, '애주가TV 참PD'는 집에서 혼술을 즐기는 애주가를 대상으로 가정간편식, 배달음식, 대형마트 및 편의점 자체상품 등 가성비 좋은 안주를 리뷰하는 1인 방송이다. 단 1년 4개월 만에 구독자 78만 명을 돌파했으며, 코로나 사태 이후 매달 약 4~6만 명의 신규 유저가 증가하고 있다. 홈과 트레이닝을 결합한 홈트 분야의 최강자는 200만 명이 넘는 구독자를 보유하고 있는 '땅

끄부부' 채널이다. 사회적 거리두기로 인해 수영장과 헬스장 등 공공 운동시설이 속속 문을 닫자 사람들은 밖에 나가기를 포기하고 집에서 운동하기 시작하면서 관련 분야가 최근 빠르게 성장하고 있다. 30대 중반의 평범한 부부가 운영하는 채널이지만, 코로나 사태 이후 그야말로 '벼락스타'가 됐다. 때마침 최근 리오넬 메시, 손흥민 등 세계적 운동 스타들도 '홈트' 영상을 속속 올리며 이를 권장함에 따라 홈트에 대한 관심은 가히 폭발적으로 커졌으며 온라인에서도 홈트 상품이 불티나게 팔리고 있다. G마켓 통계에 따르면, 2020년 3월 6일~4월 5일 한 달간 홈트레이닝 관련 상품 판매율은 전년 동기 대비 약 30% 증가했는데, 윗몸 일으키기, 벤치프레스 등 '싯업벤치' 매출 증가율은 245%에 달했고, 아령(65%), 케틀벨(44%), 덤벨(39%) 등도 크게 늘었다.[5]

요약하면, 디지털 경제가 부상하면서 크게 주목을 받은 플랫폼 비즈니스는 비대면, 비언어적 소통과 홈코노미라는 코로나 시대의 3대 뉴노멀 시기에 '보이지 않는 새로운 손' 역할을 하며, 플랫폼 비즈니스 혹은 플랫폼 경제의 전성기를 촉진할 것으로 보인다.

플랫폼 경제의 유형과 특징

경제학에서 생산성에 대해 두 가지 중요한 개념이 바로 수확체감의 법칙과 수확체증의 법칙이다. 수확체감의 법칙(Decreasing Returns to Scale)이란 한 단위 투입에 대한 산출이 점점 줄어든다는 의미이다. 즉 생산량을 늘려가면 늘려갈수록 생산에 투입되는 비용이 점점 증가한다는 것이다. 기존 경제학에서 가장 근본이 되는 법칙인데 이를 수식으로 표현하면 다음과 같다. 생산량을 Q, 노동량을 L, 자본량을 K라고 하면, Q=f(L.K)로 표현된다. 여기서 노동과 자본을 a배 늘렸을 때, 생산량도 a배 늘어나는 경우가 수확체증이고 a배보다 작게 늘어나는 경우가 수확체감이다. 흔히 이야기하는 제조업은 제품설계·개발→부품조립→생산→배송→유통으로 이어지는 가치사슬 모델에서는 수확체감의 법칙이 작동한다.[6]

한편 소위 FAANG 기업(페이스북Facebook, 아마존Amazon, 애플Apple, 넷플릭스Netflix, 구글Google)들은 디지털 기술을 기반으로 20세기에는 체험하지 못했던 수확체증의 법칙을 실현해 냄으로써 엄청난 이익을 얻고 있다. 이들은 모두 플랫폼 기업이라는 공통점을 가지고 있는데, 이들이 운영하는 네트워크에서는 링크가 많은 노드를 선택해서 다른 노드가 달라붙는 선호적 연결의 법칙이 작용하고, 링크가 많은 노드들이 다른 노드를 제치고 더 많은 링크를 포획하는 부익부 현상과 승자독식(Winner Takes All)의 결과로 연결된다. 형성의 토대와 과정에 따라 분산형, 중앙집중형, 혹은 분산형으로 구분할 수 있으며, 시장참여자 간의 연결유형에 따라 양면, 다면 그리고 멀티호밍으로 유형화할 수 있다.

과거 전통 경제 영역에서의 가치사슬(Value Chain)이라는 개념은, 플랫폼이 지배하는 시대에 가치 컨스텔레이션이라는 새로운 개념으로 재편됐다고 전망된다. 1910년대 포드의 대량조립 생산체제가 확립되면서 대기업이 출현했고, 테일러의 과학적 관리법과 포드의 대량 생산체제가 맞물린 관리 시대의 경영학이 출현했으며, 경영은 생산관리뿐 아니라 인사 및 조직관리, 마케팅관리, 기획관리 등으로 분화되어 나가면서 전략경영 시대로 접어들었다. 전략경영 시대의 핵심은 기업이 산

〈다양한 플랫폼의 유형〉

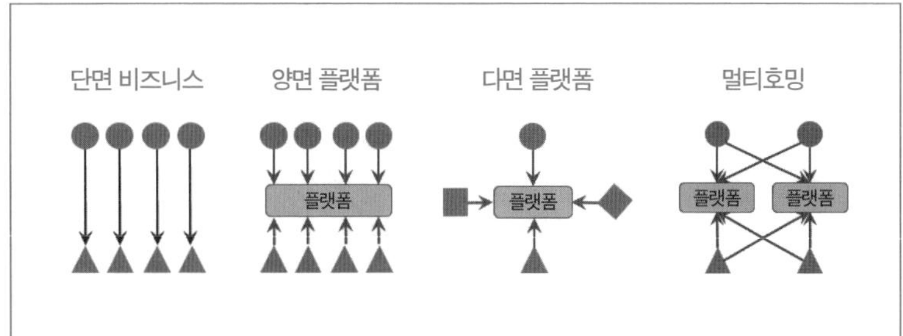

출처 : 홍기영(2020), 『플랫폼 승자의 법칙』의 내용 인용·수정

업 내에서 경쟁우위를 갖는 것이었으며 가치사슬이 바로 이러한 경쟁우위를 대변하는 모델이었다. 그러나 빅데이터, 인공지능과 같은 4차 산업혁명 시대의 디지털 기술이 등장하면서 시장에서의 가치에 대한 해석과 가치를 창출하는 방식과 경로에 기존과 다른 새로운 길을 열어주고 있는 것이다(Norman and Ramirez, 1993; Soosay et al., 2012). 이제 기업은 기업 내 생산과 판매의 단계별 부가가치를 창출하는 것을 넘어 공동으로 가치를 생성하고 교환하면서 새로운 생태계를 재창조한다. 이들의 전략적 과업은 주체들 간의 새로운 질서(Constellation) 내의 역할과 관계를 재구성해서, 새로운 경제주체들이 새로운 가치를 생성해 내는 것이다. 이제 가치는 더 이상 선형적인 사슬로부터 생성되는 것이 아니라 복잡한 컨스텔레이션 내에서 생성된다.

가치 컨스텔레이션에 의해서 창출적인 생태계는 다음과 같은 특징을 가진다.

첫째, 비용경쟁보다 가치경쟁이 중시된다. 예를 들어 인공지능 여행비서는 각각의 사용자별 특수한 경험에 맞춰 현지 날씨정보, 맛집, 관광지, 환율정보 등을 사용자의 취향에 따라 맞춤형으로 조합한다. 인

〈전통 경제와 플랫폼 경제의 가치모델 비교〉

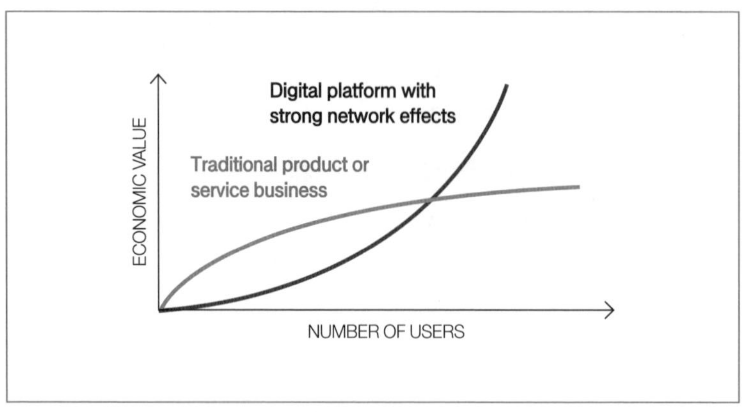

출처: Marco Iansiti and Karim R. Lakhani(2017)

공지능 비서가 검색한 정보의 양을 현실적으로 비교·검증하기도 불가능하기 때문에 이 서비스가 정말 적당한 가격의 서비스인지는 판단하기 어렵다. 다만 사용자가 그 가치가 수용할 만한 것인지를 결정하면 되는 것이다. 이러한 가치생태계에서는 비용경쟁보다 소비자가 수용할 만한 가치로 정보를 재조합해서 제공할 수 있느냐가 핵심 경쟁력이 될 것이다.

둘째, 다양한 유휴 자원들이 연결되고, 재조합되거나 재활용되어 새로운 가치로 탄생되는 일종의 자투리 경제의 특성을 지닌다. 일례로 중고차 매매지원 서비스인 카바조는 차량 정비기사들의 자투리 시간을 활용해 중고차 점검, 수리 및 매매를 지원하는 서비스로 성장하고 있다.

셋째, 플랫폼 사회로의 전환이 가속화될 수 있다. 2017년 미국 보험사인 '유나이티드 헬스케어'는 운동량과 생활 습관 등을 측정할 수 있는 특수 제작 기기를 착용하면 최대 1,460달러(약 165만 원)를 적립금

<디지털 신경제의 가치창출>

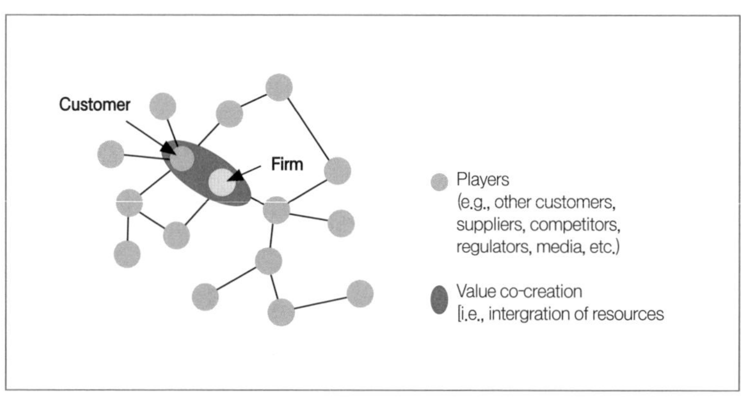

출처: The value constellation model applied to the digital market

형태로 가입자에게 지급한다. 온라인 보험사인 오스카도 스마트 기기인 '미스핏'으로 수집된 보험 가입자의 정보를 활용해 운동량을 체크해 온라인 쇼핑몰 상품권으로 제공한다. 이러한 디지털 가치의 융합으로 보험 가입자가 건강한 생활습관을 몸에 익히면 병에 덜 걸리고 치료비 등의 보험금을 덜 지급할 가능성이 커지기 때문에 사회적으로 지불 비용이 감소할 수 있는데, 이러한 가치창출은 혁신적인 사회로의 전환을 촉진시키는 일종의 사회적 경쟁력으로도 인식되고 있다. 이러한 사회적 가치연결 활동은 쓰레기, 자동차 배기가스, 생활 폐수, 전기 사용 절약 등 여러 분야에서 혁신적으로 시도되고 있다. 이는 개별 산업 혹은 기업 차원에서의 가치사슬 최적화로는 달성하기 쉽지 않았던 사회적 혁신이 가치 컨스텔레이션 생태계에서 가능성을 보인 것이다.

경제·사회의 플랫폼 전환을 위해

코로나19는 전 세계에 재앙적 수준의 타격을 입혔지만, 비즈니스 측면에서 다양한 실험과 도전의 계기가 되기도 했다. 비접촉, 비언어적 소통과 홈코노미 트렌드에 있어서는 플랫폼 비즈니스가 더욱 진가를 발휘하면서 기존에 없던 새로운 서비스를 창출하고 있다.

사실 플랫폼 비즈니스는 적어도 두 가지 측면에서 신선하다고 할 수 있다. 첫째, 전통 기업론에서는 기업이 비용-최소화에 유리하기 때문에 존재한다고 보았지만, 이들 공유경제와 플랫폼 기업들은 비용을 줄이려 등장했다기보다는, 외부 자원과의 연결과 새로운 가치 때문에 등장했다. 비용최소화론 관점에서는 기업의 규모가 커지면 언젠가 비용이 증가하는 시기가 온다고 하지만, 플랫폼의 경우 참여기업의 관리와 커뮤니케이션이 자동화되면서 규모가 커지면 오히려 창의적 조합과 가치창출에 유리하다고 본다. 또한 플랫폼을 활용한 1인 기업은 기업으로 있으면 비용이 줄어든다는 기존의 관점을 무색하게 만들기도 한다.

둘째, 기존 기업론에서는 기업이 성장하는 동기를 내적 자원의 활용에서 찾았는데, 디지털 플랫폼 기업들은 오히려 핵심 자원과 서비스가 외부에 있으며, 이들과의 연계와 통합이 성장의 핵심으로 이해된다. 플랫폼에 기반해서 새롭게 등장한 비즈니스는, 참여기업 간에 보다 수평적 협력관계를 지향하고, 개인까지도 포함하는 다양한 일자리를 창출한다는 측면에서, 최근 전통산업의 경쟁력 회복과 대-중소 상생, 그리고 새로운 일자리 창출을 목표로 하는 우리 경제의 대안으로 검토할 만하다.

그렇다면 우리 사회는 플랫폼 경제로의 전환으로 비즈니스 효과를 극대화하기 위해서는 무엇을 해야 할까?

첫째, 플랫폼 시대에 맞는 새로운 규칙이 필요하다. 기존 공정거래법은 단일 시장에 한해 독점 사업자인지, 시장지배력을 남용하는지 등을 판단했는데, 디지털 플랫폼은 경계 자체가 모호하고 앱을 비롯한 입점업체, 소비자 등 다양한 이해관계자가 존재하는 '다면시장'을 연결하는 특성이 있기 때문에 기존 법을 적용하는 데에 한계가 있다. 전통적 독점은 특정 시장의 지배력을 활용해 가격 인상을 통한 이윤 극대화와 소비자 후생저하를 초래했던 것에 반해, 플랫폼 기업들은 다양한 영역으로 확장하면서 시장점유율을 높이기 때문에 독점의 경향성을 보이지만, 낮은 가격을 유지한다는 점에서는 전통 독점과는 차별화되어 기존 관점으로 규제하는 것이 바람직한가라는 이슈가 있다. 이에 대해 플랫폼 기업을 새로운 시장의 창출자로서 바라보고 협력업체와의 거래가 얼마나 공정한가에 따라 규제하는 것이 필요하다는 견해도 있다. 최근 보도된 배달의 민족 수수료 인상과 카카오택시의 공정하지 않은 콜 배정은, 플랫폼 참여자와의 거래 공정성에 관련된 이슈이다. 어차피 플랫폼엔 국경이 없다. 따라서 기존 공정성과 독점성의 개념으로 국내 기업에만 규제와 지침을 적용하게 되면, 자칫 국내 시장이 외산 플랫폼에 의해 잠식될 수 있음을 경계해야 한다.

둘째, 일자리에 대한 유연한 접근이 필요하다. 플랫폼 시대에는 핵심역량을 보유한 소수와 다수의 참여노동자 간 소득양극화가 심화될 가능성이 높은데, 경제의 지속가능성을 위해서는 사회적 부의 재분배 시스템이 가동되어야 한다. 고소득 플랫폼 기업에 대한 세금 부담 상향, 그리고 플랫폼 노동자에게는 최소생계비를 대체할 최소 생계과업과 수익의 보장에 대한 장려 등을 고려할 수 있다. 플랫폼 경제에서 노동력을 제공하는 사람들의 수는 계속 늘어나고 있으며 이는 자연스러운 현상이자 거스를 수 없는 추세라면 플랫폼 노동을 제공하는 사람들과 플랫폼 기업 간 새로운 고용관계도 필요해 보인다. 특히 프랑스에서 도입한 디지털 사회보장제도를 눈여겨봐야 한다. 디지털 플랫폼을 통한 거래가 일어날 때마다 고객과 노동자가 일정 비율로 보험료를 내도록 하고, 디지털 플랫폼 기업은 이것을 모아 실업 등 위험에 처한 노동자에게 전달하는 방식이다.

총론적으로, 코로나19에 디지털 전환으로 대응해 오히려 코로나 특수를 누리는 플랫폼 기업들의 지혜는 재앙 같은 급작스런 외부환경의 변화에서도 우리가 어떻게 대응하느냐에 따라 얼마든지 위기를 기회의 창으로 만들 수 있다는 점을 시사하고 있다.

3

DIGITAL POWER 2021

코로나19와 공유 이코노미

박강민 소프트웨어정책연구소 선임연구원

공유를 통한 가치의 창출

우버, 타다, 에어비앤비 등이 촉발한 공유경제는 지난 몇 년 동안 뜨거운 이슈였다. 2019년 벤처투자 결산 결과, 공유경제에 대한 투자는 2,761억 원에 달해 스마트 헬스케어에 이어 두 번째로 투자유치가 많이 된 분야이다. 우리나라뿐만 아니라 미국과 유럽을 중심으로 2017년 186억 달러에서 2022년 402억 달러로 약 2배의 성장을 할 것이라 예측된다. 또한 중국에서도 이미 5억 명이 넘는 소비자를 갖는 분야로 성장했다.[7]

공유경제는 하버드대학교의 로랜스 레식(Lawrence Lessig) 교수가 2008년 제시한 개념으로 비어 있는 집이나 세워둔 차량, 사무실의 여유 공간 등 물질적 자산과 재능, 경험 등을 필요한 사람들과 공유(Sharing)해 부가가치를 생산하는 경제 패러다임을 말한다. 80년대 아나바다(아껴쓰고, 나눠쓰고, 바꿔쓰고, 다시쓰고) 운동을 기억하는 세대라면 공유경제가 현대판 아나바다 운동이라고 생각할지도 모른다. 공유경제는 온디맨드(On-Demand)나 O2O(Offline to Online)와 혼용되는 경우가 많은데, 엄밀히 말하자면 내 소유의 자산을 타인과 공유하면서 이득을 취한다는 것이지만, 최근에는 더 광범위하게 해석해 공동이용 또는 대여 서비스를 포함한다.

이러한 관점에서 우버, 에어비앤비 등 기업이 직접 서비스를 공급하지 않고 플랫폼을 통해 공급자와 사용자를 연결해 주는 중개·알선 서비스가 '공유경제 비즈니스'의 사례로 통용되고 있으며, 심지어 모바일 플랫폼을 사용할 뿐인 일반 임대사업이 '공유경제 관련 산업'으로 지칭되고 있다. 애초에 'Sharing Economy'를 '공유경제'라고 번역한 것이 잘못됐다는 주장도 있다. 'Sharing'에는 공동소유(共同所有)라는 뜻이 없기 때문이며 '공동이용경제' 혹은 '대여경제'라고 번역해야 옳다는 주장이다. 공유경제에 대한 많은 저술에서도 공유경제를 임대사업 등 플랫폼을 통해 공급자와 사용자를 연결하는 서비스를 포함하고

〈비즈니스 모델의 수익 메커니즘〉

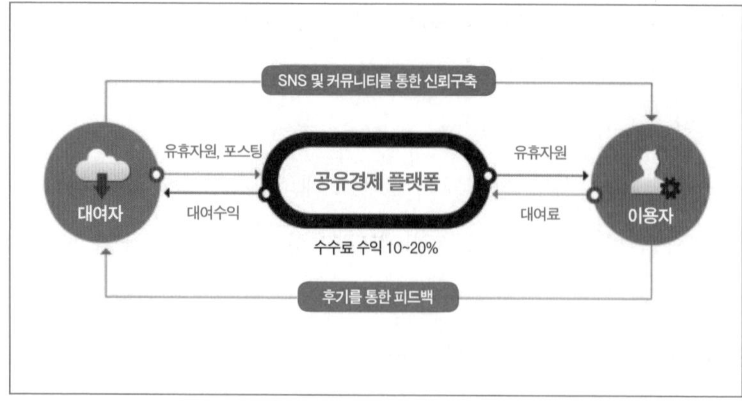

출처 : 공유경제정보센터

있다. 공유경제를 연구하는 대표적인 학자인 아룬 순다라라잔(Arun Sundararajan)의 저서에서도 공유경제의 개념을 더욱 폭넓게 해석하고 있다.[8]

포스트 코로나 시대에서의 공유?

공유라는 개념이 등장한 2008년은 세계적 금융위기가 닥친 시기였다. 마찬가지로 현재 코로나19와 미·중 간 무역갈등으로 인한 경제 침체로 공유경제가 다시금 주목받고 있다. 공유경제가 그간의 경제활동 수준을 영위하는 방법으로 사용되고 있기 때문이다.

코로나19는 공유경제의 새로운 전성기를 만들고 있다. 다양한 공유경제 서비스가 새롭게 등장하고 있으며, 심지어는 사회적 거리두기로 인한 언택트와 공유경제를 결합한 서비스도 등장하고 있다. 대표적인 예시가 공유주방이다. 코로나19로 인해 자영업은 빙하기에 가까운 수준으로 위축되었으나, 배달음식을 전문으로 하는 음식점은 문전성시를 이루게 되었다. 이러한 상황에서 큰 매장이 필요 없는 배달전문점은 다른 배달전문점과 주방을 공유하는 공유주방 서비스를 탄생시켰다. 공유주방 서비스란 기본 주방설비를 갖추고 배달 대행업체를 공유하며 식재료 주문도 같이 하는 방식으로 이뤄지는데, 우리나라에서는 헬로키친 등이 대표적이며 비빔면 제조업체로 유명한 팔도가 최근 가공제품을 활용한 외식 메뉴를 개발해 공유주방에서 배달하고 있다. 최근에는 대기업도 공유주방에 참여하고 있는데, CJ푸드빌은 공유주방에 빕스 브랜드의 배달전문점을 열었고 풀무원은 공유주방 업체들과

MOU를 맺고 자사 제품을 공급하고 있다.

코로나19로 인해 재택근무의 확산으로 거점 오피스가 도입되고, 사무실을 공유하는 서비스 역시 전성기를 맞고 있다. 출퇴근 과정에서 코로나19 감염 위험에 노출되거나 집단 감염이 일어나는 상황을 막기 위해 기업들이 재택근무를 활성화하면서 공유사무실 서비스가 그 수요를 흡수하고 있다. 국내에서는 패스트파이브 등 15개가 넘는 공유사무실 브랜드들이 사업 중이며, 한화의 드림플러스, 롯데의 워크플렉스, LG의 서브원 등 대기업도 가세하고 있다. 외국 사무실 공유업체 위워크가 무리한 확장으로 어려움을 겪고 있는 상황과는 대조적이다. 코로나19로 인해 국내 대표 업체인 패스트파이브의 신규 입점이 13% 늘어 코로나 특수를 여실히 보여주고 있다.[9] 국내에서만 3만 대가 넘은 공유 킥보드도 코로나19의 특수를 맞이한 공유경제의 대표적 사례이다. '라스트 마일 모빌리티' 혹은 '퍼스널 모빌리티'로 불리는 공유 전동킥보드는 코로나19 감염 우려로 사람들이 대중교통을 기피하면서 올해 시장 규모가 2배 이상 성장하고 있다.

한편 코로나19로 인해 위축된 공유경제 비즈니스도 존재한다. 대표적으로는 숙박과 자동차 공유 서비스이다. 코로나19 상황에서 안전에 대한 우려로 인해 숙소나 자동차를 다른 사람과 함께 사용하길 꺼리면서 어려움을 겪고 있는 것이다. 대표적으로 숙박공유 서비스인 에어비앤비의 경우 작년 하반기부터 상장을 추진했으나 코로나19로 숙박 수요가 끊기면서 상장이 어려워졌다. 결국 에어비앤비는 최근 전 세계 직원 7,500여 명 가운데 1,900명을 해고했다.[10] 차량공유 서비스도 마찬가지이다. 코로나19에 대비하기 위해 여러 가지 대안들을 제시하고 있으나 수요가 줄어들고 있다. 우버는 2019년 10조 원이라는 순손실을 기록했으며, 여기에 더해 2020년 미국과 유럽에 코로나19가 확산되면서 1분기에만 순손실이 170% 증가해 3조 5,000억 원을 기록했고 주가도 폭락했다. 이를 극복하기 위해 우버는 전체 직원의 15%인 3,700명을 해고했으며, 그러브허브를 인수해 승차공유가 아닌 음식 배달업으로 회생을 시도하고 있는 상황이다.[11] 정리하자면, 공유주방이나 오피스, 모빌리티 중에서도 라스트 마일이라 불리는 근거리 개인형 이동수단은 수요가 더욱 늘어났지만, 숙박공유나 승차공유 등은 언택트 소비가 강화되면서 위축되고 있는 상황이다.

그렇다면 포스트 코로나 시대에서 공유경제는 어떤 미래를 맞이할 것인가? 5G 인프라와 모바일 인프라의 발전으로 언제 어디서나 소통은 물론 결제, 송금 등 경제활동이 가능해졌다는 점도 공유경제 활성화에 큰 영향을 줄 것이다. 여기에 더해 밀레니얼 세대가 겪는 경제적 환경이 큰 역할을 하고 있다. 1980년대 초부터 2000년대 초 사이에 출생한 밀레니얼 세대는 2007년 글로벌 금융위기 이후 사회생활을 시작한 세대로 역사상 부모 세대보다 가난한 첫 번째 세대가 될 것으로 예측되고 있다. 이제 막 사회로 나갈 준비를 하거나 사회 초년생 생활을 시작한 이들은 실업률이 계속 높아지고, 부동산 가격도 천정부지로 치솟아 내 집 마련은 꿈도 꾸지 못하는 현실을 절감한다. 이들은 과거 세대와는 다른 방식으로 경제적 욕구를 충족하는 세대가 될 것이고, 그 중심에 공유경제가 있을 것이다. 결국 공유경제는 포스트 코로나 시대에 피할 수 없이 맞이해야 하는 길이 될 것이다. 디지털 비즈니스에 관한 세계적 석학인 에릭 브린욜프슨(Erik Brynjolfsson)은 공유경제의 충격은 아직 시작에 불과하다고 할 정도로 앞으로 공유경제는 우리 삶에 더욱 깊숙이 들어올 것이다.[12]

공유가 촉발한 이슈와 논란

한편 공유경제는 여러 논란의 가운데 있기도 하다. 첫째로는 공유경제가 현행 법령의 틈새를 노리거나 무시해 성립되는 것이 많다는 점이다. 법의 허점을 노린 사업 모델이기에 법적인 테두리 내의 다른 사업에서 따르는 기준 역시 무시하는 경우가 많아 그에 따른 사고 위험도 존재한다. 예를 들어 택시기사의 경우 안전을 위해 특정 범죄 전과자의 취업을 제한하고 있으며, 호텔이나 민박업 역시 법에 따른 안전관리 규정에 따라서 시설을 관리하고 있다. 그러나 공유경제 사업은 사업자 차원의 직원교육이나 정책에 의존하기 때문에 여러 문제를 발생시킨다. 얼마 전 발생한 타다 운전기사의 승객 성희롱 사건이나, 에어비앤비 개별 숙박시설에서 발생하는 사건·사고들이 대표적인 예시이다.

〈공유경제 활성화를 위한 정책적 노력〉

구분	내용
숙박 분야	• 도시 지역에서 내국인을 대상으로 빈 주택을 숙박용으로 제공하는 도시 민박업 허용 • 기존 숙박업계와 상생을 위해 불법 업소의 시장 진입 금지와 플랫폼 기업의 관리책임 강화
교통 분야	• 스마트시티 국가시범도시 내에서 운행하는 공유 차량의 배차·반납 장소 자율화 • 공유차량의 개별소비세 면제를 통해 세금 부담을 합리적으로 완화 • 친환경 차량(수소차)공유 촉진을 위한 세제 지원 확대 • 온라인 플랫폼을 통한 전세버스 탑승자 모집 허용
공간 분야	• 거주자 우선 주차장 공유 활성화 • 주거공유 표준계약서 마련

출처: 대한민국 정책브리핑 정책위키 인용·수정

물론 이런 기업들이 정책을 통해 이러한 문제들을 자체적으로 해결하려는 노력을 보여주고 있는 것도 사실이다. 최근에는 규제가 강화되었지만, 과거 공유숙박의 경우 기존 법규에서 지정하는 위생, 소방, 안전시설 등을 고려하지 않음으로써 가격 경쟁력을 얻었던 것도 문제 중 하나였다. 우리나라에서는 이러한 공유경제 서비스를 법의 테두리 안에 포함시켜 소비자의 피해를 막고, 기존 산업과 공정하게 경쟁하도록 여러 노력을 하고 있다. 우리나라의 대표적인 노력은 왼쪽 표와 같다.

둘째로는 공유지의 비극이 나타난다는 점이다. 공유지의 비극이란 공유 자원을 다른 사람이 본인보다 먼저 소비해 본인에게 남는 것이 없어, 서로 먼저 소비하려 해 결과적으로 자원이 빠르게 고갈되는 것이다. 누구나 이용할 수 있는 공중화장실이 지저분하다는 점은 대표적인 예이다. 사유 자원의 경우 누군가가 미래에 소비할 때 얻는 효용 등이나 재생산의 속도를 고려해 소비하지만 공유자원에 대해서는 그렇지 않게 된다는 것이다. 쏘카와 같은 자동차 공유업체들은 사용자들의 부주의한 운전으로 자가용 승용차에 비해 사고율이 10.8배나 높다. 이는 쏘카의 비용 경쟁력을 떨어뜨린다.[13] 이러한 문제를 막기 위해 공유경제의 개념을 만든 레시그 교수 역시 자신이 소유한 자산을 공유해야 한다는 원칙을 제시했다. 하지만 최근 공유경제가 플랫폼을 통한 대여에 초점을 두다 보니 공유지의 비극으로 인한 문제가 더욱 커지고 있다. 플랫폼 기업이 보험 가입, 블랙리스트 작성 등을 하는 것도 관리자로서 문제를 해결하려는 노력의 일환이 된다.

셋째로는 과도한 경쟁으로 낮은 제품 품질이나 부당 노동 등이 발생할 수 있다는 점이다. 공유경제가 활발한 중국은 이로 인해 여러 번 몸살을 앓았다. 대표적인 사례가 바로 공유자전거 사례이다. 중국 언론사가 촬영한 아래 사진은 한때 중국에서 선풍적인 인기를 끌었던 공유자전거가 무료 이벤트나 과도한 할인 등의 경쟁으로 파산해 흉물스러운 고물로 방치된 상황을 고발한 것이었다. 한때 기업가치가 3조 원, 이용자만 2억 명에 달하던 중국의 공유자전거 기업 오포(Ofo)는 3,500억 원에 달하는 산더미 같은 빚을 남기고 파산했으며 이를 이어 블루고고, 3V바이크, 우쿵 등이 파산했다. 2015년 차량공유 플랫폼 서비스 우버의 가장 큰 문제는 기사들의 '노동문제'였다. 우버뿐만 아니라 많은 공유경제 서비스들이 공급자를 독립계약자로 보면서 최저임금, 유급휴가, 실업보험 보장 등을 소홀히 하고 있다. 세계 여러 나라에서 이들을 노동자로 분류하고 보호하기 시작했지만, 여전히 많은 공유경제 서비스 노동자들은 보호받지 못하고 있는 실정이다.

〈방치된 중국의 공유자전거〉

출처: 구글 검색

공유경제가 그리는 미래 전망

그렇다면 공유경제가 마주한 문제를 어떻게 해결하면서 진화할 것인가? 앞서 언급한 바와 같이 코로나19로 인한 경제적 어려움과 더불어, 모바일 기술 인프라의 지속적인 발전 등 공유경제 활성화는 우리 앞에 놓인 피할 수 없는 길이다. 공유경제의 미래에 대해 요약하자면 첫째, 더욱 다양한 제품과 서비스가 공유될 것이다. 높은 가격으로 쉽게 구매할 수 없는 자동차와 같은 제품이나 일상에서 자주 사용하지 않은 제품들의 공유가 활발했다면, 미래에는 일상에서 쉽게 사용할 수 있는 물건까지 공유하게 될 것이다. 모바일 환경에 친숙한 밀레니얼 세대는 더 많은 제품과 서비스를 공유하는 것에 거리낌이 없을 것이다. 공유경제가 가장 활발한 중국에서는 자전거, 자동차, 전동킥보드와 같은 모빌리티 대여뿐만 아니라 우산, 농구공과 같은 생활용품에서 명품 가방까지 이미 공유하고 있다. 결국 우리 생활의 모든 물건과 서비스가 공유 대상이 될 것이다.

둘째, 공유경제는 이제 단순한 공유보다 부가가치를 만들어 내는 공유경제 플랫폼으로 진화할 것이다. 결국 공유를 가능하게 하는 플랫폼 위에서 새로운 비즈니스가 등장해 부가가치를 더하는 것이다. 대표적으로 우버나 디디추싱은 차량공유 플랫폼이지만, 최근에는 이 플랫폼을 그대로 음식배달에 활용하고 있으며, 비슷한 플랫폼인 홍콩의 고고밴은 꽃배달 서비스를 하고 있다. 공유숙박의 경우 우리나라 업체인 위홈의 경우 한옥을 공유하거나 의료관광을 위해 병원 인근에서 숙박을 공유하면서 새로운 부가가치를 만들고 있으며, 농어촌의 주인 없는 빈집을 리모델링해 공유하기도 하면서 유휴자원을 활용하고 있다. 공유경제는 이제 제품이나 서비스를 공유하는 데서 나아가 기존 플랫폼 위에 새로운 서비스를 제공하면서 성장할 것이다.

셋째, B2C(Business to Custumer) 위주의 공유경제는 B2B(Business to Business)로 확장될 것이다. 공유화된 자원을 활용하면서 기존에는 막대한 자본이 필요했던 창업과 비즈니스 확대가 더욱 쉬워지는데, 공유주방, 공유사무실에서 나아가 공유물류, 공유공장 등 비즈니스 전반에 걸쳐 공유가 활발해질 것이다. 실제로 우리나라의 마이창고(Mychango), 영국의 스토우거(Stowga), 일본의 오픈로지(Openlogi)가 유휴 물류창고를 공유하고 있다. 아직은 시범단계이나 일부에서는 공장을 공유하는 공유공장 서비스도 등장하고 있다. 대구의 스마트웰니스 규제자유특구에서는 1개의 공장에서 3D프린터 등 제조 인프라를 공유해 장비구매 비용을 절감하고 있다.[14] 중국에서는 스마트공장과 친환경 제조와 함께 공유공장 생태계를 정책적으로 지원하고 있다.[15]

공유경제를 통해 바람직한 미래를 그리기 위해서는 단순히 사업을 할 수 있도록 규제를 제거해 주는 것만으로는 부족하다. 사업을 잘할 수 있도록 낡은 규제를 제거하는 것은 피할 수 없는 흐름에 대응하는 필수적인 것이다. 이와 함께 공유경제가 앞서 언급한 문제점을 해결하고 성장하기 위해서는 정책의 주체뿐만 아니라 사업자와 사용자 모두의 노력이 필요하다. 먼저 코로나 시대에 맞춰 공유경제 서비스가 신뢰를 회복하는 것이 필요하다. 코로나19로 인해 공유숙박과 공유차량은 침체를 겪고 있다. 대표적인 이유는 여러 이용자가 동시에 사용하기 때문에 코로나19로부터 안전하지 않을 것이라는 위협 때문이다. 코로나19에 대응하기 위해 우버는 우선적으로 기사와 탑승객들에게 온라인 체크리스트를 활용해 마스크 착용, 손 씻기, 소독 등의 예방 조치를 취했음을 앱 내에 공지했다. 에어비앤비도 방역을 위해 강화된 청결 기준을 설정했다. 숙소가 해당 청결 기준에 동의하고 수행하는 경우, 숙소 페이지에 엄격한 살균청소 절차를 따른 숙소임을 강조 표시해 고객이 쉽게 확인할 수 있도록 했다.

신뢰 회복을 위한 이용정책을 마련하는 것에서 나아가 공유경제의 사업모델 내에 신뢰를 확보할 수 있는 요소를 심어두는 방법도 고려해볼 수 있다. 이는 당근마켓과 같은 모델을 참고할 수 있다. 당근마켓은 지근거리의 동네나 동네 아파트 단지 단위 거래에서 평판 관리가 중요해짐에 따라 공유지의 비극을 줄일 수 있었는데, 지역 기반과 같은 새로운 모델을 도입한다면 신뢰를 확보할 수 있을 것이다. 또한 공유경제 플랫폼 위에서 코로나19에 대응하는 부가가치를 적극적으로 창출해 디지털 전환을 앞당기는 역할을 해야 한다. 현재 공유사무실은 단순히 사무실만 공유하는 것이 아니라 중소기업이나 스타트업에서는 제공하기 어려웠던 어린이집, 컨퍼런스와 세미나 등 여러 복지 서비스를 제공하면서 사회 전반의 디지털 전환을 앞당기고 있다.

특히 4차 산업혁명의 변화와 코로나19 위기 속에서 공유경제의 가치는 경제에만 국한되지 않고 정치, 사회, 문화 전반에 영향을 주는 큰 흐름으로 발전하고 있어 앞으로의 대응이 더욱 중요한 시점이다.

4

DIGITAL POWER 2021

비대면 시대, XR 이코노미를 주목하라

이승환 소프트웨어정책연구소 책임연구원

생사(生死)의 갈림길, 게임체인저(Game Changer)를 찾아서

"세계는 BC(Before Corona)와 AC(After Corona)로 나눠질 것이며, 미래는 지금까지 우리가 알던 세계와 무척이나 다른 모습일 것이다."[16] 토마스 프리드만(Thomas Friedman)의 언급처럼, 코로나19로 인한 구조적, 비가역적인 변화는 이미 시작되었다. 비대면 시대의 가속화로 오프라인 경제활동은 지속과 멈춤을 반복하고 있으며, 이로 인해 경제 주체들은 생사(生死)의 갈림길에 직면하고 있다. 설문조사에 따르면, 기업 4곳 중 1곳이 코로나19 여파로 파산을 우려하고 있으며, 응답 기업의 72%는 경영 악화로 인해 어려움을 경험하고 있는 것으로 나타났다.[17] 이미 미국의 대형 할인매장 센추리21, 명품 백화점 니만마커스, 중저가 백화점 체인 JC페니, 의류업체 브룩스 브러더스·제이크루가 파산보호 신청을 했다. NHK는 2020년 2월부터 코로나19의 영향으로 파산한 일본 기업이 500개를 돌파했다고 9월 8일 보도했다.

이러한 위기 속에서 새로운 기회와 활로를 제시해 줄 게임체인저(Game Changer)로 XR(Extended Reality)이 주목받고 있다.

XR은 VR(Virtual Reality), AR(Augmented Reality), MR(Mixed Reality) 등 실감기술(Immersive Technology)을 총칭하는 용어이다. 코로나19 확산이 시작되던 2020년 1월 1일부터 3월 4일까지 중국에서 110개의 중소 부동산 기업이 도산했지만, XR 기반의 부동산 기업 베이커자오팡(Beike Zhaofang)의 주택 조회 수는 급증했다. 2020년 2월에 VR을 활용한 주택 조회 수는 1월의 35배인 하루 평균 35만 건을 기록했으며, 현재 중국의 120개가 넘는 도시에서 330만 개가 넘는 가상 투어를 제공 중이다. VR 부동산 서비스를 제공하는 집뷰의 2020년 1분기 매출도 전년 동기 대비 3배 증가했고, 고객문의 수는 2019년 1분기 대비 5배 증가했다.

나스카(NASCAR)는 60여 년 역사를 지닌 미국 최대 모터스포츠 대회이며, 전 세계 150여 개국에 중계되어 연간 20억 달러의 수익을 창출하는 행사이나, 코로나19 확산으로 예정된 모든 대회를 취소했다. 나스카는 이 위기를 XR을 활용해 돌파하고 있다. XR을 활용한 카레이싱 대회를 개최해 매주 90만 명이 넘는 시청자들이 관람했다. 1주 차 경기에는 90만 3,000명, 2주 차 경기에는 130만 명의 시청자가 경기를 시청했으며, 심지어 1주 차 경기 시청자 중 22만 3,000명은 이전까지 나스카 경기를 시청한 적이 없다고 응답했다.

세계적인 자동차 경주 대회 F1도 'Virtual F1'을 개최했고, 사이클 대회 'Virtual Tour of Flanders'도 XR을 활용해 진행되었다. 사이클 대회 우승자인 그레그 판 아버르마트는 우승 후 인터뷰에서 다음과 같이 말했다. “가상공간이지만 응원하는 팬도 있고 광고판도 있다. 실제 대회와 비슷해 어색하지 않았다. 운동 강도는 대회에 참가한 것과 흡사해 가상 레이스도 평소와 똑같이 준비해야 했다. VR 대회가 더 많이 열리면 좋겠다.”

왜 XR에 주목하는가?

비대면 시대의 핵심이슈는 “어떻게 하면 안전하게 경제, 사회, 문화 활동을 지속하면서 성장할 것인가?”이다. 이를 위해서는 비대면 상황에서도 대면했을 때와 같은 의사소통이 가능해야 하는데, XR은 이 문제를 해결하는 핵심열쇠이다.

XR은 비대면 상황에서 기존 온라인 소통방식보다 풍부한 정보를 제공한다. 의사소통에 있어 비언어적 표현은 매우 중요한데, 메라비언의 ‘7-38-55’ 법칙(The Law of Mehrabian)에 따르면, 사람들이 의사소통하는 데 언어가 차지하는 비중은 7%에 불과하며, 나머지 93%는 목소리(38%), 몸짓, 표정, 자세 등 비언어적 부분(55%)이 차지한다. XR은 오감기술을 활용해 기존 온라인 방식보다 효율적인 의사소통을 지원하고, 이로 인해 실제 대면 수준의 경험, 공감대 형성, 정보 습득이 가능하다.

미트인(Meetin)의 분석에 따르면 VR 회의의 주의집중도가 일반 영상회의보다 25% 높다. 이러한 XR 도입 효과로 AR 기반 원격협업 도구를 제공하는 스페이셜(Spatial)의 사용량은 코로나19 이전보다 10배 이상 증가했고,[18] 세계적인 장난감 회사 마텔에서는 전 세계에 흩어져서 일하는 디자이너·공장 생산담당자·엔지니어들이 스페이셜을 통한 원격 협업을 진행해 제품 생산에 걸리는 기간을 절반 이하로 감축했다. 컨퍼런스도 XR을 활용해서 개최되고 있다. 2020년 3월에 VR로 열린 'Educators in VR Summit'에서는 6,000명이 넘는 인원이 참석했고, VR 기반의 원격 회의와 교육 공간을 제공하는 인게이지(Engage)의 2020년 반기 매출은 전년도 대비 37% 증가했다.[19]

〈오프라인, 온라인, XR 컨퍼런스 비교〉

요소	오프라인 컨퍼런스	온라인 컨퍼런스	XR 컨퍼런스
발표	가능	가능	가능
토론	가능	가능	가능
전시	가능	제한	가능 (3D 전시물 활용)
네트워킹/협업	가능	제한	가능(아바타 활용)
실시간 데이터 분석	제한	가능	가능
참석 비용/시간	높음	낮음	낮음
몰입 수준	높음	보통	높음

출처: 소프트웨어정책연구소(2020.9.), "비대면 시대의 게임체인저, XR"

XR은 사람들이 한곳에서 다양한 사회활동에 참여할 수 있도록 해 코로나 블루(Blue)로 인한 피로감과 불안감을 줄이는 데도 기여한다. 코로나 블루는 코로나19로 일상생활에 지장이 생기면서 느끼는 우울감이나 무기력증 등 심리적 이상 증세를 일컫는다. 코로나 블루의 경험 여부 질문에 응답자 54.7%가 경험했다고 전했으며, 우울함과 불안감을 느끼는 이유로 답답함(22.9%)을 선정했다.[20] 코로나19로 인한 폐쇄, 격리, 재택근무로 사회적 역할을 대부분 한곳에서 하게 되고 자기복잡성(Self-Complexity)이 감소해 스트레스 증가로 이어진 것이다. 자기복잡성이란 한 개인이 자신의 모습을 얼마나 다양하고, 분별력 있게 인식하고 있는지를 나타내는 개념이다. 다양한 자기측면을 가진 사람은 한 가지 측면에서 스트레스를 받을 경우 다른 측면들이 스트레스를 완충하는 역할을 함으로써 단순한 자기측면을 가지고 있는 사람들보다 우울증을 적게 경험한다.[21] XR은 한 장소에서도 다양한 상황에서 사회적 역할을 할 수 있도록 지원해 답답함에서 오는 피로감과 불안감을 감소시킨다.

XR에 주목해야 하는 또 다른 이유는 XR이 전 산업에 영향을 미치는 범용기술(General Purpose Technology)이기 때문이다.[22] 범용기술은 역사적으로 영향력이 큰 소수의 파괴적 기술을 의미하는 용어로 여러 산업에서 공통으로 활용되고, 기술진화가 빠르게 진행되며, 산업의 혁신을 유도할 수 있는 기술을 말한다. 18세기 말 제1차 산업혁명 시기의 증기기관, 20세기 초 제2차 산업혁명에서는 전기와 자동차, 20세기 말 제3차 산업혁명에서는 인터넷이 범용기술 역할을 했다.[23] 범용기술은 경제 전반에 확산되어 생산성 향상을 유발하고, 다른 기술과의

<산업별 XR 활용비율>

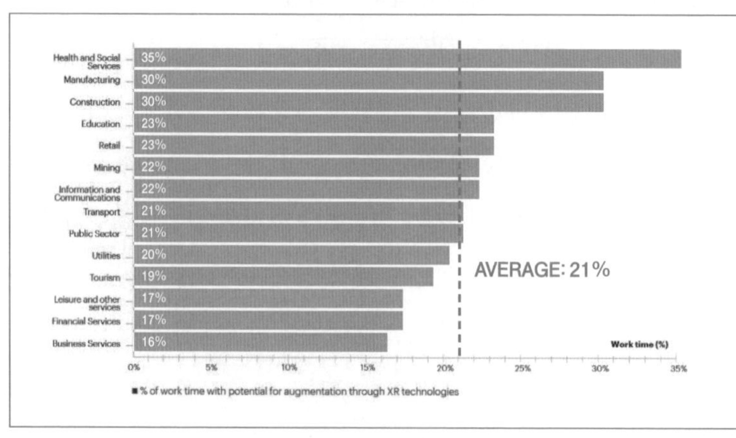

출처: Accenture(2018), "Immersive Learning For the Future Workforce"

상호보완작용을 통해 기술적 조력자(Enabler)로서 도움을 줘 산업혁신에 기여한다.[24] XR은 전 산업에서 평균 21% 활용될 전망이며, 의료 35%, 제조 30%, 교육 23% 등 다양한 산업 분야에서 적용되어, 2030년 1.5조 달러의 시장을 창출할 것으로 예측되고 있다.

이미 전 산업 분야에서 XR 활용이 시작되고 있으며, 이로 인한 생산성 증대 효과도 나타나고 있다. 의료, 유통 등 다양한 분야의 교육에 적용되어 교육시간을 단축시키고, 첨단제조에 적용되어 생산 프로세스 효율화에 기여하고 있다.

〈주요 분야별 XR 적용 효과성 사례〉

적용 분야	효과
의료	애틀랜타 의과대학 실습 시 XR을 활용한 결과, 실수가 40% 감소
유통	월마트는 교육 시 XR을 활용해 기존 방식보다 교육시간을 80% 단축
영업	유나이티드 렌탈은 XR을 활용해 영업 교육시간을 40% 단축
항공우주	록히드마틴은 AR을 사용해 Drilling 과정이 8시간에서 45분으로 단축, Panel 삽입 과정은 6주에서 2주로 단축
반도체	글로벌 펀드리스는 표준화된 작업 지침을 AR로 구현해 문서화 시간 50% 감소, 비계획 다운타임(Downtime) 25% 감소
부동산	OTR VR은 VR 가상투어 서비스를 통해 아파트 판매 실적이 76% 증가
R&D	XR로 R&D 개발비용을 15% 줄이고, 제품·서비스의 가치를 20% 향상

출처: Accenture(2018); McKinsey Quarterly(2018); 소프트웨어정책연구소(2019) 및 주요 언론 보도자료 기반 작성

경험경제(Experience Economy)를 넘어 XR경제(XR Economy)로

경제가치는 계속 진화해 왔다. 산업혁명 이전의 경제구조에서는 미가공 재료를 추출해 사용했고, 대량생산 체제가 갖추어지면서 제품

〈경제가치의 진화(The Progression of Economic Value)와 XR경제〉

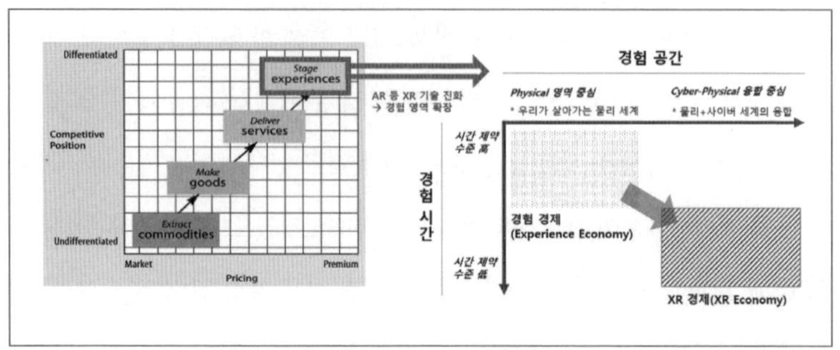

출처: (좌) B. Joseph Pine II and James H. Gilmore(1998), "Welcome to the Experience Economy", Harvard Business Review July-August (우) 소프트웨어정책연구소(2019), "실감경제의 부상과 파급효과"

중심의 경제로 변모했으며, 이후 서비스 경제로 발전했다. 조셉 파인(Joseph Pine)은 서비스 경제 이후, 새로운 경제가치의 핵심개념으로 경험을 제시했는데, 소비자들은 기억에 남을 만한 개인화된 경험에 높은 지불 의사가 있기 때문에 이에 맞는 제품과 서비스를 제공하는 것이 경험경제의 핵심이라고 설명했다.[25] 그렇다면 경험경제 이후, 비대면 시대를 이끌어나갈 경제가치는 무엇인가? 2018년 영국의 혁신기구 Innovate UK는 실감경제(Immersive Economy)라는 개념을 제시했다. "The Immersive Economy in the UK"라는 정책 보고서를 발표하고 실감경제의 개념과 활성화 방안을 제시했는데, 실감경제를 XR 기술을 적용해 산업, 사회, 문화적 가치를 창출하는 경제로 정의했다. 이제 경험의 영역은 XR로 인해 시간과 공간 측면에서 비약적으로 넓어졌고, 우리는 XR을 통해 가상과 현실, 과거와 미래, 어느 곳이든 원하는 경험을 해 볼 수 있게 되었다. 범용기술 XR이 소통하고, 일하고, 문화를 즐기는 방식의 혁신을 주도하며 새로운 경제 패러다임, 즉 XR 경제를 형성하고 있는 것이다.

원재료 추출(Extract)의 경제에서는 계란, 설탕, 밀가루로 직접 케이크를 만들었다. 제조(Make)경제에서는 대량생산으로 제품화된 재료를 기반으로 케이크를 만들었고, 서비스(Service)경제에서는 제작된 케이크를 매장에서 구매하고, 배달받을 수 있게 되었으며, 경험경제의 시대에서는 이벤트 회사를 통해 기억에 남을 생일파티를 보낼 수 있게 되었다. 이제 XR 경제 시대에서는 사별한 딸과의 생일파티도 가능한 시대가 되었다. VR 체험기업 VR Zone DC에서는 VR 기반 생일파티 패키지를 판매하고 있다.

〈XR 경제 시대의 생일파티〉

출처: (상) https://www.vrzonedc.com/birthday-parties (하) MBC 스페셜 "너를 만났다"

다가올 XR 경제 시대를 대비하자

XR은 시·공간의 제약을 넘은 의사소통과 업무 방식, 여가 방식의 변화를 주도하면서, 비대면 시대의 경제성장을 견인할 것으로 예측된다. 그렇기 때문에 경제와 사회 전반에 XR을 활용하기 위한 국가 차원의 XR 전환(Transformation) 전략 마련이 필요하다. 또한 XR을 D.N.A(Data, Network, Artificial Intelligence)와 결합해 시너지를 극대화하는 방안을 모색해야 한다. XR은 지능화된 정보의 총체를 보여주는 창(Window)이기 때문이다. XR 인프라는 D.N.A와 결합해 시너지를 창출하고, 기존 산업 및 공공인프라와 연계되어 사용자에게 3I(Immersive, Intelligent, Interactive) 경험을 제공한다. 이에 산업별 XR 전환 효과와 장애 요소, 격차 해소 등을 고려한 XR 인프라 구축 계획이 필요하다.

기업은 게임체인저 XR에 주목하고, XR을 활용한 산업혁신, 생산성 제고 방안을 모색해야 한다. 생존 관점에서 XR 활용 방안을 검토하고 산업과 가치사슬을 재해석해야 하며, XR을 협업, 교육의 도구로 활용해 생산성을 제고할 필요가 있다.

또한, 정부는 전 산업의 XR 전환을 가속화하고, XR을 사회혁신의 도구로 활용하는 정책 방안을 고려해야 한다. 비대면 시대 대응을 위한 디지털 뉴딜의 일환으로 XR 핵심 인프라를 구축하고, 규제, 표준화 등 XR 전환의 장애 요소를 선제적으로 검토해야 한다. 코로나19로 인한 사회적 거리두기가 장기화되는 상황에서 코로나 블루 해소, 코로나19 치료 관리 등 사회혁신의 도구로 XR을 활용하는 방안도 모색할 필요가 있다.

<XR 경제 구현을 위한 인프라>

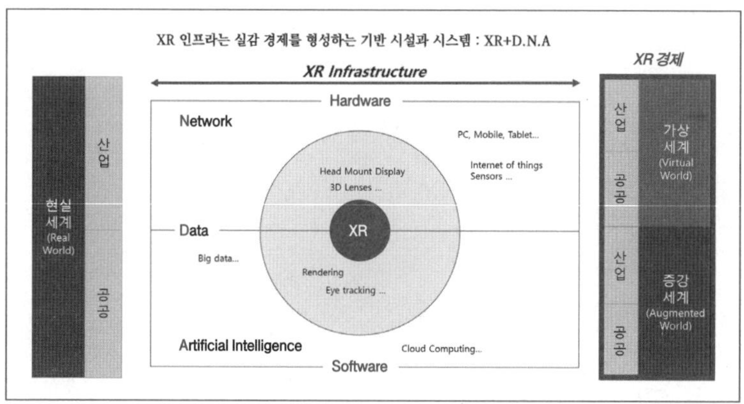

출처: 소프트웨어정책연구소(2020), "비대면 시대의 게임체인저, XR"

1969년 7월 21일, 닐 암스트롱은 달에 역사적인 인류의 첫 발자국을 남기면서 다음과 같이 말했다. "이것은 한 인간에게는 작은 한 걸음이지만, 인류에게는 위대한 도약이다." 이미 시작된 비대면 시대, 현실(Reality)에 갇혀 손 놓고, 두려워하는 것이 아니라, 현실을 넘어 확장해야 한다(Extended Reality). 우리의 경제, 사회, 문화 영역을 XR로 넓혀 새로운 기회를 찾아 발자국을 남겨야 한다. 이는 미래에 위대한 도약으로 남게 될 것이다.

Part. 2

AI와 미래 기술생태계

DIGITAL
POWER
2021

AI가 펼치는 뉴노멀의 패러다임

김진형 중앙대학교 석좌교수

뉴노멀 시대란?

뉴노멀 시대란 과거의 표준이 더 이상 통하지 않고 새로운 가치 표준이 나타나는 시대를 의미한다. 이 용어는 2008년 세계적 금융위기 때에 언론에서 사용하기 시작했는데 경제의 성장이 낮고, 이자율도 낮으며 물가도 낮은 비정상적인 상황이 오래 지속되는 것을 지칭했다. 그러나 일부 학자들은 인터넷과 모바일, 인공지능 기술의 확산에 따라 사회·경제와 일상이 급속하게 바뀌어 가는 현상을 뉴노멀이라고 지칭하기도 했다. 디지털 기술의 발전 덕분에 전 세계에서 47억 명이 인터넷과 스마트폰을 일상적으로 사용하고, 인공지능의 확산으로 고도의 지능이 필요한 업무도 자동화되고 있다. 인류 역사 이래 어느 시기보다 빠른 세상의 변화를 경험하고 있는 것이다. 이런 급속한 변화가 일상이 되었다.

이런 상황에서 코로나19의 세계적 유행, 즉 코로나 사태가 전 세계적 재앙이 되어 우리 삶을 크게 바꾸고 있다. 2020년 11월 기준 6천만 명 이상이 감염됐고, 사망자가 143만 명에 달하고 있다. 코로나19가 우한에서 발생한 지 1년 이상이 지났음에도 불구하고 상황은 계속 악화되고, 미국과 영국의 지도자까지 감염되기도 했다. 코로나 사태로 대면 만남이 억제되면서 기존의 생활 패턴이 완전히 달라졌다. 비대면 교육과 재택근무가 일상화되었다. 대면 비즈니스가 파멸됐다. 홈 중심의 경제로 바뀌고, 필수품을 제외한 기존 제조산업이 어려움을 겪고 있다. 특히 이동이 억제되면서 관광·여행 산업은 침체됐다. 실업이 증가하고 경제가 급격한 불황에 빠졌다. 일부 국가에서는 식량문제도 심각해졌다.

이러한 상황은 속히 종식될 것 같지도 않고 뉴노멀 일상은 코로나19가 종식되어도 이전 방식으로 돌아갈 것 같지 않다. 코로나 사태의 대응으로 자동화는 가속되고 기존 형태의 일자리는 더욱 줄어들 것이다. 또한 일자리에서 요구되는 능력은 빠르게 변할 것이다. 노동자들은 새로운 상황에 적응하기가 버겁고 양극화는 더 심화될 것이다. 고용 형태와 고용과 노동의 역학 관계에서 변화가 일어나고 사회 갈등은 심화될 것이다. 이러한 어려운 시기에 교육을 받는 젊은 세대, 즉 포스트 코로나 세대는 여러 가지 다른 성향을 가질 것이다. 이전 세대와 다른 형태의 교육을 받았기에 생각과 행동이 많이 다를 것이다. 소비자들은 지금과 같은 성향으로 물건을 사고팔지 않을 것이다. 건강과 안전에 관심을 많이 가질 것이다. 또 불확실한 내일에 대비해 스피드, 적응력 등을 매우 중요하게 생각할 것이다.

그러한 상황에서도 인터넷 경제, 디지털 혁신, 인공지능의 확산은 가속화될 것이다. 따라서 IT, 소프트웨어, 인공지능 기업들은 어려움

속에서도 성장할 것이다. 그러나 디지털 산업의 특성인 승자독식은 경쟁을 가속화시킬 것이다. 이러한 세상에서 살아남기 위해서는 부단히 혁신을 이루어 경쟁력을 갖추어야 한다. 새로운 전략으로 돌파구를 찾아야 한다. 세계화가 퇴조되면서 자국 우선주의로의 패권경쟁이 이미 시작되었다. 각국이, 각 회사가, 개인이 각자도생하려고 할 것이다. 공동체 의식은 희박해지고 계층 간, 지역 간 갈등은 심화되고 있다. 이에 더해 기후위기는 더욱 난폭해지고, 우리 일상에 커다란 고통을 준다. 어려움이 일상이 되는 세상, 이런 세상을 '새로운'이란 수식어를 한 번 더 붙여 새로운 뉴노멀이라고 해야 할까?

강력한 범용도구라고 기대되는 인공지능을 간단하게 살펴보자. 인공지능이 진정 강력한 능력의 범용도구라면 인류에게 어려움을 주는 이 코로나 사태를 어떻게든지 해결해 주거나 고통을 경감해 줘야 한다. 인공지능이 무엇이며, 어떤 능력이 있기에 우리는 인공지능이 코로나 사태를 해결할 것으로 기대하는가? 이와 함께 실제로 인공지능 기술이 코로나 사태에 대응하는 노력을 어떻게 했는가에 대해 살펴본다. 마지막으로는 바뀐 세상에서 우리는 어떻게 적응해야 하는지에 대해 생각해 보기로 한다.

인공지능은 문제 해결의 도구

인공지능은 사람 수준의 인식 및 인지능력, 계획 수립, 학습, 의사소통과 행동이 요구되는 업무를 해결하기 위해 컴퓨터로 개발한 인공 시스템이다. 한마디로 인공지능은 컴퓨터를 이용해 어려운 문제를 해결하는 도구이자 방법론이다. 보고 듣고 말하는 인지능력과, 새로운 것을 배우는 학습능력과 지식을 이용해 추론하고, 여러 가능성 중에서 최적의 해결책을 탐색하는 기법을 사용한다. 여기서 컴퓨터를 통해 문제를 푼다는 것이 무슨 의미인가 한번 생각해 보자. 컴퓨터는 간단한 기계다. 오로지 주어진 명령어를 차례대로 수행하는 것만 할 수 있다. 컴퓨터를 이용해서 문제를 풀려면 명령어의 순차적 집합으로 알고리즘을 만들어서 컴퓨터에 넣어줘야 한다. 컴퓨터는 알고리즘을 차례대로 수행할 뿐인데 사람들이 이를 두고 '컴퓨터가 인지작용한다', '이해한다', '자동적으로 의사결정한다', 심지어는 '창작한다'고 의인화하는 것이다. 다시 말하면 인공지능이라는 것은 알고리즘으로 만든 지능이다.

이러한 인공지능을 가지고 우리는 무엇을 추구하는가? 가장 먼저 업무의 자동화를 추구한다. 해야 할 업무를 미리 생각해서 알고리즘으로 넣으면 그것을 컴퓨터가 자동적으로 처리하는 것이다. 인공지능을 이용해 어려운 문제를 해결한다. 전문가의 지식을 이용하거나 데이터를 분석해 합리적 해결책을 찾는다. 또 사람처럼 상호 작용할 수 있는 능력을 컴퓨터가 갖도록 한다. 컴퓨터가 사람처럼 상호 작용할 수 있다면 기계의 사용이 매우 쉬워질 것이다. 이러한 연구를 지난 70년간 수행했고, 그 기술이 이제는 상당히 무르익어서 여러 가지 문제를 해결할 수 있게 되었다. 그런 의미에서 인공지능은 범용도구다. 전기에 버금가는, 아니 전기를 능가하는 인류 문명사 최대의 범용도구라고 할 수 있다.

그러나 인공지능은 양날의 칼이다. 기술 대부분이 그렇지만, 특히 인공지능은 그 양날이 매우 날카롭다. 우리가 잘 사용하면 유용하지만, 잘못 쓰면 인류문명이 파괴될 수 있는 위험성을 갖고 있다. 인공지능에는 기술적 한계도 아직 많다. 인공지능은 완성된 기술이 아니고 완성되고 있는 기술이다. 2020년 6월 대만 고속도로를 자율주행모드로 달리던 자동차가 누워 있는 트럭을 들이받은 사건이 있었다. 누워 있는 트럭을 학습하지 못한 기계학습 알고리즘이 고속도로에서 트럭을 인지하지 못한 것이다. 또 영상을 분류하는 문제에서 사람은 인지하지 못할 아주 작은 노이즈를 가하면 잘못 인식하기도 한다. 따라서 인공지능 기술의 능력과 한계를 제대로 알고 사용하는 것이 매우 중요하다.

코로나19에 대응하는 인공지능

인공지능 기술이 코로나19 퇴치에 얼마나 도움을 줄 수 있을까? 질병 대처에 의료진들과 국민들이 어려움을 겪고 있는 상황에서 강력한 범용기술이라는 인공지능은 인류에 어떤 도움을 줄 수 있는지 알아보자. OECD는 오른쪽 표에서 사례를 들어 인공지능 기술이 코로나19 퇴치에 어떻게 활용되고 있는지 정리했다.

인공지능은 바이러스 전파의 이상 상황을 탐지해 조기에 경보하는 것은 물론, CT 촬영 데이터 분석으로 질병을 진단하는 역할을 했다. 또 예방을 위해 개인 감염 확률을 계산하고, 감염자의 경로를 실시간으로 감시하고 추적한다. 정확한 홍보를 통해 많은 사람들이 코로나19 바이러스에 대해 정확하게 알 수 있도록 도와준다. 실제로 코로나19에 대응하기 위해 물자를 전달하는 데 드론을 사용하고, 로봇이 위험한 장소에서 작업을 수행하도록 하기도 했다. 가상 도우미를 통해 대처 방

〈인공지능 기술을 사용해 코로나19에 대응한 사례〉

연구촉진
인공지능을 이용한 코로나 사태 해법을 찾기 위한 공개 데이터 과제와 분산 컴퓨팅 e.g. drug and vaccine 개발

단계			
탐지	**조기경보** 이상 상황 및 디지털 "연기 신호" 탐지 e.g. BlueDot	**진단** 의료영상과 진단 데이터를 이용한 패턴 인식 e.g. CT scan	
예방	**예측** 개인의 감염 확률 계산 e.g. EpiRisk	**감시** 전염 경로 실시간 감시 및 추적 e.g. contact tracing	**홍보** 정보 오류에 대응하여 뉴스 개인화 및 내용 절제 e.g. via social networks
대응	**전달** 드론 : 물자 수송 로봇 : 노출이 심한 병원 업무 수행 e.g. CRUZR robot	**서비스 자동화** 환자 분류를 위한 가상도우미와 챗본 배치 e.g. COVID-19 chatbot	
회복	**모니터링** 인공위성, GPS, 소셜 미디어를 이용한 경제회복의 추적 e.g. WeBank		

출처: OECD

법을 알려주기도 하고, 챗봇을 이용해 정확한 정보를 제공하기도 했다. 인공위성이나 소셜 네트워크를 분석해 바람직한 행동을 도출한다. 인공지능은 이러한 모든 과정에서 연구를 수행하는 데 도움을 준다. 연구 자료가 너무 많다 보니 모든 자료를 분석하는 것이 쉽지 않은데, 인공지능은 연구 문헌 분석에도 도움을 준다.

이 중에서 몇 가지만 깊이 있게 살펴보자. 코로나19 전파에 대한 이해를 촉진시키는 데는 블루닷이라는 캐나다의 스타트업이 아주 큰 역할을 했다. 우한에서 질병이 발생하자마자 세계적으로 퍼질 가능성이 있다고 경고했다. 이 회사는 질병의 전파 가능성을 판단하기 위해 66개 언어로 된 뉴스 보도와 항공사 데이터, 날씨 데이터, 병원 시스템의 용량 등을 분석하고 그 자료를 정부나 보건 전문가들이 재차 분석할

수 있도록 제공했다. ClosedLoop.ai라는 회사는 코로나19 취약점 지수를 만들어 공공 의료진이나 과학자, 병원, 보험회사, 제약회사 등에 제공했다.

코로나19에 정부나 공공기관이 어떻게 대응해야 하는지를 돕기 위해 아마존에서는 코로나19 데이터 레이크에 모든 관련 데이터를 모아 놓았다. 이 데이터를 분석해 필요한 병상 수, 바람직한 보호소 유치 기간 등을 결정하는 모델을 만들 수 있도록 정보를 제공했다. Clevy.io라는 회사는 일반 사람들이 코로나19 증상에 대해 자연스러운 대화로 물어도 정확히 대답하는 챗봇 서비스를 제공했다. 정부나 WHO의 실시간 정보를 바탕으로 알려진 증상을 진단하고 정부 대응에 대한 정보를 제공했다.

그러나 무엇보다 중요한 인공지능의 공헌은 치료제나 백신 등 신약 개발에 있다. 신약 개발은 비용이 많이 든다. 신약 하나에 20억 달러 이상 투자되고, 시간도 10년 이상 소요되는 것이 보통이다. 이렇게 개발해도 성공 확률이 낮다. 특허가 보통 20년 주어지는데, 10년에 걸쳐 신약을 개발하면 10년 동안 투자금을 회수해야 한다. 그래서 신약 개발 속도를 높이는 것이 필요하다. 이를 인공지능이 도와준다. 약재로 쓸 수 있는 분자 수가 10의 60승 정도 된다고 한다. 유전자, 질병, 단백질. 약품 간의 관계도 10억 개 이상 존재한다. 새로운 질병을 처치하기 위해 새로운 약을 만들려면 많은 데이터를 탐색해야 하는데 그 범위가 너무 커서 전통적인 방법으로는 어렵다. 인공지능의 도움을 받아야만 한다.

여러 가지 공공데이터베이스에 있는 예측 모델을 이용해 새로운 약에 해당하는 분자를 설계한다. 많은 논문을 읽고 검토해서 가능성을 좁히는 데 인공지능이 사용된다. 전 세계에 분산되어 있는 연구실을 연결해서 데이터를 수집하며, 이를 자동화해 좋은 품질의 데이터를 모으고, 그 과정에서 데이터 보안과 환자의 개인정보를 보호하는 데 인공지능이 도움을 준다. 요즘은 인공지능을 이용한 신약 개발이 일상이 되었기 때문에, 신약을 개발하는 제약회사는 상당한 수준의 인공지능 능력을 갖고 있다.

또 R&D 가속화에도 인공지능이 많이 쓰인다. 특히 올해 초부터 코로나19에 관한 정보가 폭발적으로 증가하고 있다. 논문은 자연어로 집필되고 수식과 도표가 있는데 연구자가 모든 논문을 읽는 데에는 힘도 많이 들고 시간도 많이 걸린다. 인공지능 연구계가 이런 문제에 도움을 주는 도구를 만들었다. 코로나19 관련 공개 연구 데이터를 모아서 서비스하는 것인데, 단순히 논문만을 찾아주는 것이 아니라 찾고자 하는 정보와 관련된 부분에 하이라이트 표시해 필요한 것만 빠르게 읽을 수 있도록 도움을 준다. 캐글(Kaggle)이라는 회사는 코로나19 관련 문제를 내걸고 매주 경진대회를 열어 자발적인 봉사를 조직했다. 또, 코비드 스칼라, 스파이크 코드, 시그사이트, 코비드 에스크 등등 특화된 질병과 약품에 관한 정보를 제공하는 웹 사이트를 운영한다. 코로나19 프라이머라는 사이트는 전문 지식뿐만 아니라 언론에 나오는 소식, 뉴스, 방송까지 모두 모아 놓았다. 이곳에서는 어느 나라 감염 수준이 얼마나 심각한지 등의 전 세계 이슈를 볼 수 있다. 최근에는 WHO 등 여러 공공기관에서 발표한 전 세계, 혹은 국가별 통계 등을 잘 보여주고 있다.

코로나 사태가 글로벌 경제에 미치는 영향

경제 상황은 글로벌 차원에서 어려워지고 있다. 2차 세계대전 이후 최대의 불황이라고 하기도 하고, 1인당 생산성이 150년 동안 최대로 감소했다고도 한다. 경제가 자생적으로 회복될 가능성은 거의 없다는 것이 일반적인 전망이다. 더구나 코로나 사태에 대응하기 위해 대부분의 정부가 큰돈을 쓰고 있기 때문에, 전 세계는 이 빚으로 한동안 어려울 것으로 예상된다. 그러나 모든 국가가 같은 수준의 어려움을 겪는 것은 아니다. 중국이나 인도는 상대적으로 쉽게 회복될 거라고 예상되지만, 북미와 남미 국가들의 어려움은 깊고 길게 지속될 것이라 예상한다. 유럽과 아시아권은 이들의 중간 정도로 예상한다.

전 세계적으로 많은 기업이 어려움을 겪고 있다. MIT 테크 리뷰는 전 세계 기업의 65%가 2020년 매출이 감소할 것이라고 예상했다. 매출이 증가할 것이라고 예상한 기업은 15%에 지나지 않는다. 필수품을

<2020년 매출 변화 예측>

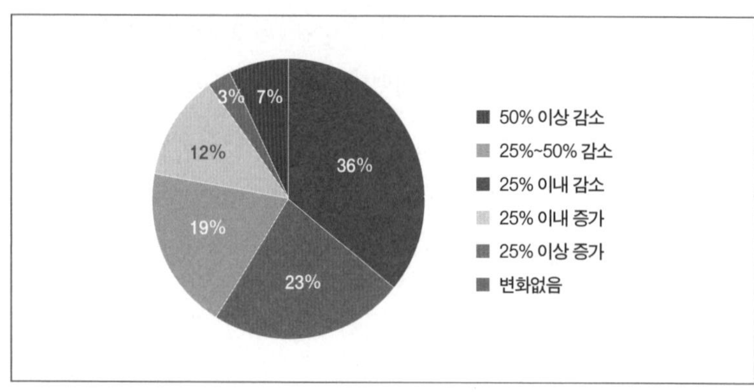

출처: MIT Technology Review Insights' survey of 372 Global Panel members, Amid the covid-19 pandemic, shifting business priorities June 2020 자료 인용·수정

생산하는 일부 기업을 제외한 전통 제조업은 대부분 어려움을 겪는다. 부품과 재료가 수급되지 않아 생산에 차질이 생기고, 수주도 감소하며, 노동력도 구할 수 없는 상황이 벌어진다. 전통 제조업 위주의 수출을 강조하는 우리나라에게는 여러 상황이 불리하게 전개되고 있다.

이런 영향은 정치, 경제, 사회에 장기적으로 큰 변화를 가져올 것이다. 실업이 증가하고 원격근무가 일상이 되며, 전자상거래가 활성화된다. 구매의 30%가 이미 온라인으로 넘어갔으며, 전자상거래가 4년에서 6년 정도 앞당겨졌다는 평가도 있다. 교육도 마찬가지다. 원격교육이 일상화되고 있다. 학교를 다녀보지 못하고 졸업해 사회로 나오는 젊은 세대가 나타나지 않을까 우려된다. 집에 오래 머물다 보니 집에서 할 수 있는 요리, 운동, 온라인 문화생활, SNS 등에 많은 시간을 소비한다. 온라인 게임 소비는 이미 30% 증가했고, 온라인 스트리밍을 통한 영화 소비도 50% 이상 증가했다.

이동이 억제됨에 따라 현재 항공 산업과 호텔 산업은 몰락 수준에 있다. 전체 방 중 50% 이상이 빈방인 호텔이 전체 호텔의 3분의 2에 이르고, 호텔 노동자 10명 중 4명이 실업했으며, 호텔 산업에서 750만 명의 실업자가 발생했다. 해외여행은 큰 수준으로 감소하는 반면, 국내여행은 좀 나아지지 않을까 기대해 본다. 이제 사람들은 건강과 웰빙에 많은 관심을 가져 유기식품, 신선식품, 건강약품, 원격의료에 대한 수요가 증가할 것이다.

이런 상황을 극복하기 위해 감동적인 노력을 하는 기업도 있다. 파산 직전의 호텔에서 자녀 돌봄 서비스를 제공하기도 했다. 부모와 아이가 같이 묵은 호텔에서 부모를 대신해 아이들의 온라인 과제를 점검해 준다. 전문 지도자가 운동, 수영, 레크리에이션 강좌를 열어 부모가 잠시나마 아이 돌봄에서 벗어나 업무나 휴식을 할 수 있도록 돕는다. 체육, 미술, 역사 과목 수업과 함께 온라인 입시교육까지 하고 있다. 또한 사회적 거리두기 때문에 기숙사 정원을 절반 혹은 3분의 1로 줄임에 따라, 학교 근처에 위치한 호텔은 학생들을 수용해 숨통을 트기도 한다. 기업들은 새로운 혁신 서비스를 발굴해 내야만 살아남는다. 전통적인 사업만으로는 살아남을 수 없게 되었다.

디지털 혁신, 인공지능 투자의 가속화

어려운 상황에서도 긍정적인 변화도 있다. 코로나19 대유행은 '전례 없는' 상황으로 기업들은 기술혁신만이 뉴노멀 시대에 살아남을 수 있는 기업의 생명줄임을 분명히 인식하고 있다. 전 세계 거의 모든 기업이 디지털 전환(Digital Transformation)을 인식해 기술혁신과 투자 전략을 구축한다. 많은 사람들이 선택적이라고 생각했던 것이 하룻밤 사이에 필수적인 것이 되었다. 5년이 걸릴 디지털 혁신이 코로나 사태로 인해 다섯 달 만에 이루어졌다는 평가도 있다. 최근에는 많은 IT 기업이 아닌 많은 회사가 사내에 빅데이터 및 인공지능 조직을 구축해 혁신적인 제품과 서비스를 출시하고 있다. 이런 혁신 노력은 새로운 IT 인프라 도입을 촉진한다. 포레스트의 최근 연구 결과에 의하면 50% 이상의 기업이 클라우드를 기반으로 변화하고 있다고 한다. 고객과 접점을 다양하게 하려는 노력도 돋보이며, AR/VR 등 고급 콘텐츠 투자도 가속화하고 있다.

인공지능은 이미 디지털 변화를 촉진하고 있었으나 그 속도가 코로나 사태로 인해 더욱 가속화되고 있는 것이다. 상황이 어려워짐에 따라, 소매업체나 음식점 같은 곳에서도 자동화 욕구가 많아질 것이다. 일부 직원들은 직장으로 복귀했을 때 데이터-인공지능을 적용한 새로운 시스템을 접하게 될 것이다. 행동 데이터를 수집하는 RFID 태그, 동영상 카메라 등 새로운 센서를 보게 될 것이다. 더 많은 조직들이 인공지능 챗봇을 이용해 코로나 사태에서도 고객들과 소통하고 있다. 챗봇은 디지털 전환의 상징이다. 비대면 접촉이 일상이 되면 소비자들은 고객 서비스를 제공하는 챗봇에 익숙해질 것이다. 챗봇을 사용한 고객 상담은 이제 필수 서비스가 되었다. 고객 서비스를 개선하고 촉진하기 위해 AI봇을 구현한 것이다. 한 예로 비밀번호를 재설정하도록 돕는 것과 같은 내부 서비스를 챗봇에게 맡겨 관리한다. 고객은 더욱 개인화된 의사소통을 위해 회사의 인공지능 기능을 활용할 수 있다. 코로나19 환자를 선별하는 병원에서도, 학생의 대학 진학 계획을 세우는 진로 지도에도 챗봇이 사용된다. 챗봇으로 많은 데이터를 수집하고, 관리하는 상황이 가속된다. IT 기업에서는 개발자 없이도 챗봇을 만들 수 있는 제품을 공급하고 있다.

원격근무를 하다 보니 보안 요구가 더욱 강해지고, 보안 기술에 대한 투자가 더욱 요구되고 있다. 활용에 소극적이었던 블록체인 기술도 이제 많이 쓰일 것이다. 예를 들어 코로나19 감염자를 추적하기 위해, 모임 참석자들의 정보를 확보하는 과정에서 개인정보를 강하게 보안하되, 데이터를 쉽게 공유할 수 있는 체제를 찾게 될 텐데, 이에 블록체인이 자연스럽게 부상할 것이다.

코로나 사태로 인해 기업의 변화를 가로막던 장애물이 모두 제거됐다고 할 수 있다. 모든 사업이 온라인으로 이동하고, 원격근무, 원격회의, 원격교육이 일상화된다. 회사에서는 프로세스를 자동화하고, 고객과 직원, 그리고 공급업체 간에 긴밀한 민첩성을 유지하기 위해 여러 가지 혁신이 일어나고 있다. 더욱 대담하고 신속한 대응이 필요하다는 인식을 하고 투자에 집중하고 있다. 이런 상황이 IT, 소프트웨어, 인공지능 기업에게는 기회일 수 있다. 많은 기업들이 디지털 전환에 투자하니, 기술력을 가진 IT 기업들의 일거리가 늘어난다.

원격근무, 프리랜서의 일상화

코로나 사태는 업무 형태의 변화와 산업의 구조조정을 가속화하고 있다. 인터넷과 인공지능에 더해 코로나19의 확산으로 그 속도가 더욱 빠르게 진행되고 있다. 전 세계 많은 사람들이 재택근무를 하고 있다. 재택근무는 직장생활의 일부가 되었다. 직장에서 식사를 제공하던 기업들은 먹거리를 집으로 배달하고, 심지어 재택근무의 효율성을 높이기 위해 아이 돌봄 비용도 지급한다. 이런 추세는 한동안 지속될 것이다. 집에서 안락하게 일하는 것을 경험한 직원들은 환경이 좋은 원격지에서 업무를 하려고 할 것이다. 일하러 가기 위해 아침마다 장거리를 이동해야 하는 도심 속 직장은 피할 것이다.

기업도 직원들이 매일 사무실에 오지 않아도 사업이 번창할 수 있다는 것을 알았다. 노트북과 화상회의 시스템으로 어디서든 일할 수 있다는 사실이 입증되었다. 오히려 재택근무를 할 때 더 좋은 성과를 내는 업무도 있다. MIT 기술 보고서는 재택근무를 통해 업무의 생산성이 30~40% 증가했음을 보여주기도 하고, 82%의 회사가 코로나 사태 이후에도 재택근무 형태를 유지할 것이라고 조사되기도 했다. 생산성 향상과 사무실 비용의 절약은 회사에 충분한 인센티브가 된다. 이는 노동과 고용의 역학관계 변화를 야기할 것이다. 직장의 선택 조건에 입지가 고려되지 않기 때문에 구직자는 더 넓은 지역에서 직장을 찾을 것이다. 또한 기업도 더 넓은 지역에서 채용할 사람을 찾을 것이다. 여기서 넓은 지역이란 국가의 경계를 넘어가는 것도 해당한다. 직원은 원격으로 노동력을 제공하고, 회사는 원격 노동력에 의존하게 될 것이다.

이에 프리랜서, 즉 비정규 계약직 형태의 일자리가 인력 시장의 새로운 표준이 될 것이다. 회사는 프리랜서 직원 관리기법을 개발할 것이고, 숙련된 프리랜서들의 가치와 급여는 급등할 것이다. 포브스의 전망에 따르면 2027년까지 미국 노동력의 50% 이상이 프리랜서 형태로 구성될 것이라고 한다. 한 직장에서 한 가지 일을 오래하면서 승진하는 개인의 성공 모델은 산업 사회의 유물이 되었다. 특히 한국 사회의 고용 경직성과 정규직·비정규직 논란도 이제 시대 조류에 맞지 않는다. 모든 노동자는 능력 있는 프리랜서가 될 수 있도록 노력해야 한다.

노동자에서 슈퍼 노동자로

정부는 프리랜서의 교육과 권익을 보호하기 위한 정책을 적극적으로 수립해야 한다. 직원의 교육 훈련 의무가 국가로 전이될 수밖에 없다. 프리랜서가 쉽게 일자리를 찾을 수 있도록, 또 회사는 일할 사람을 쉽게 찾을 수 있도록 도움을 주는 서비스가 필요하다. 계약 시 노사 간 힘의 균형을 맞춰 줄 표준 계약도 필요하다. 노동자가 일자리 경쟁에서 기회를 찾기 위해서는 스스로 능력을 개발해야 한다. 자신의 전문성이 인공지능으로 대체된다면 쓸모없는 사람이 되는 것이다. 안타깝게도 노동자의 전문성을 여러 번 바꿔야 할 시대가 오고 있다. 치열한 인공지능과의 경쟁에서 사람의 역할을 어떻게 지킬 것인가는 다 같이 고민해야 할 문제이다.

인공지능 시대에는 사람과 인공지능이 팀으로 일할 것이다. 사람 혼자서는 못하던 일을 인공지능의 도움으로 성취하게 될 것이다. 사람과 인공지능이 분업하는 것이다. 인공지능의 능력이 점차 좋아지면서 더 많은 업무를 기계에게 넘겨줄 것이다. 학습해야 할 것이 있으면 기계가 먼저 배워 사람에게 전수해 줄 것이다. 이런 상황에서 근로자에게 가장 필요한 능력은 인공지능을 활용하는 능력이다. 근로자의 급여는 인공지능을 활용할 수 있는 능력으로 결정될 것이다.

한 사람은 경험을 쌓으면서 여러 가지 세부 영역으로 능력을 넓혀 간다. 이는 인공지능 시대에도 마찬가지다. 높은 직급에 올라가면 관리 등 다른 업무를 추가로 맡게 된다. 예전에는 한 노동자가 한두 개 정도의 세부 업무를 수행했다. 하지만 미래의 노동자는 워크플로우(Workflow)의 자동화로 업무 시작부터 끝까지 모두 혼자서 수행하는 슈퍼 노동자가 될 것이다. 관리 업무도 인터넷과 인공지능의 도움으로 쉽게 처리할 것이고, 상당 부분이 자동화될 것이다. 또 관리자 자신조차도 인공지능의 관리를 받게 될 것이다.

뉴노멀 시대, 우리의 대응

어려운 경제 상황과 급격한 변화 상황에서 우리는 어떻게 대응해야 할까? 우선적으로 필요한 것은 디지털 혁신에 대한 공감대 형성이다. 디지털 기술을 통해 국가나 기업, 개인도 경쟁력을 확보할 수 있다는 것을 전 국민이 공유해야 한다. 나아가 초지능사회 진입에 따른 교육 개혁, 노동자 재교육, 산업 구조조정이 중요하다는 것과, 노령화 사회, 환경문제 등의 대응을 디지털 혁신과 인공지능으로 확산해야 한다는 것을 우리 국민 모두가 인식해야 한다.

새로운 변화에 적응하기 위해서는 교육혁신이 시급하다. 정규 교육에서는 신규 진입 노동자에게 새롭게 요구되는 능력을 보장해야 하고, 기존의 노동자에게는 능력 업그레이드 기회를 제공해야 한다. 지금까지는 그 책임을 노동자, 기업, 정부가 나누었다면 지금부터는 정부가 더욱 많은 책임을 져야 한다. 인공지능과 포스트 코로나 시대 정부의 일자리 정책은 노동의 유연성과 교육혁신에 집중해야 한다. 인공지능은 직업의 성격을 크게 변화시키며 새로운 산업과 일자리를 창출할 것이다. 따라서 미래 노동시장에서 경쟁력을 갖추려면 인공지능에 대한 다양한 수준의 전문성을 가져야 한다. 국가는 인공지능이 가져오는 변화에 적응할 수 있도록 학생들에게 보편적 교육을 제공함은 물론, 인공지능에 대한 폭넓은 교육을 제공해야 한다. 인공지능 제품과 서비스가 보편화되고 있기 때문이다. 또한 미래 인력이 인공지능 전문가로 성장할 수 있도록 기회를 제공해야 한다. 대학혁신도 마찬가지다. 컴퓨터 과학과 인공지능으로 대학의 융합연구를 이끄는 외국 선진 대학의 혁신 사례를 우리나라에서도 볼 수 있어야 한다.

정부는 문제 해결에 기술을 중심으로 도전해야 한다. 특히 디지털 기술 중심으로, 인공지능 기술 중심으로 해결을 추구해야 한다. 목표 없이 기술개발에 도전하거나 데이터를 모아 놓는 행태는 피해야 한다. 또한 문제 해결 과정에서 일사불란한 해결책을 추구하기보다는, 다양성이 존재하는 분위기를 만들어야 한다. 정부는 끌고 가는 역할보다는 시장 메커니즘을 통한 혁신의 촉진자나 착한 구매자 역할을 해야 한다. 인공지능 시대에 대응하는 장기적 국가전략이 소프트웨어 중심으로 제안되길 기대한다.

결론적으로 변화 속에서 살아가는 것이 뉴노멀이다. 코로나 사태가 없었더라도 인공지능이 큰 변화를 만들었을 것이다. 코로나 사태로 가속화된 것이 지금의 상황이다. 이러한 변화에 대응하는 것도 인공지능을 활용해야 할 일이다. 어려움 극복은 지금 우리 세대가 할 일이다. 지난 70년 동안 대한민국이 이렇게까지 성장을 한 데에는 과학 기술, 특히 디지털 기술의 역할이 컸다. 그리고 이번 코로나19 난관 역시, 혁신의 도구인 인공지능을 활용해 헤쳐나갈 것이라고 믿는다.

2

DIGITAL
POWER
2021

2021년 SW 기술, 무엇이 이슈인가?

김정민 소프트웨어정책연구소 선임연구원

연말이 되면 국내외 산업에서는 올해를 다시금 복기하고 내년에는 무엇에 주목해야 하는지 관심을 가진다. 소프트웨어 산업은 어떨까? 소프트웨어 산업의 트렌드를 파악하기 위해서는 소프트웨어 시장의 고유 영역과 타산업과의 융합 사례를 모두 고려할 필요가 있다. 워낙 시장의 범위가 넓다 보니 소프트웨어 산업에 관심이 있는 일반 대중들조차 무엇이 어떻게 돌아가고 있는 건지, 새로운 기술이 무엇에 쓰이고 어떤 이슈로 인해 특정 시장이 난항을 겪는지 등을 제대로 파악하기 어렵다. 이 때문에 소프트웨어 분야는 전반적인 시장 동향을 요약하고 향후 중요하게 부각될 이슈가 무엇인지 정리해 대중에게 공표하는 것이 매우 중요한 산업이다.

소프트웨어정책연구소는 차년도 소프트웨어 산업에서 화재가 될 만한 10개의 이슈를 선정하고 관련 내용을 대중에게 알기 쉽게 전달하는 역할을 수행해 왔다. 올해 6년째에 접어든 해당 연구는 관련 기관 및 일반 대중들에게 유익한 지표로 활용되고 있다.

본 장에서는 다가올 2021년도에 어떠한 이슈들이 소프트웨어 산업에서 화두가 될 것인지에 관해 상기 언급한 연구 결과를 중심으로 소개했다. 결과적으로 각각의 이슈가 소프트웨어 산업에 던지는 메시지를 전달하고 관련 동향을 간략히 언급함으로써 다가올 소프트웨어 산업 이슈를 진단해 보았다.

확대되는 에듀테크, 교육의 DX

세계경제포럼(WEF)의 2016년 보고서 「일자리의 미래(Future of Jobs)」의 저자 토머스 프레이(Thomas Frey)는 2018년도 언론과의 인터뷰에서 흥미로운 발언을 했다. 2030년 지구상에서 가장 큰 인터넷 기업은 교육 관련 기업이 될 것임을 예측한 것이다. 시간이 흘러 2020년이 된 현재. 이는 적중 가능성이 꽤나 높아 보인다.

글로벌 소프트웨어 기업은 일찍이 에듀테크에 투자해 한 개 이상의 교육 서비스를 보유하고 있다. 가령 구글은 클래스룸과 지스위트, 마이크로소프트는 오피스365 에듀케이션, 아마존은 인스파이어, 래피드 등을 꼽을 수 있다. 해당 교육 플랫폼들은 최근 3년 내 서비스가 시작된 신생 플랫폼으로서, 코로나19로 인한 비대면 교육 환경의 폭발적 수요와 맞물려 고공 성장을 기록 중이다. 이뿐만이 아니다. 에듀테크 기술과 관련한 벤처 투자 규모 또한 과거 10년과 대비하면 글로벌 기준 5억 달러에서 70억 달러 수준으로 약 14배나 증가하는 기염을 토했다. 에듀테크 시장의 인기를 실감할 수 있는 대목이다.

국내 에듀테크 시장은 앞서 소개한 글로벌 소프트웨어 기업이 제공하는 비대면 교육 환경에 잠식되어 토종 기업이 주목받지 못하는 형국이다. 그러나 국내 기업이 쌓아온 내공은 만만찮다. 가령 노리(Knowre)의 경우 일찍이 해외시장을 타깃으로 한 인공지능 기반 수학 교육 솔루션을 서비스했으며, 뤼이드의 경우에도 인공지능 기반 어학 솔루션을 개발하는 등 비대면 교육 환경 외 에듀테크 분야에서 강점을 보이고 있다. 최근엔 추세에 맞춘 비대면 교육환경도 제공하며 시장 트렌드에 발맞추어 성장하고 있다.

코로나19 백신 보급이 가시화되는 시점에서 비대면 교육의 수요가 지금과 같을 것이라 예상하는 사람은 드물다. 코로나19의 백신 개발시기와 맞물려 에듀테크 시장은 비대면 교육환경 솔루션에서 인공지능 기반 교육 애플리케이션으로 중심축이 이동할 전망으로, 국내 소프트웨어 기업의 비상이 기대된다.

〈글로벌 에듀테크 VC투자 규모〉

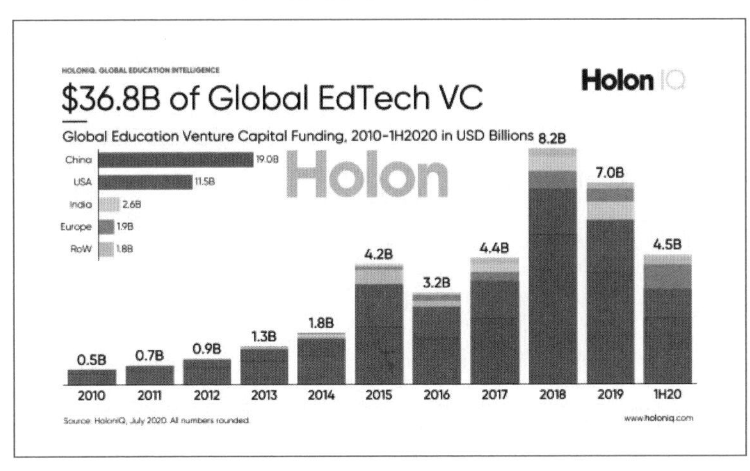

출처: Holon IQ(2020)

〈인공지능 국가전략 중 초중고 교육 전략('19)〉

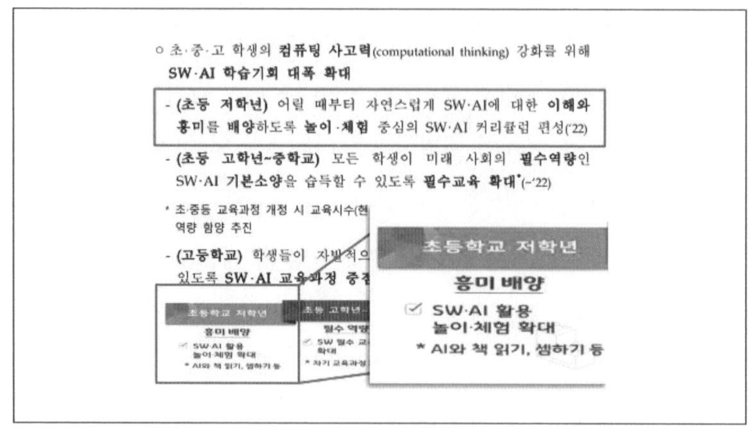

○ 초·중·고 학생의 **컴퓨팅 사고력**(computational thinking) 강화를 위해 **SW·AI 학습기회 대폭 확대**

- **(초등 저학년)** 어릴 때부터 자연스럽게 SW·AI에 대한 **이해와 흥미**를 **배양**하도록 **놀이·체험** 중심의 SW·AI 커리큘럼 편성('22)
- **(초등 고학년~중학교)** 모든 학생이 미래 사회의 **필수역량**인 SW·AI **기본소양**을 습득할 수 있도록 **필수교육 확대***(~'22)

* 초·중등 교육과정 개정 시 교육시수(현
역량 함양 추진

- **(고등학교)** 학생들이 자발적으
있도록 **SW·AI 교육과정 중점**

출처: 과학기술정보통신부(2019)

머신비전, 더 똑똑해지는 제조

제조업의 혁신은 한 해 두 해에 걸쳐 논의된 현안이 아니다. 실제로 제조 공정 상당수가 자동화되어 생산성을 높이는 데 성공한 사례는 여럿 존재한다. 그럼에도 불구하고 제조업 분야의 머신비전 솔루션의 최근 성과는 눈여겨볼 필요가 있다.

머신비전이란 제조 공정에서 이미지 처리를 통해 자동 검사 및 분석을 가능하게 하는 기술을 의미한다. 이는 기존 공정에서도 다양한 방식으로 활용된 기술이지만 대체적으로 근로자의 생산성을 높이기 위한 보조 도구로써 활용되었다. 그러나 과거 1년 이내에 등장한 도입 사례는 전자와 궤를 달리한다. 특징적인 예로 인공지능 기반 검수 자동화 솔루션의 도입을 들 수 있다. KT, 두산, 한국타이어 등 국내 기업들과 BMW, Fujitsu 등 해외 제조기업이 채택한 이 솔루션은 단순히 이미

〈제조업 분야 머신 비전 시장 전망〉

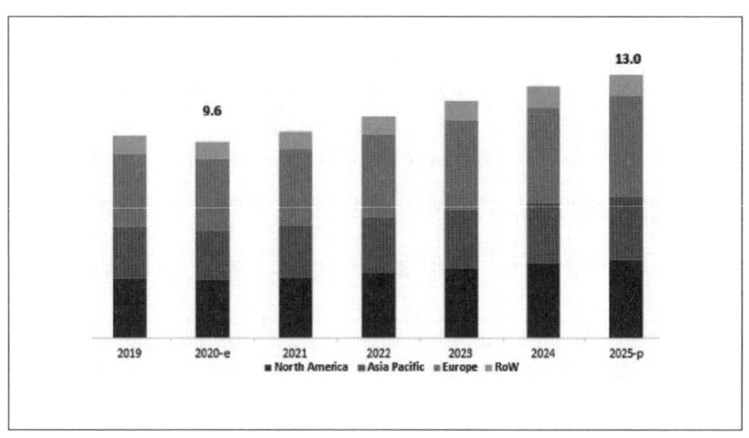

출처: Market and Market(2020)

지를 인식하는 것뿐만 아니라 이미지를 딥 러닝으로 분석해 검품 과정을 자동화하는 게 특징이다. 이 사례가 의미하는 바는 무엇일까. 바로 노동력이 투입되었던 단순 업무가 인공지능과 머신비전이란 기술로서 완전 대체될 수 있음을 나타내는 신호라는 것이다.

글로벌 리서치 기업 마켓앤마켓(Market&Market)에 따르면 제조업의 인공지능 기술 시장 규모는 현재 11억 달러 수준에서 2026년에는 167억 수준으로 약 17배 상승할 전망이다. 해당 기술의 발전이 제조업 생산성에 긍정적 영향을 끼칠 것임은 자명하나, 우리는 신기술에 의한 노동력 대체라는 큰 물결의 첫 시작을 무방비로 방관하고 있는 게 아닐지 한 번쯤 생각해 볼 필요가 있다.

마이데이터, 협쟁의 서막

해당 분야에서 수십 년을 종사한 도메인 전문가가 아니더라도 대다수 국민들은 우리 삶에서 데이터가 중요하다는 점을 뼈저리게 인지하고 있다. 일반인에게 체감되는 개인정보보호와 관련된 케케묵은 논쟁부터 동영상 플랫폼, 음악 스트리밍, 온라인 마트 등에서 이젠 쉽게 찾아볼 수 있는 개인 맞춤형 추천 시스템들까지, 바야흐로 데이터로 움직이는 시대라 할만하다.

그간 개인 데이터는 기업의 힘이었다. 시장을 선점한 기업에서 알게 모르게 축적된 고객 정보는 인공지능 및 데이터 과학이라는 신기술에 의해 포장되어 소비자로 하여금 그간 경험해 보지 못한 혁신적인 서비스를 가져다주는 효과를 이끌어 냈다. 하지만 이는 블루오션 시장의 선점과 고객 데이터의 독자적 수집 등 신규 사업자들이 새로운 서비스를 창출하는데 진입장벽으로 작용했으며, 사회적 문제로 확장되었다. 이처럼 기업의 데이터 확보와 독점은 곧 경쟁력으로 이어져 왔고 이는 거대한 정보서비스 기업들(구글, 아마존, 네이버, 카카오 등)의 탄생을 이끌었다. 산업 구조가 어느 정도 안정화된 현재, 이러한 데이터 독점 현상은 새로운 기회를 제한하는 요소로 지적되고 있다.

최근 정부는 기업을 중심으로 유통되던 고객 정보를 고객을 중심으로 유통하자는 관점에서 마이데이터 사업을 추진 중이다. 이는 상기 설명한 기존의 데이터 유통체계와 결을 달리하는 것으로써 하나의 기업이 데이터를 독점하는 구조를 탈피하려는 시도다. 현재 총 6개 산업 분야(의료, 금융, 공공, 교통 등)를 선정해 8개의 실증사업을 추진하고 있으며, 이에 대한 호응도 좋아 전망이 밝다.

데이터 관리 권한이 기업에서 개인으로 변화한다는 것은 분야별 선점 기업의 독점 완화를 의미한다. 같은 데이터를 두고 소프트웨어 서비스의 질로 경쟁하는 시대가 올지 귀추가 주목된다.

〈영국의 Mi-data 정책(의료분야)〉

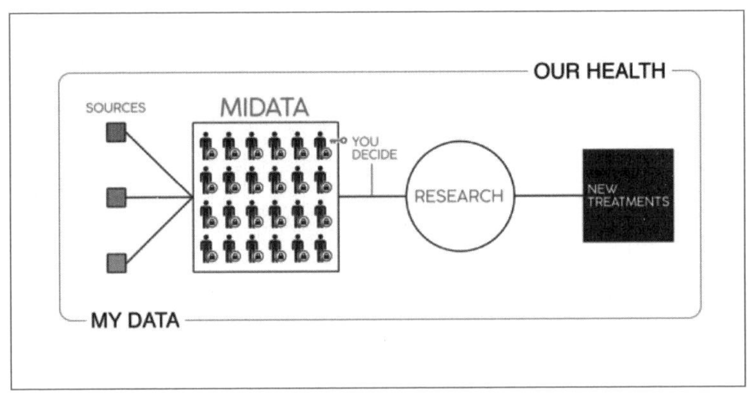

출처: midata.coop(2020)

데이터 뉴딜, 코로나19 위기를 넘어서

2020년 7월, 정부는 한국판 뉴딜을 발표해 디지털 뉴딜, 그린 뉴딜, 안전망 강화로 대표되는 세 개의 축을 중심으로 한 분야별 투자 및 일자리 창출을 시사하였다. 이 중 디지털 뉴딜은 디지털 경제의 기반이 되는 데이터 활용을 최대한 활성화하기 위해 '데이터 댐' 구축을 제시했는데 예산 투자 규모가 5,000억 원에 달하는 압도적 규모로 추진될 예정이다. 데이터 댐은 총 7대 프로젝트로 분화되며 주요 사업으로는 ▲인공지능 학습용 데이터 구축, ▲인공지능 바우처, ▲인공지능 데이터 가공 바우처, ▲빅데이터 플랫폼 및 센터 구축 등이다. 거대한 예산 규모에 맞춰 기대효과도 상당하다. 인공지능 학습용 데이터 구축의 경우 데이터를 생산하는 데 인력 충원이 필수적으로, 이를 통한 일자리 창출 효과가 기대되며, 인공지능 바우처의 경우 기업 간 협력체계를 구상할 수 있어 이를 통한 신사업 발굴의 효과가 기대된다. 기타 인공지능 융합 및 클라우드 플래그십 사업의 경우에도 전통산업의 디지털 전환을 지원하는 등의 취지를 담고 있어 기업의 혁신에 영향을 끼칠 전망이다. 이처럼 데이터댐은 전산업의 인공지능 도입 문턱을 낮추는 정책이기에 국가 전체의 인공지능 기술 수요를 높이는 데 큰 영향을 줄 것으로 예상할 수 있다. 이는 결과적으로 소프트웨어 시장의 저변을 확대하게 될 것이다.

한편으로는 우려가 섞인 목소리도 나온다. 다년간 인공지능 학습용 데이터 셋을 공개 배포하고 있는 글로벌 기업(마이크로소프트, 구글 등)의 데이터 셋조차도 라벨링 정확도가 각각 83%, 43% 수준으로 기대보다 저조한 편이며, 인공지능 기술을 활용하는 프로젝트의 작업별 소요 시간 중 약 80%는 데이터 처리와 가공 과정에 할애된다고 알려져 있다. 이와 같은 현실은 단기간 내 양질의 데이터 생산과 검증, 업데이트하는 과정이 쉽지 않다는 것을 반증한다. 그러므로 데이터 댐의 성공은 생산 데이터의 지속적 품질 관리에 있다고 해도 과언이 아니다. 우리는 과거 공공의 추진 사업이 시간이 지남에 따라 신규 사업에 밀려 빛을 보지 못하고 사라지는 사례를 종종 목도했다. 마찬가지로 데이터 댐 또한 데이터 방류가 정체되어 서서히 '고인 댐'화되지 않도록 지속적 투자를 이끌어 내는 것이 관건이다.

<ML 프로젝트 작업 별 소요시간 비중(%)>

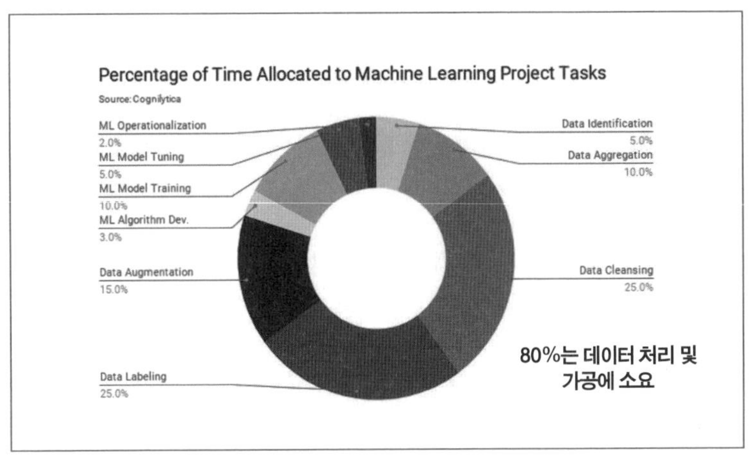

출처: forbes.com(The Human-Powered Companies That Make AI Work)

<데이터 댐 7대 사업별 추진 예산>

항목	내용	예산(억 원)
인공지능 학습용 데이터 구축	인공지능 서비스 개발에 필요한 학습용 데이터	2,925
인공지능 바우처	중소기업의 인공지능 데이터 이용 지원	560
인공지능 데이터 가공 바우처	기업 데이터를 인공지능 학습용 데이터로 전환	489
인공지능 융합	다양한 분야 데이터를 인공지능으로 융합	282
클라우드 플래그십 프로젝트	양질의 클라우드 서비스 플랫폼 개발	250
클라우드 이용 바우처	중소기업들에게 클라우드 컨설팅, 이용료 등 지원	80
빅데이터 플랫폼 및 센터 구축	기업들을 위한 양질의 데이터 제공 환경 마련	405

출처: 파이낸셜 뉴스(2020)

로봇 시대의 본격화, 인간과의 협동

갑작스러운 코로나19의 창궐은 일상 업무의 비대면화를 앞당겼다. 그러나 일반 사무직종을 제외한 오프라인 업무가 불가피한 몇몇 일자리의 경우 재택근무, 비대면 근로환경의 수혜를 받지 못하는 '비대면 사각지대'로 조명 받고 있다. 이러한 사각지대의 대표적인 직종이 바로 제조 산업의 최하단 먹이사슬에 위치한 공장 근로자들이다. 공장 설비 자동화는 공정의 비대면화를 앞당기는 데 기여할 수 있으나 도입 및 관리 비용이 높기 때문에 중소규모의 전통 공정에 단기간 동안 적용하기에는 한계가 있다. 그렇기 때문에 방법을 알아도 현실 반영이 힘든 상황이었다.

그런 맥락에서 최근 협동 로봇이 재조명 받고 있다. 협동 로봇이란 사람과 같은 공간에서 작업하며 물리적인 상호작용이 가능한 로봇을 의미하는데, 산업용 로봇에 비해 도입 비용이 낮아 중소규모 공정에 적용하는 데 효과적이다. 또한 협동 로봇은 기본적으로 근로자의 업무 동선에서 함께 움직이는 특징이 있고, 함께 일하는 근로자의 직무에 맞추어 '재프로그래밍' 된다. 그렇기 때문에 소수의 로봇으로 역할을 변경하며 근로자 비대면 근무 지원에 최적화된 로봇이다. 국내외 협동 로봇 시장은 2022년 기준 2020년 대비 약 2.2배 상승할 것으로 전망된다. 정부 또한 관계부처 합동으로 2019년부터 협동 로봇 보급에 힘쓰고 있는 상황이기 때문에 향후 기대가 큰 분야이다. 이와 더불어 기술 발전 차원에서 협동 로봇에 인공지능을 접목시켜 기능을 강화하는 등의 국내외 기업의 혁신 시도가 활발히 진행되고 있으므로, 향후 소프트웨어 기업의 적극적인 시장 진출이 기대된다.

<국내 정부의 협동 로봇 관련 주요 사업('19~20)>

소관 부처	사업 구분	내용
과학기술정보통신부	협동 로봇 인재 양성	• 중소업체의 스마트공장 구현을 위한 협동 로봇 테크니션 및 컨설턴트 양성
과학기술정보통신부	5G 연구 개발	• 5G기반 로봇의 안전 기준 가이드라인 수립 등
중소벤처기업부	협동 로봇 지원	• 작업자 안전이 담보되는 협동 로봇 구축 지원 • 협동 로봇 활용 교육 지원
고용노동부	협동 로봇 교육 환경 지원	• 협동 로봇 활용 교육 확대를 위한 진흥원 내 교육실 구축 • 협동 로봇 실습 환경 지원

출처: 소프트웨어정책연구소(2020)

원격의료, 사회를 달구는 찬반의 뜨거움

원격의료와 관련된 이슈는 수년을 걸쳐 진행되어 온 케케묵은 현안이다. 그럼에도 불구하고 코로나19로 인한 격오지 의료가 사회적 화두로 급부상함에 따라 다시금 재조명 되고 있는 형국이다. 사실 원격의료의 규제 완화 이슈는 소프트웨어 기업에게도 큰 관심사 중 하나다. 전 세계적으로 폭발적 성장을 거듭하고 있는 디지털 헬스케어 및 원격의료 서비스의 핵심기술이 소프트웨어이기 때문이다. 국내의 경우 쟁점 해소가 늦어짐에 따라 관련 플랫폼 시장 형성 자체가 봉쇄되어 있어 다년간 글로벌 추세에 뒤떨어진다는 지적이 줄을 이었다.

그렇다면 원격의료 규제 완화가 힘든 중점 원인은 무엇일까? 핵심은 국내 의료법으로서, 원격의료의 주체와 수혜자가 모두 의료인에 한정되어 있다. 그렇기 때문에 소프트웨어 기업이 주체가 된 의료 플랫폼 서비스와 환자를 대상으로 한 의료행위 모두가 막혀있다. 미국의 보건자원서비스청 규정의 경우 원격의료의 주체는 별도로 명시되어 있지 않으며, 수혜자는 격오지 의료기관, 환자, 의료 공급자 모두가 포함되어 있어 반드시 의료인이 아니더라도 관련 사업에 진출할 수 있고 환자를 대상으로 한 서비스가 가능한 구조다. 결과적으로 소프트웨어 기업의 의료혁신 플랫폼이 등장하기 위해서는 이러한 법적 완화가 필수적이다.

〈원격의료 주요 규제〉

관련법률	규제현황
의료법	• 개인 의료정보를 병원 외부 서버에 보관·전송 제한 • 의사-환자 간 원격 의료상담 불가능
개인정보보호법	• 환자 데이터 수집·활용 불가 • 앱에 쌓인 데이터를 병원 진료에 활용 불가능
국민건강보험법	• 직접 의료행위만 보험적용 가능해 앱과 디지털 기기에는 적용 불가능
약사법	• 온라인 통해 약 처방 및 배송 불가능

출처: 중앙일보(2020)

눈여겨봐야 할 부분은 원격의료 규제 완화가 비단 국내뿐만 아니라 전 세계적 추세라는 점이다. 이에 정부는 의료 규제자유특구를 운영해 강원도를 테스트베드로 삼고, 격오지 환자에 원격의료를 우선 도입해 보는 사회적 합의를 이루기 위한 사전 작업을 진행 중이다. 당장 규제가 완화되어 디지털 헬스케어 및 국내 소프트웨어 기업의 내수시장 진출 염원이 현실화될 것이라는 장담은 할 수 없으나, 관련 기대는 지속될 것이라 예상된다.

〈국가별 원격의료 정책 및 주요 기업〉

국가	현황	대표기업
미국	• 1993년 미국원격의료협회(ATA)가 설립되면서 원격의료가 시행되었으며, 1997년 균형재정법 제정 이후 원격의료에 보험 급여가 제공	• 텔라닥(Tealadoc) • MD라이브(MDLIVE)
중국	• 2014년 원격의료를 도입하고, 중국 최초 온라인 병원 광동성 온라인병원이 의사-환자 간 원격 진료 개시	• 핑안하오이셩 • 웨이이
일본	• 2015년 의사-환자 간 원격의료를 도입하고, 2018년부터 의료보험 적용	• 라인헬스케어 • 야닥
영국	• 2017년부터 영국 NHS와 제휴를 맺고 국민의료보험 가입자를 대상으로 무료로 인공지능 원격의료 서비스를 제공 중	• 바빌론 헬스 (Babylon Health)
프랑스	• 2018년 원격의료를 합법화하고 의료보험 적용	• 닥터립(Doctorlib) • 메디비즈(Medaviz)
한국	• 2020년 의료진 간 원격의료가 도입됐으나, 의사-환자 간 원격 의료는 2006년 이후 14년간 시범 사업 진행 중	• 메디히어, 굿닥, 모바일닥터(코로나19로 한시적 운영)

출처: 정보통신기획평가원(2020)

금융개혁, 핀테크를 품다

미 경제학 교수인 타일러 코웬(Tyler Cowen)은 동아일보 인터뷰를 통해 빅테크(Big-Tech)는 소프트웨어, 빅파이낸스(Big-Finence)는 예금고객 관계에 경쟁력이 있음을 시사하며 이 기능들이 영원히 분리되지 않을 것임을 예상했다. 국내에도 이와 같은 예상이 현실화될 전망으로, 올해 7월 금융위원회를 통해 소프트웨어 기업이 기존 은행의 기능 대부분을 서비스할 수 있도록 제도적 문호를 개방하는 새로운 가이드라인을 발표했다. 이번 발표의 핵심은 이용자의 결제 및 송금 지시를 받아 은행이 이체를 실시하도록 전달하는 지급지시전달업(MyPayment)을 신설하는 것과, 기존 금융의 예금 및 대출 기능을 제외한 모든 서비스를 지원하는 플랫폼을 운영할 수 있는 종합지급결제사업자 지정을 명문화하는 것이다. 특히 종합지급결제사업자 지정의 경우 기존 금융권의 고유권한 상당수를 소프트웨어 플랫폼 기업이 서

〈마이페이먼트〉

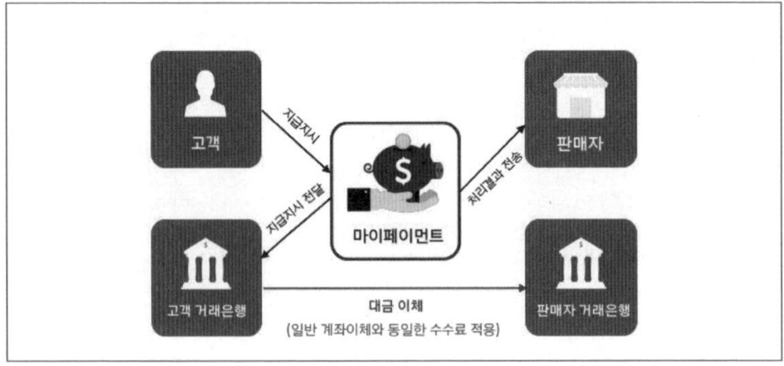

출처: 금융감독원(2020.7.)

〈전자금융거래법 개정에 따른 업종 개편〉

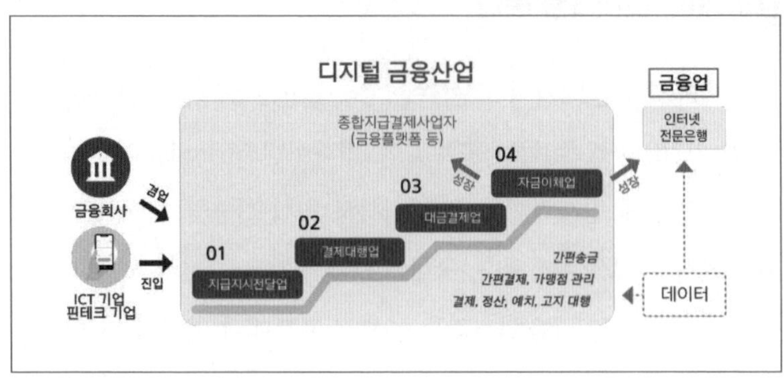

출처: 금융감독원(2020.7.)

비스할 수 있도록 제도적 기회를 개방하는 것이므로 빅테크-금융사 간 치열한 주도권 협의가 불가피한 상황이다. 해당 제도 발표와 관련해 대표적인 빅테크 기업인 네이버, 카카오 등의 본격적 진출이 점쳐지는 가운데, 한국은행은 기존 은행에만 접근을 허용하던 금융결제망을 소프트웨어 기업에도 개방하는 것에 우려를 표명하고 있다. 해당 이슈는 금융권이란 공고한 장벽을 깨트릴 수 있는 중요한 변화이나 저항 또한 극심해 2021년에도 꾸준한 화두일 것으로 점쳐진다.

딥택트, 대면(접촉)과 비대면(비접촉)의 앙상블

딥택트는 업종과 영역을 불문하고 전통산업의 업태와 언택트 기술의 강점을 최적으로 결합해 고객관계를 더욱더 강화하고자 하는 것을 의미하는 신조어다.

그간 기업의 디지털 전환과 관련해 실질적인 성과가 두드러지지 않는 이유 중 하나는 '익숙하지 않음'이었다. 가령 전통산업에 속한 기업들은 새로운 기술이 출현하고 각광받을 때마다 해당 기술의 본질과 활용 목적에 대한 충분한 고려보다는 이 기술을 도입해야만 생존할 수 있을 것이라는 모종의 압박을 받았다. 이는 기술우선주의(Technology First)로 이어져 성공의 명확한 목표와 정교한 프로세스 없이 혁신을 꾀함으로써 많은 실패의 원인이 되어 왔다. 그런 가운데 도미노 피자, 펜더 등의 전통기업은 목표를 명확히 해 큰 성공을 거둔 사례로 주목받고 있다. 해당 기업은 각각 요식업과 악기제조업으로서 본인들의 업태를 그대로 유지하며 기술도입의 목적을 고객관계 강화에 두었다. 결과적으로 강력한 고객관계 구축이라는 단순하지만 명확한 목표를 수립하고 기존 업태를 해치지 않는 선에서 비대면 기술을 결합해 익숙한 방식의 디지털 전환을 달성했다. 전통 업태와 비대면 기술의 결합, 향후 전통산업 다수에서 각광을 받는 혁신전략이 될 것으로 예상된다.

〈딥택트의 정의〉

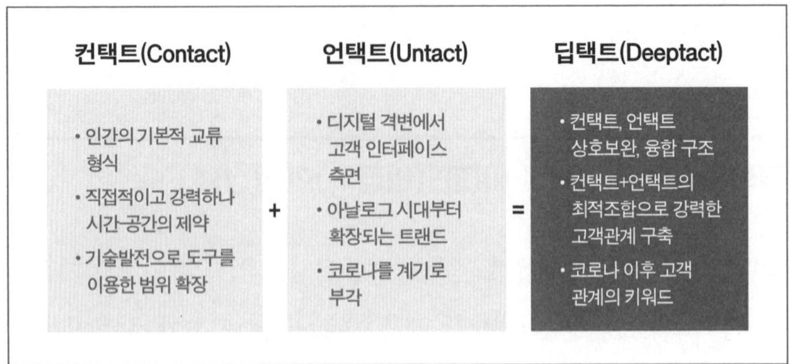

컨택트(Contact)
• 인간의 기본적 교류 형식
• 직접적이고 강력하나 시간·공간의 제약
• 기술발전으로 도구를 이용한 범위 확장
+
언택트(Untact)
• 디지털 격변에서 고객 인터페이스 측면
• 아날로그 시대부터 확장되는 트랜드
• 코로나를 계기로 부각
=
딥택트(Deeptact)
• 컨택트, 언택트 상호보완, 융합 구조
• 컨택트+언택트의 최적조합으로 강력한 고객관계 구축
• 코로나 이후 고객 관계의 키워드

출처: 김경준(2020)

〈딥택트의 성공사례 주요 기업〉

기업명	업종	내용
월마트	유통업	• 컨택트(오프라인 매장), 언택트(온라인 서비스) 결합을 통해 오프라인 유통업계의 몰락에서 생존
펜더	악기제조업	• 기존 악기제조를 유지하면서 비대면 기타연주 E-러닝 플랫폼을 운영해 악기 판매수익을 늘림
도미노피자	음식업	• 디지털 기술을 통해 주문 방식을 비약적으로 확대해 10년 새 주가 3,200% 상승 • 스마트 워치, 인공지능 스피커, 자동차 등 36개 플랫폼을 통해 주문 가능 • 세계 최초로 드론 배달 성공 등

출처: 소프트웨어정책연구소(2020)

딥택트 현상의 확산은 전통기업의 소프트웨어 기술 도입에 관한 진입장벽을 낮추는 효과로 이어질 것이다. 이는 결국 소프트웨어의 수요 확대로 이어져 소프트웨어 산업의 먹거리를 늘리는 데 긍정적인 영향을 미칠 전망이다.

실감콘텐츠, 토종 OTT의 승부수

요즘 시대를 OTT의 시대라 해도 과장은 아닐 것이다. 유튜브, 넷플릭스, 옥수수 등 다양한 인터넷 동영상 플랫폼은 정치, 사회, 문화 모든 분야에서 강력한 영향력을 행사하고 있어 미디어 시장의 재편을 견인하고 있다. 한편 OTT 자체에 관한 고객 선호도와는 별개로 국내 산업 측면의 고심이 깊어지는 형국이다. 국내 OTT 점유를 외산 OTT 플랫폼이 장악하다 보니, 국내 제작 콘텐츠의 다수가 해외 기업의 OTT로

〈주요 OTT 모바일앱 이용자 현황〉

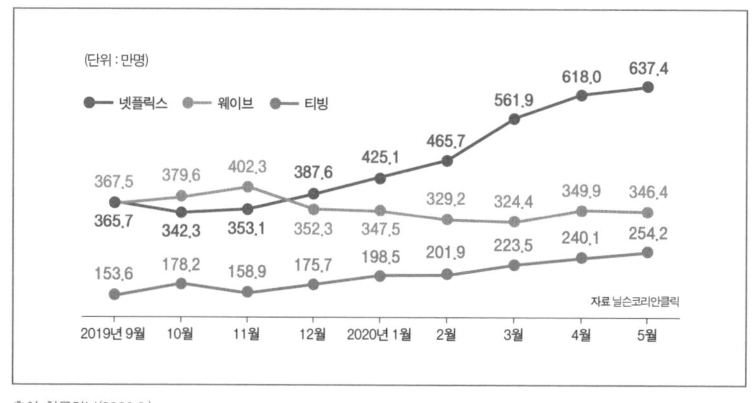

출처: 한국일보(2020.8.)

넘어가 국산 플랫폼이 점차 악화일로를 걷고 있기 때문이다. 이처럼 국내 콘텐츠 경쟁력을 높이고 토종 OTT를 살리는 것은 미디어 시장의 주요 현안인데, 이를 위해 주목받고 있는 것이 바로 실감콘텐츠이다.

토종 OTT 경쟁력 확보 차원의 정부의 전략은 크게 두 가지로 나뉜다. 첫 번째는 양질의 실감콘텐츠 개발을 지원함으로써 콘텐츠 자체의 질을 높이는 것이고, 두 번째는 휴먼인더루프 인공지능(HITL AI) 기술을 도입해 플랫폼 경쟁력을 높이는 것이다. 특히 실감콘텐츠 개발 지원은 2019년 정부 차원의 활성화 전략이 발표되어 관련 사업이 추진 중인 상황으로 시의성 측면에서 적절하다는 평가를 받고 있다. 또한 5G 콘텐츠 플래그십 사업, 신규 기업에 대한 인큐베이팅 및 해외 진출 지원, 실감콘텐츠 거점 구축 등 관련 기업 육성에도 힘을 쓰고 있어, 국내 소프트웨어 산업을 넓게 바라보았을 때 적지 않은 영향을 줄 것으로 기대된다.

〈실감콘텐츠 개발 및 전문기업 육성 계획〉

사업 구분	사업 내용	내용
5G 콘텐츠 플래그십 프로젝트	실감콘텐츠 제작 지원	• 5G 기반 실감미디어 콘텐츠 제작 지원 • 원격 사용자간 소통이 가능한 콘텐츠 제작 지원 • 인포테인먼트 콘텐츠 제작
펀드 지원 및 네트워킹 지원	인큐베이팅 및 해외진출 등 지원	• 초기 성장 지원 및 해외진출 개척 지원을 위한 펀드 운용 • K-실감콘텐츠 포럼 운영을 통한 네트워킹, 기술 교류
거점별 특화-연계 지원을 통한 기업 성장지원	거점 센터 구축 및 창업 지원	• VR-AR 콤플렉스(상암) • ICT문화융합센터(판교) • 빛마루방송지원센터(일산) • 글로벌게임허브센터(판교)

출처: 소프트웨어정책연구소(2020)

휴먼인더루프 인공지능, 인간 개입의 단초

마지막 이슈는 휴먼인더루프 인공지능이라는 개념적 용어이다. 휴먼인더루프 인공지능이란 인간이 인공지능이 도출해내는 특정 수준 이하의 예측을 보완하기 위해 예측 모델에 직접 피드백을 제공할 수 있는 시스템을 의미한다. 쉽게 말해 인간이 인공지능의 산출물에 직접적으로 개입한다는 의미인데 왜 이러한 개념이 대두되는지에 관해 논해볼 필요가 있다.

인공지능에 관한 본질적 우려는 결과를 수용하는 인간의 관점에서 인공지능의 판단을 신뢰할 수 있는지에 관한 문제이다. 인공지능 기술은 결과 산출까지의 과정이 은닉되어 있다는 특수성 때문에 판단 근거를 역으로 제시하기 어렵다는 한계점을 지니며 이를 극복하기 위한 노력은 지금까지도 활발히 진행 중이다. 눈여겨볼 시도는 두 가지로 나뉘는데 그중 첫 번째가 '설명 가능한 인공지능(XAI, eXplainable AI)'이다. 이 개념은 인공지능의 결과를 인간이 신뢰할 수 있도록 판단 근거를 자동으로 추출해 주는 기술을 의미한다. 두 번째로는 앞서 언급한 휴먼인더루프 인공지능이다. 올해 이슈 선정에서 두 가지 개념 중 휴먼인더루프 인공지능에 무게를 둔 이유는 최신 인공지능 기술발전 방향을 고려한 결과다. 최근 인공지능 연구는 선별된 데이터를 대상으로 한 모델개발보다는 주어진 모든 데이터를 통합 후 범용으로 활용 가능한 모델을 개발하는 것을 선호하고 있다. 이는 곧 설명 가능한 인공지능을 구축하기 위해 고려해야 할 데이터 범위가 넓어지는 문제를 야기할 수 있다. 결국 인간이 납득할 만한 합리적인 근거를 알고리즘에 의해 탐색하는 시도가 더욱 난관에 부딪힐 수도 있다. 이와 같은 맥

〈휴먼인더루프 인공지능의 개념도〉

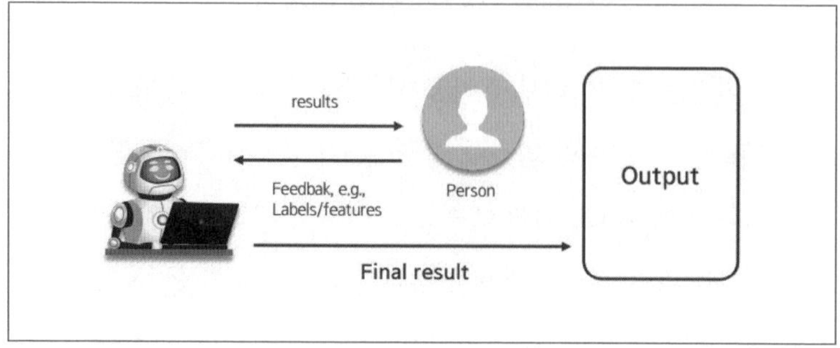

출처: medium.com

락에서 인간의 인공지능에 대해 신뢰를 높이기 위한 방법은 인간이 직접 인공지능의 결과에 피드백을 주는 방향으로 대체될 것이라 예상되며, 이는 국내 소프트웨어 시장의 인공지능 솔루션에도 일정 부분 반영될 것으로 전망된다.

2021년에 화두가 될 것으로 예상되는 10개의 이슈를 소개했다. 10개의 이슈를 종합해 보면 우리는 두 가지의 큰 경향성을 도출해 낼 수 있다. 첫 번째는 혁신이 곧 비대면이라는 점이다. 교육, 제조, 금융 등 다양한 산업의 혁신은 해당 산업의 비대면 서비스 도입 여부로 평가될 것이며, 그 중심에 소프트웨어가 존재할 것임을 짐작해 볼 수 있다. 이처럼 비대면 시대를 맞이하기 위한 타산업의 디지털 전환 노력이 소프트웨어 산업에 간접적 수혜를 가져다 줄 것으로 전망된다.

두 번째는 공존과 협력이 소프트웨어 산업의 방향성이 될 것이라는 점이다. 특히 데이터의 관리 권한이 기업에서 개인으로 이동하는 일련의 추세는 데이터에 기반한 수많은 소프트웨어 서비스에 있어 데이터 공유-서비스 경쟁체제를 강화시킬 것이라는 점에서 의의가 있다. 한편 머신비전 기술의 상용화와 휴먼인더루프 인공지능의 출현은 인간과 기술의 주도권 경쟁이 가시화되어 감을 의미한다. 현시대를 대변하는 이슈로서, 미래를 위해 인간-기계 간 역할논의를 고려할 시기가 다가오고 있음을 시사하고 있다.

이처럼 비대면은 공존과 협력이 다가올 2021년도 소프트웨어 산업에서 중요한 키워드가 될 것으로 짐작된다. 해당 이슈와 관련 키워드를 있는 그대로 수용하지는 않더라도, 전반적인 산업의 흐름을 염두에 두고 다양한 사업을 추진한다면, 내년을 대비하는 데 유용할 것이다.

3

DIGITAL POWER 2021

클라우드와 엣지 컴퓨팅이 만드는 생태계

김형철 과학기술정보통신부 SW·클라우드 PM

클라우드와 엣지 컴퓨팅의 도래

사회 각 분야에서 정보화가 시작될 무렵, 대부분의 기업, 기관에서는 필요한 컴퓨팅 환경을 확보하기 위해 물리적인 서버, 스토리지, 네트워크 장비 등을 구매해 구축하고 필요한 소프트웨어를 설치해 사용하는 것이 일반적이었다. 이후 빠른 발전 속에 클라우드 기술이 등장하면서 컴퓨팅 환경을 구축하는 방식에서 인터넷을 통해 필요한 컴퓨팅 자원을 빌려 쓰는 환경으로 바뀌었고 고사양, 고품질의 컴퓨팅 자원과 소프트웨어를 누구나 손쉽게 접근하고 사용할 수 있게 되었다. 이러한 컴퓨팅에 대한 범용화는 다양한 서비스와 수많은 데이터를 만들어 내고 있으며, 최근에는 지연 없는 서비스와 데이터 처리를 위해 사용자, 서비스, 데이터에 근접해 컴퓨팅을 제공하는 엣지 컴퓨팅이 확산되고 있다.

또한, 최근 들어 4차 산업혁명, 5G+전략, 디지털 뉴딜 등의 굵직한

ICT 전반의 정책적 이슈와 함께 사회, 경제 및 산업 전반의 디지털 전환을 실현하기 위한 컴퓨팅 기술로 클라우드와 엣지 컴퓨팅이 주목받고 있다. 이에 따라 본 장에서는 디지털 전환이라는 큰 흐름을 실현하기 위한 컴퓨팅 기반 기술인 클라우드와 엣지 컴퓨팅의 현재 기술과 이슈를 살펴보고 미래를 진단한다.

디지털 전환을 위한 클라우드의 역할

클라우드 컴퓨팅은 언제, 어디서나 다양한 단말을 활용해, 요구되는 컴퓨팅 서비스(서버, 스토리지, 개발 및 실행환경, 응용 등)를 인터넷을 통해 제공받을 수 있는 기술로 정의한다.

클라우드 서비스는 서버, 스토리지를 포함하는 다양한 컴퓨팅 자원을 제공하는 이아스(IaaS, Infrastructure as a Service), 응용을 개발하거나 실행하는 데 요구되는 복잡한 환경 자체를 서비스로 제공하는 파스(PaaS, Platform as a Service), 응용의 설치 과정 없이 다양한 응용을 인터넷상으로 사용할 수 있도록 제공하는 사스(SaaS, Software as a Service) 등의 기본 서비스로 구분되며, 제공하는 서비스 대상에 따라 'As a Service' 형태로 다양한 클라우드 서비스가 제공되고 있다.

최근 이러한 클라우드 기술은 4차 산업혁명과 디지털 뉴딜 등의 미래 지능정보사회를 실현하기 위한 컴퓨팅 기반 기술로써 인식되고 있으며, 관련해 인공지능, 빅데이터, 사물인터넷 등의 주요 ICT 기술들과 융합해, 또 다른 신기술 및 신서비스를 만들어 내며 혁신적 진화를 거듭하고 있다. 더욱이 우리 생활 속으로 스며들고 있는 인공지능 서비스들과 함께 클라우드의 중요성은 더욱 부각되고 있으며, 인공지능 서비스와 같은 미래 서비스의 실현 및 확산을 견인하는 핵심 컴퓨팅 인프라로 자리매김하고 있다.

클라우드는 양질의 데이터를 대량으로 수집·저장·처리하고, 이를 활용한 우수한 인공지능 서비스의 공급을 위한 가치사슬에서 서비스와 데이터 사이의 중요한 연결 고리 역할을 담당하고 있다. 시스코(Cisco)는 2025년까지 세계 데이터 유통량이 연 61% 수준으로 성장해 175제타바이트가 될 것이며, 전체 데이터의 95% 이상이 클라우드에서 처리될 것으로 전망하고 있다. 이와 관련해, 미래 서비스에 대한 국가·기업의 경쟁력을 제고하기 위해서는 클라우드 경쟁력을 우선 확보할 필요성도 함께 대두되고 있는 상황이다.

클라우드 컴퓨팅의 확산에 따라 소프트웨어의 개발 방식, 동작 방식, 배포 및 유통 방식 등의 전반적인 소프트웨어 산업의 패러다임도 변화가 진행되고 있다. 클라우드 환경에서는 빈번하게 사용되는 기능이 모듈로 제공(인공지능, 블록체인 등 신기술 포함)되므로, 개발자는 아마존의 람다(Lamda)나 구글의 클라우드(Cloud) AI와 같은 서비스를 통해 요구되는 기능이나 개발 환경을 제공받고, 기능 조합을 통해 손쉽게 소프트웨어를 개발할 수 있다. 또한 레드햇(Redhat)의 오픈시프트(OpenShift)나 공개 소프트웨어인 클라우드 바리스타(Cloud-Barista) 등을 활용하면 단기간에 글로벌 규모의 서비스를 배포할 수 있다.

근래, 글로벌 이슈가 되고 있는 코로나19 여파는 사회 전반의 활동(교육, 근무, 소통 등)을 온라인 기반의 비대면 서비스 형태로 바꿔가고 있다. 예로, 국내 영상회의 서비스를 제공하는 기업의 경우 일주일

만에 트래픽이 93.4% 증가했으며 영상회의 사용 기관은 국내 1,700여 개, 일본 600여 개가 증가했다. 이러한 재택근무, 콜센터, 온라인 학습 등과 같은 비대면 서비스의 급격한 수요 증가는 서비스의 안정적, 효과적 제공, 관리를 가능하게 하는 클라우드 기술에 새로운 니즈를 요구하는 동시에 적용과 확산을 가속화하는 요인이 되고 있다.

글로벌 스케일로 진화하는 클라우드 인프라와 응용

최근 인공지능 및 디지털 전환 등의 이슈와 함께 학습 기반의 지능형 서비스, 커넥티드 카, 스마트 시티와 같은 다양한 서비스로 인해 대규모의 이종 데이터들이 지역별로 급증할 것으로 전망되고 있다. 이러한 변화는 클라우드로 집중되는 대규모 데이터의 수집, 저장, 처리 지연을 야기한다. 또한 방대한 데이터의 신속한 처리를 요구하는 서비스들의 가시화와 확산에 걸림돌이 되고 있다. 이러한 상황은 클라우드에 새로운 니즈를 부여했으며, 데이터나 사용자의 근접한 위치에서 연산을 수행해 고품질 서비스를 제공할 수 있는 엣지 컴퓨팅이라는 또 하나의 트렌드를 만들어 냈다.

또한 다양한 응용 서비스가 글로벌화됨에 따라 사용자, 지역, 처리 데이터 등 모든 측면에서의 규모가 증가했다. 이로 인해 특정 지역에 지정된 단일 클라우드 기반의 서비스 구조는 한계에 직면했다. 이를 완화, 개선하기 위해 다양한 지역에 위치하고 있는 수많은 클라우드를 유연하게 연계 활용할 수 있는 분산·멀티 클라우드 기술로의 전이를 통해 서비스의 운영 유연성·가용성 등을 개선할 것으로 전망된다. 이는 지역적으로 분산되어 있는 다양한 이종 클라우드 혼용 활용을 증가시킬 것이며, 지역에 격리된 클라우드 간 데이터 관리 및 빠른 접근 방식이 주요 이슈로 대두될 것이다.

엣지 컴퓨팅 및 멀티·분산 클라우드 기술은 초광역, 초고속 서비스들이 클라우드 사이를 유연하게 옮겨 다니고 서비스가 요구하는 컴퓨팅 자원을 지역에 상관없이 활용할 수 있는 환경을 제공해, 가까운 미래에 실현될 스마트 시티, 커넥티드 카를 비롯한 다양한 미래 서비스 니즈를 만족시킬 것으로 전망된다.

서비스 개발 및 배포 효율성의 니즈에 따른 서비스의 구조 및 모델의 진화도 클라우드 서비스 형상의 변화를 야기한다. 대규모 사용자 및 수백억 IoT 장치를 대상으로 지능정보 서비스가 개인화·분산화됨에 따라 클라우드 서비스도 지역 서비스, 분산 서비스 등의 수용을 위한 기술을 제공해야 한다는 이슈가 발생하고 있다.

또한 개발 효율성 측면을 극대화한 마이크로 서비스화와 서버리스 기반의 응용 프로그램 개발이 가속화되면서 하나의 서비스를 구성하는 소프트웨어 모듈 간의 연계 기술(Service Mesh)의 중요성은 더욱 커질 것이다. 이러한 상황은 클라우드 기술 측면에서 서비스를 구성하는 클라우드 네트워크 구성 및 모듈 간 연계성을 강화해 하나의 서비스를 구성하는 수많은 독립 소프트웨어 모듈들로 구성된 서비스 형상을 만들 것으로 전망된다.

다양한 산업 속으로 스며드는 클라우드 기술의 변화

다양한 산업 도메인 및 기술 분야에서도 클라우드 적용이 확산됨에 따라, 산업 분야별로 클라우드 인프라에 대한 최적화 이슈 및 신규 니즈가 지속적으로 증가하고 있다. 즉 최근 등장하고 있는 인공지능, 블록체인, 엣지 컴퓨팅 등의 다양한 기술 및 서비스에 대해 최적의 성능, 안전성, 신뢰성, 가용성 등을 지원하기 위한 클라우드 기술을 요구하고 있다. 또한 클라우드의 적용이 인공지능 및 첨단 산업 분야로 확대되면서, 데이터의 고속 처리 및 지연 없는 서비스 제공을 위한 니즈가 확산되고 있다. 이로 인해 기존의 범용 클라우드 기술에서 특정 산업 도메인에 특화된 기능 제공과 함께, 고속 처리에 최적화된 고성능 클라우드 서비스 제공이 증가할 것으로 전망된다.

클라우드 인프라 및 서비스 관리 측면에서는, 운영 인프라와 서비스 규모가 커지면서, 기존 관리자에 의한 상시적이고 규칙에 기반한 관리는 어려움이 커지고 있다. 이와 관련해 인공지능의 지능화 기술이 적용된 클라우드 관리 기술 등장으로 사용자의 개입이 적거나 무인 관리가 가능한 체제로 발전할 것이라고 전망된다.

미래의 클라우드 컴퓨팅은 현존하는 클라우드 간의 수평적 연계를 비롯해, 현재 추진되고 있는 클라우드 엣지 기반의 수직적 연계, 연산 능력이 증가하는 다양한 단말이 모두 연계되어, 하나의 커다란 컴퓨팅 자원으로 인식될 것이다. 또한 응용 서비스는 분산 클라우드 환경 내에서 컴퓨팅 자원의 위치, 종류, 형상 등에 무관하게 언제 어디든 배치, 이동, 관리가 가능하며 상시 고품질의 서비스를 제공할 것이다.

이는 젠(Xen), 케이브이엠(KVM), 하이퍼브이(Hyper-V) 등을 포함하는 다양한 가상화 생태계를 기반으로 오픈스택(OpenStack), 아마존 이씨투(Amazon EC2), 마이크로소프트 애저(MS Azure), 구글 지씨피(Google GCP) 등과 같은 새로운 클라우드 생태계를 만들었던 것처럼, 미래에는 현재의 클라우드 기술 생태계를 기반으로 그 상위에 멀티·분산 클라우드라는 차세대 클라우드 생태계를 만들어 갈 것으로 전망된다. 또한 젠, 케이브이엠 등과 같은 기술이 상호 통합·연계되지 않더라도 그 상위에 새로운 기술 스택을 쌓아 올렸던 변화 방향과 유사할 것으로 예상된다.

또한 코로나19로 인한 비대면 서비스의 급속한 확산으로 방대한 데이터의 저장, 처리 및 끊김 없는 전송을 제공해야 하는 클라우드 기술 및 서비스는 다시 한번 커다란 진화의 기점을 맞이할 것으로 기대된다.

5G 상용화에 따른 엣지 컴퓨팅의 확산

가트너와 포브스에 의해 2018년에 주목해야 할 10대 전략 기술과 디지털 전환 10대 트렌드로 선정된 엣지 컴퓨팅은, 2020년 가트너 10대 전략 트렌드에서 스마트 공간을 위한 5G 기반의 엣지 강화, 분산 클라우드 두 가지 축으로, 더욱 강화된 핵심기술로 제시되었다.

엣지 컴퓨팅은 사물인터넷 등에서 생성된 데이터를 단말기 근처에서 수집·분석·처리해 서비스 지연을 줄이고 보안성을 높이는 기술이다. 기존 단일 또는 다수의 데이터센터 내에 컴퓨팅 자원이 중앙집중화되는 클라우드와 달리 엣지 컴퓨팅은 사용자 또는 단말들과 물리적으로 근접한 위치인 네트워크 종단에서 컴퓨팅 자원을 제공함으로써,

서비스 실시간성을 보장하고 데이터 전송 최소화를 가능하게 하는 분산형 컴퓨팅 방식이다. 분산형 컴퓨팅 방식인 엣지 컴퓨팅은 최근 지능형 사물인터넷 서비스의 확산으로 인해 네트워크에 연결되는 장치들이 기하급수적으로 증가함에 따라, 발생하는 부하를 효과적으로 감당하기 위한 최적의 기술로 제시되고 있다.

〈클라우드와 엣지가 만들어가는 미래 컴퓨팅 환경〉

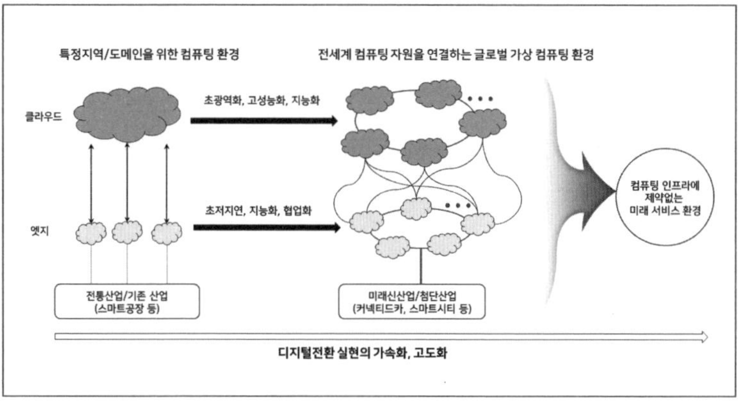

5G의 상용화로 인해 엣지 컴퓨팅에 대한 관심도는 더욱더 높아졌으며 가트너에서는 이를 반영하듯 2019년과 2020년 10대 전략 기술로 강화된 엣지(Empowered Edge)를 선정했다. 특히 전문가들은 엣지 컴퓨팅을 4차 산업혁명의 핵심 인프라인 5G가 추구하는 대규모 데이터를 아주 빠르게 전송하고 실시간으로 모든 사물에 대한 연결을 실현하기 위한 가장 중요한 기술 중 하나로 지목하고 있다. 이러한 추세는 5G 이후의 차세대 통신 방식이 등장해도 지속될 것으로 전망된다.

현재 통신사업자와 클라우드 선두 기업, 컴퓨팅·통신·네트워크 장비 기업이 엣지 컴퓨팅의 잠재력에 주목하고 시장 진출에 나서고 있다. 이 중 통신사업자들은 기지국이나 교환국에 컴퓨팅 시스템을 설치해 스마트폰이나 디바이스에서 생성된 데이터가 바로 처리되고 결과를 전달하는 5G 모바일 엣지 컴퓨팅(MEC) 기술 개발에 주력하고 있다. 이는 라우팅 과정을 거치지 않기 때문에 처리 시간을 단축할 수 있다. 주요 클라우드 사업자들은 소규모 워크로드의 요구사항과 다양한 물리적 제약이 있는 엣지 환경을 충족시키기기 위해 하이퍼스케일 클라우드 인프라의 축소 버전을 개발해 엣지 시장을 공략하고 있다. 공개 소프트웨어 진영 역시 제한적인 하드웨어의 한계를 감안해 엣지 컴퓨팅에 적합한 솔루션 개발을 위해 기존 클라우드와 엣지 컴퓨팅 관련 공개 소프트웨어를 통합 및 확장하고, 이를 기반으로 공통 프레임워크 제공을 위한 클라우드 중심의 엣지 컴퓨팅 플랫폼 프로젝트를 활발히 진행하고 있다.

인공지능 시대를 위한 엣지 컴퓨팅의 역할

현재 엣지 컴퓨팅은 인공지능과 점진적으로 결합되고 있으며, 실시간에 가깝게 반응할 수 있다. 대부분 인사이트가 같은 하드웨어나 기기 안에서 즉각적으로 전달되고 처리되기 때문에 더 높은 서비스 처리와 리소스 활용으로 고객에게 뛰어난 경험을 제공할 수 있다는 장점이 있다. 퍼블릭 클라우드 사업자인 구글, 아마존 및 마이크로소프트는 엣지 기반 인공지능 서비스 플랫폼 제공을 통해 엣지 디바이스가 사전 훈련된 모델을 사용해 로컬에서 기계학습 추론을 실행할 수 있도록 지원한다.

최근에는 소비자들의 엣지 디바이스 의존도가 높아짐에 따라 더 많은 서비스를 제공하기 위해 디바이스에 필수 컴퓨팅을 가져와야 할 필요성이 대두되었다. 이와 함께 클라우드와 연결성이 낮으면서도 독자 처리 가능한 지능형 반도체 중심의 엣지 컴퓨팅이 주목받고 있다. 이는 구글, 인텔, 엔비디아, 퀄컴, 화웨이 등 기존 인공지능 반도체 기업이 기술적 우위를 점하고 있기 때문에 기존 플랫폼 혹은 클라우드 기업과 협업하거나 새로운 기술을 제안하는 형태로 발전하고 있다.

이러한 엣지 기반의 인공지능 서비스를 지원하는 클라우드 중심의 엣지 컴퓨팅을 실전에 적용하기 위해서는 네트워크를 보유하고 있는 통신사업자와의 긴밀한 파트너십이 절실하게 필요하다. 특히 5G상에서의 유즈케이스와 이를 구현하기 위한 기술, 솔루션들을 확보하고 검증해 나가는 과정이 반드시 있어야 한다. 이를 위해 아마존(AWS)은 2019년 12월 클라우드 인프라를 최종 사용자에게 더 가깝게 위치시키는 것을 목적으로 하는 웨이브랭스(Wavelength) 솔루션 발표와 더불어, 5G 엣지 컴퓨팅 기술 개발을 위해 미국 최대 이통사인 버라이존과 파트너십을 맺었다. 또한 국내 SK텔레콤과의 전략적 제휴를 통해 5G MEC 기술에 클라우드 중심의 엣지 컴퓨팅 플랫폼 기술인 웨이브랭스를 접목하고, 2020년 5G 엣지 클라우드 서비스 상용화 추진을 발표했다. 마이크로소프트 역시 2019년 11월 AT&T와 협업을 통해 5G를 통합한 애저(Azure Stack) 기반의 네트워크 엣지 컴퓨팅(NEC) 기술 개발 추진을 발표했다.

미래 ICT 서비스 인프라로 발전하는 엣지 컴퓨팅 기술

엣지 컴퓨팅은 클라우드 및 통신사업을 중심으로 솔루션을 제공하고 있으며, 5G·인공지능·IoT·빅데이터 등 첨단기술이 이끄는 4차 산업혁명 시대 핵심 컴퓨팅 인프라 기술로 발전하고 있다. 이러한 엣지 컴퓨팅은 서비스 실시간성, 서비스 연속성 및 지능형 엣지 등 대표적 특징을 보장하기 위한 기술들이 진화화고 있다.

첫 번째로 서비스 실시간성 보장을 위한 초저지연 데이터 처리 기술이다. 초저지연을 보장하는 5G 서비스의 지연시간은 엣지 컴퓨팅의 중요한 성능 지표로 부각되고 있으며, 해당 지연시간은 컴퓨팅 측면과 송수신 측면으로 나눌 수 있다. 컴퓨팅 지연시간은 주로 하드웨어 성능에 따라 달라지며, 이를 개선하기 위해 그래픽 프로세서(GPU), 프로그래밍 가능한 프로세서(FPGA), 텐서 프로세서(TPU) 등 컴퓨팅 가속 자원을 사용한 프로세싱 처리 속도 가속화와 대용량 데이터 저지연 처리를 위한 가속 자원의 선점 기술이 발전하고 있다.

둘째, 이동체 대상 서비스의 연속성 보장을 위한 지능형 협업 기술이다. 기존의 클라우드에 비해 상대적으로 자원이 한정적인 엣지 컴퓨팅에서는 컴퓨팅 자원의 효율적인 관리 및 서비스 협업이 요구된다. 엣지에서의 한정된 컴퓨팅 자원으로 인해 이웃한 엣지와의 협업이나, 엣지 자체에서 서비스 처리가 불가해 클라우드와의 협업이 필요할 경우, 컴퓨팅 오프로딩 기반 서비스 분배를 통해 자원 부족 문제를 해결하는 협업 기술이 필요하다. 이때 인공지능을 활용해 제한된 자원을 최적으로 할당하고, 성능 요구사항을 만족시키는 동적 자원 자율관리 기술이 요구된다.

셋째, 지능형 엣지를 위한 클라우드-엣지-디바이스 구조의 컴퓨팅 기술이다. 5G 상용화로 사람-기기 간 네트워크의 연결성이 폭발적으로 증가하는 초연결 시대가 도래하면서 지능형·자율형 단말 디바이스에 대한 요구가 증가하고 있다. 이러한 자율 지능형 단말 디바이스는 디바이스 자체에 탑재된 인공지능 프로세서가 연산 처리하는 방식으로 소형화, 모바일화됨과 동시에 클라우드 엣지와 연동되어 원활한 인공지능 서비스 제공을 목표로 발전하고 있다. 이러한 엣지 디바이스에서 인공지능 엔진은 뉴럴 프로세서(NPU)와 GPU 기반의 저전력 고성능 플랫폼이 시스템온칩(SoC)으로 개발되고 있으며 데이터 처리 속도, 결과의 신뢰성, 보안성, 저전력, 크기 및 알고리즘의 경량화 등이 자율 지능형 디바이스의 개발 이슈로 제기되고 있다. 이를 기반으로 단순히 클라우드와 연동된 인공지능 분석 서비스를 넘어, 이동형 객체의 대용량 스트림 데이터를 유연하게 수집해, 클라우드 기반의 배치 학습이 아닌 연합학습(Federated Machine Learning)이나 전이학습(Transfer Machine Learning)과 같은 분산 협업학습을 지원하는 지능형 엣지 컴퓨팅으로 발전할 것이다.

넷째, 서비스의 연속성 및 성능 보장을 위한 고속 프로비저닝 기술이다. 엣지 컴퓨팅 기반 서비스가 활성화됨에 따라 사용자에게 더 가까운 클라우드 자원을 제공하기 위해 수만 개의 축소된 데이터 센터가 엣지 클라우드를 형성할 것이다. 이러한 수많은 데이터 센터를 구축하기 위해서는 서버에 운영체제와 엣지 컴퓨팅 플랫폼을 일일이 설치해야 한다. 이를 위해서는 많은 시간과 비용이 필요하며 설치 도중 문제가 발생해 새로운 장비로 대체해야 하는 경우에는 운용 비용이 증가한다. 이를 개선하기 위해서는 소프트웨어 설치와 엣지 클라우드 인프라 구성을 자동화하기 위한 제로 터치 프로비저닝(ZTP, Zero Touch Provisioning) 기술이 필요하다. 이는 신규 노드에 대한 클라우드 엣지 플랫폼 고속 설치를 제공한다. 또한 엣지 클라우드 데이터 센터의 네트워크 및 애플리케이션 리소스를 효율적이고 지능적으로 관리하는 엣지 클라우드 관리 기술도 요구된다.

다양한 산업 분야에서의 엣지 컴퓨팅 접목 확대

엣지 컴퓨팅은 교통, 의료, 제조, 농업 등 다양한 산업 분야에서 활용될 것으로 기대된다. 특히 교통의 커넥티드 카, 제조의 스마트 팩토리 및 로봇 클라우드와 같이 서비스의 안정성을 위해 실시간성이 보장되어야 하는 서비스에서는 필수적이다. 또한 최근 관심이 높아지고 있는 VR/AR 분야에서도 지연시간을 줄이고 고용량 그래픽 데이터 처리를 위해 5G 통신과 엣지 컴퓨팅을 적용하고 있다. 디지털 헬스케어와 같이 민감성 데이터에 대한 보안성 향상과 불필요한 데이터 전송 최소화를 위해 엣지 컴퓨팅을 활용하고 있다. 이러한 사례를 통해 통신사의 5G MEC 기술과 클라우드 사업자의 퍼블릭 클라우드 기술을 접목한 5G 엣지 클라우드 서비스가 발전하고 있으며 엣지 컴퓨팅과 클라우드 컴퓨팅은 상호 보완적인 개념으로 엣지와 클라우드 간의 원활한 컬래버레이션이 강조되고 있다.

컴퓨팅 자원의 수직적 연계를 넘어서서 하나의 가상 컴퓨팅 환경으로 확대 전망

디지털 전환을 실현하기 위한 기반 기술인 클라우드는 컴퓨팅 자원의 제공 방식 자체를 바꿨다. 이러한 변화를 통해 다양한 서비스와 데이터가 급격히 증가하며 엣지 컴퓨팅이 등장했다. 클라우드와 엣지 컴퓨팅은 ICT 환경의 또 다른 변화를 만들어 낼 것이며, 이후 새로운 기술 트렌드를 등장시킬 마중물 역할을 할 것으로 기대된다.

미래의 컴퓨팅 환경은 클라우드 간 수평적 연계를 비롯해, 엣지 컴퓨팅 기반의 수직적 연계, 연산능력이 증가하고 있는 다양한 단말이 모두 어우러진 하나의 가상 컴퓨팅 환경이 제공될 것이다. 또한 응용 서비스는 언제, 어디서나 컴퓨팅 자원을 활용해 상시 고품질 서비스를 받을 수 있는 환경을 제공하게 될 것으로 전망된다.

클라우드와 엣지 컴퓨팅이 만들어 가는 미래 컴퓨팅 환경은, 급격히 발전하는 차세대 통신 기술과 어우러져 미래 첨단 산업 분야와 융합할 것이며 디지털 전환이라는 큰 흐름에 지속적인 기여를 할 것으로 전망된다.

4

DIGITAL POWER 2021

미래의 금, 사이버 물리시스템

최준균 KAIST 교수

미래사회의 지식 인프라

본 장은 콜럼버스가 인도의 금을 찾으려다가 아메리카 대륙을 발견한 것처럼, 현재를 살아가는 사람들이 '지식의 금'을 찾다가 사이버 물리 시스템(CPS, Cyber Physical System)이라는 신대륙을 발견하는 과정에 대해 기술한다.

자동차나 헬리콥터를 운전해 본 경험이 전혀 없어도 전문가의 운전 경험을 탑재하면 누구든지 10분 만에 자동차나 비행기를 곧바로 운전할 수 있는 시대가 왔다. 도시와 빌딩, 교통망과 전력망이, 사람이 이용할수록 스스로 학습하고 운영 경험을 축적하면서 점점 똑똑해지는 것이다. 물리적 시스템이 축적한 지식과 경험이 "지식의 금"이며, 축적된 경험 데이터에 대한 사이버 골드러시가 일어나게 될 것이다. 이는 어린 강아지를 마약 탐지견이나 맹인 안내견으로 훈련시키는 과정과 비슷하다. 자동차나 헬리콥터를 제작하는 비용이 아닌, 이들을 훈련시키는 축적된 경험 데이터가 더 중요해지는 것이다. 이를 탑재하면 초보자라도 쉽게 운전할 수 있는, 스스로의 지능을 가진 자동차와 비행기가 된다.

마치 영화 〈아바타〉에서 인간과 아바타가 연결되어서 천 길 낭떠러지 계곡을 자유롭게 날아가는 것처럼 비행기, 기차, 자동차, 도시, 공장 및 로봇 등 인간이 창조한 물리적 시스템에 인간의 두뇌를 삽입하는 것과 같은 것이다. 물리적 장치에 네트워크를 통해 인공지능 알고리즘을 탑재하면 물리적 장치가 인간과 비슷하게 학습을 하고, 경험을 축적하면서 점점 더 똑똑해진다. 이는 언어의 발명으로 인간이 고도의 지능을 갖게 된 것처럼, 물리적 시스템에 CPS(Cyber Physical System) 기술을 탑재하면 모든 기계 장치가 마치 인간처럼 행동하는 것이다. 새로운 사이버 물리 시스템이 등장하면 인간은 과거에는 상상도 못한 새로운 생태계를 경험하게 될 것이다.

사이버 물리 생태계를 만들면 특정 분야 지능이 인간보다 100배 이상인 사이버 도우미가 인간을 도와 지금까지 해결하지 못했던 복잡한 문제를 풀 수도 있다. 즉 에너지를 스스로 생산하는 무인 우주선을 만들 수 있고, 인간 유전자를 분석해 지금까지 발견하지 못했던 새로운 질병을 예측하고, 기후변화나 암과 같은 인류의 난제를 해결할 수도 있을 것이다. 수십 년 내에 의료나 교통 분야 등에서 인간의 지능을 넘어서는 수술 로봇이나 자율주행 비행체가 출현할 수도 있다.

CPS 기술에는 동일한 서비스 환경에서 전통적 시스템보다 구축 비용이 훨씬 더 저렴하고, 운영 비용이 거의 들지 않으면서, 인간의 지능에 버금가는 인공지능 알고리즘이 탑재될 것이다. 따라서 기술적인 측면과 경제적인 측면에서 전통적인 산업 사회의 모든 시스템은 CPS 개념으로 진화할 수밖에 없다.

지구상에 인간이 출현한 이후, 현재 70억 명 이상의 사람들이 휴대전화나 카카오톡으로 하루에 수백 테라바이트 이상의 정보를 주고받으며, 인터넷과 TV 채널을 통해 수백억 회 이상 영화와 동영상을 시청하고 있다. 인간의 삶과 비즈니스는 더 이상 스마트폰이나 인터넷 없이는 살아갈 수 없게 되었다. 또한 인간은 수천 개 이상의 도시를 만들고 수천만 대 이상의 자동차, 기차 및 비행기를 운영하며 하루에 1천만 배럴 이상의 석유를 소비하며, 수천 개의 원자력 발전소에 해당하는 에너지를 소비하고 있다. 지구라는 생태계는 70억 명의 사람을 연결하는 인간 생태계와 사람이 창조한 도시, 자동차 및 공장 등을 포함한 물리 생태계가 상호 연결되어 있다. 미래 지식사회 인프라는 다음 그림과 같이 인간 생태계뿐만 아니라 인간이 인위적으로 만든 물리적 생태계가 결합해 탄생한다. 여기서 특이한 것은 미래의 물리적 생태계는 여러 가지 부품을 사용해 기계를 조립한 후, 설치할 위치와 역할에 따라 필요한 지식을 가르치고, 상황에 대응하는 방법을 훈련시켜야 한다

〈미래 지식사회 인프라 개념〉

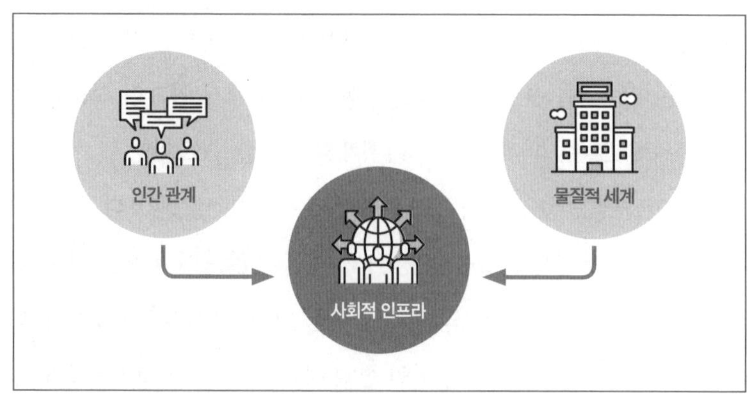

는 것이다. 인간이 만든 각종 장비나 시스템에 인공지능 기술이 탑재되면 인간과 물리적인 시스템 간 지능적 대화가 가능하고, 때로는 기계가 축적된 경험을 가지고 거꾸로 사람을 교육하는 시대가 올 것이다.

사이버 물리 생태계에 대한 철학적인 개념은 다음 그림으로 설명할 수 있다. 먼저 사이버 세계는 인간의 두뇌와 비슷하며 도시, 교통과 같은 물리 세계는 심장, 폐와 같은 인간의 오장육부로 표현할 수 있다. 사이버 세계는 인간의 정신세계와 비슷하게 인간의 인지능력과 학습을 통한 지식 세계이다. 인간의 오장육부에 해당하는 물리적인 생태계는 도시의 교통 신호등이나 공장의 각종 제어 장치처럼 운영 상황을 모니터링을 하고, 인간이 설계한 대로 동작한다. 도시, 교통, 의료, 에너지, 물 관리 및 환경 감시 등은 마치 뇌의 통제를 받아 동작하는 인간의 오장육부와 비슷하다. 미래의 지식사회 생태계는 이러한 인간의 두뇌와 물리적인 생태계가 상호 연결되면서 서로 교감하며 살아간다.

<사이버 물리 생태계에 대한 철학적 개념>

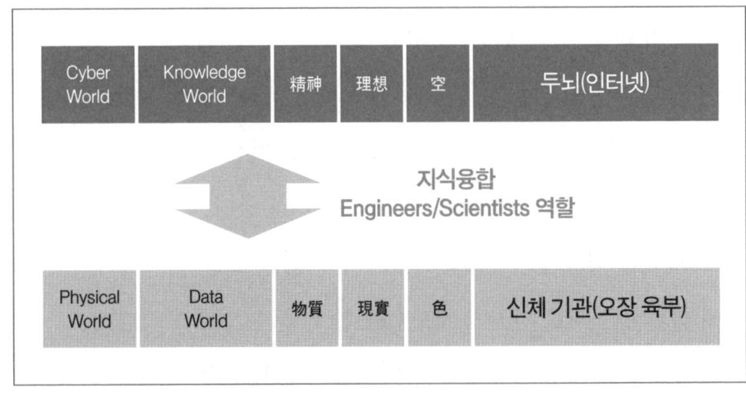

사이버 물리시스템의 등장

CPS 개념은 미국 NSF(National Science Foundation)에서 2005년경에 처음으로 제안되었다. 이후 대규모 연구개발이 진행되어 2019년에는 약 18조 원 규모의 연구가 진행되었다. 이는 미국이 개발한 인터넷이 세계 모든 네트워크의 중심으로 올라선 것처럼, 미국 중심의 기술개발 역사를 CPS 기술을 통해 이루려는 것이다.

미국 인공지능 전문가들과 대통령 정책 자문가들은 NSF에서 제안한 CPS 기술의 전략적 가치를 인식하고, 2006년에 카리브해 연안 푸에르토리코에서 최초의 모임을 가졌다. 이 모임에서 미국이 세계의 패권을 지속적으로 유지하기 위해 가져야 하는 CPS 기술에 대해 심도 있는 토론이 이루어졌다. 오바마 대통령에게 보고한 PCAST 보고서에 따르면 미국이 2차 세계대전 이후 50여 년간 세계 최고 경쟁력을 유지할 수 있었던 것은 NIT(Networking and Information Technology) 때문이었으며, 미래에는 CPS 기술이 전략적으로 가장 중요한 기술이라고 건의했다. 2차 세계대전 종료 후 미국이 핵무기를 보유함으로 세계를 주도했던 것처럼, 21세기에 미국이 전략적으로 주도할 핵심기술은 CPS 기술이라고 판단한 것이다.

CPS 기술이 등장한 배경에는 컴퓨터의 핵심 부품인 CPU 모듈은 Smart Dust라고 불릴 만큼 작아지고, 가격도 저렴해서 거의 모든 물리적 시스템에 탑재할 수 있게 되었다. 아주 작은 위치 센서나 동작 센서에도 CPU를 탑재할 수 있게 되었으며, 복잡한 교통 시스템과 인간의 몸에 삽입하는 의료 기기 등에도 CPU를 넣을 수 있게 되었다.

그러나 물리적 장치에 수백만 개 이상의 센서를 부착하고 CPU를 탑재한 후, 이를 어떻게 운영할 것인가는 그동안 많이 연구되지 않았다. 이는 통신 네트워크나 슈퍼컴퓨터를 설계하는 것과는 전혀 다른 차원의 문제이다. 스마트 도시나 미래 전투 환경은 서로 다른 수백만 개의 센서와 시스템을 동시에 운영해야 한다. 또한 수많은 전투기, 항공모함과 함께 수십만 명의 군인을 움직여야 하는 군사 작전계획은 기존의 방식으로는 곤란하다. 즉 수백만 개의 센서와 수천 개의 소프트웨어를 동시에 탑재해 이들 시스템과 정확하게 맞춰서 운영하는 것은 기존의 시스템 소프트웨어 기술로는 불가능하다는 결론에 도달한 것이다. 전통적인 소프트웨어 설계 개념으로는 스마트 도시 환경을 제어하는 것이 불가능하다. 결국 미래 스마트 생태계는 소프트웨어가 자동으로 상황을 인지하고, 각종 기기가 스스로 움직이고 제어하며 운영할 수밖에 없다. 즉 CPS 체계에 따라 각 장비가 스스로 학습하고, 판단할 수 있도록 인공지능을 탑재해야 하는 것이다.

사이버 물리 시스템이 펼치는 세상

CPS 기술이란 "물리적 시스템과 컴퓨팅 자원의 밀접한 결합을 통해 만들어진 지능형 시스템(Intelligent System)으로 주변 상황을 감지하고, 인지하며, 동시에 적절한 학습을 통해 시스템 운영 목적에 맞게 행동하는 것"으로 정의한다. 즉 지능적이고, 이성적인 행동을 하는 컴퓨터 시스템이다.

CPS는 스마트 공장, 국방 및 보안, 스마트 교통 및 스마트 그리드 등과 같은 고도의 제어가 필요한 산업 영역에 새로운 기능을 제공한다.

CPS 기술은 자율주행 자동차, 인텔리전트 빌딩, 스마트 에너지, 지능형 로봇 및 스마트 의료 등에 혁신적인 변화를 일으킬 것이다. 미래의 상호 이질적인 기능과 시스템 간 호환성을 보장하면서도 기술적으로는 도전적인 시스템 기술이다. 즉 컴퓨팅(Computation), 통신(Communication), 정보(Information)와 제어 (Control)가 통합된 기술로 컴퓨팅 및 통신을 기본으로 모니터링, 조정 및 제어 등이 통합된 것이다.

CPS 기술의 의미를 해석하기 위해서는 인간이 지금까지 해 온 기술 개발의 역사를 살펴볼 필요가 있다.

과거 뉴턴의 역학과 같은 물리학 법칙에 따라 움직이는 단순한 기계장치가 최근에는 공장 자동화같이 고도의 제어와 복잡한 운영 관리가 필요한 시스템으로 성장했다. 인간이 중앙 집중적으로 운영 관리하고, 각 시스템에 탑재된 수많은 소프트웨어를 운영하고, 교체하는 시스템 환경은 서서히 한계에 도달했다.

한편 컴퓨팅 능력은 지리적으로 분산된 컴퓨팅 자원 간의 계산, 통신, 제어 등을 하면서 대규모로 병렬 처리가 필요한 논리적 연산이나 알고리즘을 구동할 수 있게 되었다. 즉 단독으로 슈퍼컴퓨터를 만들지 않아도 분산된 시스템이 연결되기만 하면 훨씬 더 빠른 컴퓨팅 능력을 가질 수 있는 것이다. 더구나 대규모 병렬 처리가 가능한 논리적 연산 구조는 인공지능 알고리즘과 매우 비슷하다. 이러한 사실은 인간과 물리 생태계 사이에서 상호작용하는 방식에 근본적인 변화를 상상하게 만들었다.

다시 말해 CPS 기술은 사람들이 도시를 건설하고, 공장을 짓고, 자동차를 만들고, 상호협력하는 삶과 비즈니스를 근본적으로 바꿀 것이다. 즉 물리적 시스템과 사이버 생태계가 연결되고, 그 위에 각종 인공지능 알고리즘이 탑재되면 물리적 시스템이 거의 인간과 비슷하게 학습을 하며, 지능이 있는 생명체처럼 인간과 더불어 살아갈 수 있게 된다. 이는 도시, 건물, 자동차 및 각종 기기가 항상 주인 옆에 있는 비서처럼 사람의 생각과 행동에 맞춰 움직인다는 것이다.

CPS의 특징은 첫째로 물리적 시스템에 컴퓨팅과 통신 기능을 탑재함으로써 지금까지는 생각할 수 없었던 새로운 기능을 추가할 수 있다는 것이다. 이는 단순히 시스템을 효율적으로 운영하고, 건물의 운영관리 비용을 줄이는 것이 아니다. 이를테면 노트북에 인간의 인지 기능과 지능을 탑재하면, 노트북이 자신의 주인을 알아보고, 주인이 어떠한 작업을 할지 미리 예측해 관련 자료를 찾아 놓는 것과 같은, 새로운 형태의 삶과 비즈니스가 등장한다는 것이다.

둘째로 물리적 시스템에 컴퓨터와 통신 기능이 결합되면, 지리적, 공간적 제약 없이 세상 어디에서나 시스템을 운영 관리할 수가 있다. 이러한 유비쿼터스적 컴퓨팅과 네트워킹 기술은 전체 시스템 운영 비용을 낮추고, 미래사회에 새로운 지식 산업이 탄생할 수 있는 터전을 마련할 수 있다. 즉 지금까지는 비용과 기술적 어려움 때문에 상상도 하기 어려웠던 새로운 생태계가 전개되는 것이다.

셋째로 현재 물리적 시스템에서 운영되고 있는 수억 개 이상의 소프트웨어가 클라우드 플랫폼으로 모이고, 수많은 센싱, 제어 및 운영 관리 데이터를 수집하면 수천 개의 인공지능 알고리즘을 동시에 구동할 수 있다. 이러한 글로벌 네트워크 환경과 슈퍼컴퓨터를 능가하는 클라우드 환경은 전 세계에 있는 모든 물리적 시스템을 연결하고, 그 위에 지구상에서 가장 큰 인공지능을 탑재할 수 있게 된다.

넷째로 전투기나 대형 선박 같은 시스템은 수년 이상의 훈련과 운영 경험이 없으면 운전하기가 어렵다. 또한 아무리 군사전략이 뛰어난 장군이라 하더라도 수천 대 이상의 장갑차, 전투기, 군함을 동시에 움직이며 실시간으로 전투를 지휘하는 것은 어렵다. 전국 규모의 전기 에너지를 생산 및 분배하는 스마트 그리드 망은 긴급 상황 발생 시 인간이 직접 제어할 수 없다. CPS 기술은 넓은 지역에 분산된 물리적 시스템을 동시에 운영하며, 실시간으로 발생하는 문제를 해결하고, 재난 발생 시 긴급 대응할 수 있다. 또한 인간의 통제 아래 스스로 학습 경험을 축적할 수 있어 지금까지는 사실상 불가능했던 새로운 수준의 시스템 자동화와 지능화를 달성할 수 있다. 이는 헬리콥터나 대형 크루즈 선박과 같이 복잡한 제어가 필요한 시스템일지라도 경험이 전혀 없는 사람도 누구나 쉽게 운전하는 것이 가능하다.

이와 같이 CPS 기술이 클라우드와 IoT 기술을 기반으로 데이터 분석 기술과 인공지능 알고리즘이 탑재되면 지금까지는 경험해 보지 못한 새로운 사이버 물리 생태계가 전개될 것이다.

CPS는 기존의 컴퓨팅 및 정보통신 산업뿐만 아니라 사물인터넷의 비즈니스 영역인 스마트 빌딩, 에너지, 가전, 홈, 의료 및 헬스케어, 교통, 보안 및 공공 안전 등과 같은 넓은 응용 범위를 포함한다.

첫째로 CPS 기술이 적용되는 대표적인 응용 분야 중 스마트 교통 분야를 살펴보자. 먼저 미래의 교통 인프라 환경에서는 자동차나 버스, 기차 및 항공기 등과 같은 운송 수단에 기본적으로 자율주행 알고리즘이 탑재될 것으로 예측한다. 둘째는 의료 및 헬스케어 분야로써, 원격 진료와 원격수술을 포함해 병원마다 운영하고 있는 다양한 의료 기기와 전 국민 건강 관리 시스템을 연결하는 스마트 의료가 있다. CPS 플랫폼은 코로나 사태에서 여러 병원 의료진과 백신을 개발하는 전문가들이 협력할 수 있는 최적의 환경을 제공할 수 있다. 환자의 유전자 정보를 분석하면 질병 발생을 사전에 예측할 수 있으며, 수술 방식이나 약물 처방 효과를 사전에 시뮬레이션해 어떠한 치료가 가장 효과적일지 수만 명의 의사들이 협의할 수 있다. 셋째로 CPS는 태양열이나 풍력 그리고 수소 에너지와 같은 신재생 에너지를 수용할 수 있는 지능형 스마트 그리드 망을 구축할 수 있다. 지역마다 에너지를 생산하고, 소비하는 특성이 모두 다른 상황에서 전력계통의 문제점을 조기에 발견하는 데 인공지능 알고리즘이 필요하다. 넷째로 석유 산업이나 자동차 생산 공장에서 필요한 공장 자동화나 산업 공정 시스템에 대규모로 적용할 수 있다. 다섯째로는 대규모 항공 수화물에서 가정용 택배까지 이르는 지능형 물류 시스템이 있다. CPS 기술은 항공, 선박을 통한 대형 수화물뿐만 아니라 택배와 같은 소량 물품도 체계적으로 유통되도록 지능형 스마트 물류망을 구축할 수 있다.

인공지능 알고리즘과 지식

스마트 도시, 자율 주행 자동차, 스마트 교통, 스마트 에너지, 스마트 공장 및 물류 환경에 인공지능을 적용하기 위해서는 먼저 물리적인 시스템 상황을 파악할 수 있도록 데이터를 수집해야 한다. 다양하게 수집된 데이터를 분석해 물리적 시스템에서 발생하는 이상 상황을 파악하고, 재난을 예방하는 인공지능/머신러닝 알고리즘이 필요하다.

물리적 생태계에서 상황 인지를 하려면 언제, 어디에서, 어떠한 시스템에서, 어떠한 동작 과정에서, 어떠한 상황이 발생했는지를 파악해야 한다. 현재 인공지능 알고리즘은 음성, 이미지, 소리, 영상이나 경보 센서 같은 비교적 단순한 데이터 패턴을 갖는 시스템에 많이 탑재되고 있다.

그러나 다양한 종류의 센서를 장착하고, 복잡한 운영 방식을 갖는 경우나, 주변 정보와 결합해서 상황 파악을 해야 하거나, 다른 패턴을 갖는 데이터를 분석할 수 있는 인공지능 알고리즘에 대한 연구는 여전히 진행 중이다. 예를 들면, 교통 분야에 인공지능을 적용하기 위해서는 차량 자체의 내부 데이터(위치, 속도, 운전 방향, 엔진 상태, 타이어 상태 등) 수집도 문제지만, 목적지까지 트래픽 상황이나 경로 정보 등과 같은 다양한 데이터를 수집해야 한다. 현재 가장 큰 문제점은 아직 데이터 표준이 완벽하지 않고, 수집된 데이터가 인공지능 알고리즘으로 처리할 수 있도록 잘 정리되어 있지 않다는 것이다. 더구나 데이터가 각 센서의 특성에 맞추어 사건 발생 시나 비주기적으로 수집된다는 것이다. 복잡한 사이버 물리 시스템에 필요한 인공지능 알고리즘을 개발하기 위해서 현재 많은 연구가 이루어지고 있기 때문에 실질적인 적용 사례가 많이 발표될 것이다.

참고로 최근 연구하고 있는 다양한 인공지능 알고리즘 유형을 구분하면, 간단하게는 데이터를 가지고 사전에 훈련시켜야 하는 지도 학습(Supervised Learning)과 별도의 사전 훈련이 필요 없는 비지도 학습(Unsupervised Learning)으로 구분한다. 머신러닝 알고리즘은 크게 5가지 유형으로 구분할 수 있다. 첫째로 데이터 유형을 분류하고 구분하는 데 효과적인 SVM(Supporting Vector Machine)과 같은 알고리즘이 가장 초기에 연구되었다. 둘째로 논리적으로 가능한 모든 경우의 수를 헤아리면서 의사결정트리 방식을 사용하는 랜덤 포레스트

(Random Forest) 알고리즘, 셋째로 병렬로 연결된 신경세포와 비슷한 구조를 갖는 퍼셉트론(Perceptron) 알고리즘, 넷째로 다윈의 진화 이론을 기초로 인간의 유전자 정보 분석에 효과적인 유전(Genetic) 알고리즘, 마지막으로 구분된 상황에 대해 확률적인 모형으로 접근하는 베이지언(Baysian) 알고리즘으로 구분한다. 그러나 CPS와 같은 복잡한 물리적 시스템에는 단일 인공지능 알고리즘만으로는 정확도가 많이 떨어진다. 물리적 시스템마다 수집되는 데이터 유형이 너무 다양해, 수천 가지 이상의 다양한 인공지능/머신러닝 알고리즘을 실질적인 시스템에 탑재할 수 있도록 다양한 테스트가 진행 중이다.

데이터, 센서 네트워크가 구현하는 지식 생태계

스마트 시티, 스마트 교통망 및 스마트 그리드 등에 인공지능을 적용하기 위해서는 중앙집중화된 대형 컴퓨팅 환경이 아니라, 지리적으로 분산된 환경에서 수천수만 개 이상의 센서로부터 데이터를 수집할 수 있는 작은 임베디드 컴퓨팅 칩이 훨씬 효과적이다. 현재 라즈베리파이 같이 작은 모듈에도 TPU나 GPU 같은 인공지능 칩을 탑재할 수 있는 기술이 개발 중이다. 자율주행 자동차 정도만 해도 수백 개 이상의 소형 인공지능 칩을 넣을 수 있다. 향후 인공지능 알고리즘을 탑재하면 고성능 전투기를 조정하고, 초고속 열차도 손쉽게 운전할 수 있다. 대형 비행기나 고속 열차 같은 경우도 수백 개의 인공지능 칩을 탑재해 운항 기술을 미리 학습하면, 경험 없는 초보자라도 생명의 위험 없이 운전할 수 있다.

지식 생태계에 대한 미래 전망

자동차, 에너지, 건설, 로봇, 의료, 건강, 국방, 항공, 선박 등 기존 산업들은 미래 네트워킹 인프라와 컴퓨팅 기술을 기반으로 기술혁신을 거쳐 새로운 지식 융합 생태계로 진화할 것이다. 다음 그림에서는 미래 생태계가 자동화 시스템(Autono System), 유비쿼터스 에코 도시(U-Eco City), 자기 구성 서비스(Self-Organized Service), 지식 미디어(Knowledge Media) 및 데이터 거버넌스(Data Governance) 산업이라는 5가지 형태의 지식 융합 산업으로 재편될 것이라고 전망한다. 인간이 만든 각종 시스템이나 플랫폼이 1단계로 상호 연결을 시작하고, 2단계로 각 디바이스와 시스템에 인공지능 알고리즘이 탑재되며, 마지막 3단계에 이르면 각 디바이스나 시스템이 마치 인간처럼 학습과 경험을 축적하는 생태계가 된다. 자동화된 시스템, 스마트 도시, 인공지능 소프트웨어가 인간 생태계와 유기적으로 협력하고 공감하면서 지식 융합 생태계로 진화한다는 것이다. 미래 지식 융합 생태계로 진화하기 위해서는 모든 물리적 시스템과 사람들이 연결되어야 하고, 작은 센서부터 대규모 클라우드 시스템까지 인공지능 알고리즘이 탑재될 수 있는 CPS 환경이 필수적이라는 사실이다.

21세기에는 누구나 손쉽게 기록하고, 보관하고, 공유할 수 있는 수단이 만들어졌다. 사람들이 과거의 방대한 데이터와 지식 정보들을 모두 기억하고, 학습하지 못하더라도 머신러닝과 인공지능 알고리즘의 도움을 받으면, 과거의 지식을 학습하는 데에만 몰두하지 않고 어떤 것을 새롭게 할 수 있을지 생각하는 시대가 온다. 인간과 사물까지 연결된 새로운 사이버 공간이 만들어지면 수억 명의 경험과 의견을 모아

〈미래 지식 융합 산업 생태계 진화〉

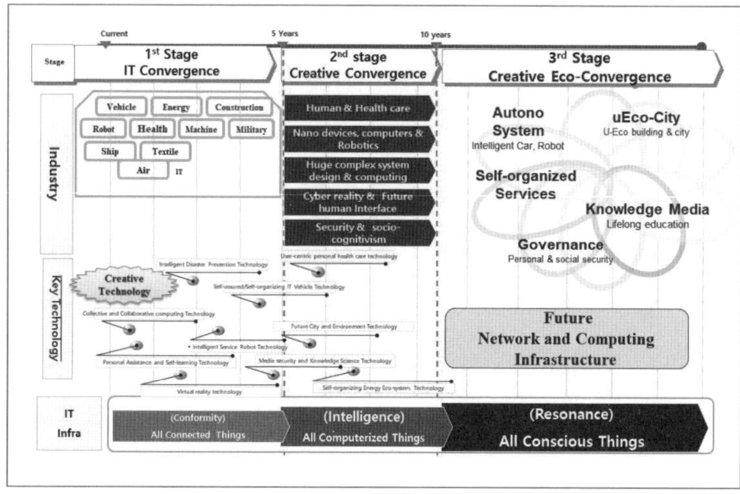

활용할 수 있다. 게다가 인간의 경험만이 아니라 인간이 만든 창작물(도시, 자동차, 가전기기 등)의 경험도 활용할 수 있는 새로운 생태계가 만들어진다. 전 세계를 그물처럼 연결하는 네트워크와 무한대의 컴퓨팅 환경을 기반으로 한 사이버 물리 생태계를 통해 앞으로 수백 년간 '지식의 골드러시 시대'가 도래할 것이다.

산재된 수많은 지식을 한군데 모아 가공하면 '스스로 자라는 나무'나 '지식이라는 음식의 발효' 과정을 통해 자가 증식 현상과 지식 발효 현상이 생겨 더욱 많은 '지식의 금'이 모이게 된다. 마치 그리스 신화에 나오는 미다스의 손처럼 인공지능이 탑재된 물건이나 시스템이 새로운 가치를 갖게 된다. 생명체의 진화론에서 물고기가 진화해 파충류가 되는 것처럼 인간과 사물의 교감 과정을 통해 탄생한 새로운 지식은 새로운 생태계를 잉태시킬 것이다. 미래에 어떠한 지능을 갖는 사이버 물리 생태계가 만들어질지는 상상하기 어렵다. 생명체가 자신의 유전자를 후손에게 전달해 지속적인 진화를 이뤄 낸 것처럼, 사이버 물리 생태계는 데이터라는 지식 유전자를 활용해 새로운 진화 역사를 쓸 것이다. 모든 인간의 생각과 경험을 지식 유전자에 담고, 인간을 둘러싸고 있는 물질적/정신적 생태계가 '지식의 금'이라는 지식 데이터를 기반으로 새로운 문명의 진화를 시작할 것이다.

향후 CPS 기술은 동일한 서비스 환경에서 전통적 시스템보다 구축 비용이 훨씬 더 저렴하고, 운영 비용이 거의 들지 않으면서, 인간의 지능에 버금가는 인공지능 알고리즘을 탑재할 것이다. 따라서 기술적 측면과 경제적 측면에서 전통적 산업 사회의 모든 시스템은 CPS 개념으로 진화할 수밖에 없다.

사이버 물리 생태계가 만들어지면 미래 지식사회를 살아갈 사람들의 삶과 업무 형태가 바뀌고, 소프트웨어와 시스템을 생각하는 기존 개념이 바뀌며, 새로운 기업 형태가 출현하며, 나아가 새로운 사이버 국가 개념이 등장할 것이다. 아주 다양한 형태의 사이버 물리 생태계가 만들어질 것이며, 생태계마다 운영 철학이 다를 수도 있고, 새로운 통치 구조가 등장할 수도 있다.

증기기관차로 시작해 100여 년 동안 이어진 산업화 사회는 네트워킹 기술과 컴퓨팅 기술을 수용하면서 1980년대에 이르러 정보화 사회로 진화했다. 그 후 40년이 흐른 현재는 미래 지식사회 생태계를 어떻게 구축할지가 국가 경쟁력의 핵심이 될 것이다.

미래 지식사회 생태계에서는 강력한 네트워크와 클라우드 컴퓨팅 인프라 위에 인공지능을 어떻게 탑재할 것인지가 가장 중요해진다. 사이버 물리 생태계의 등장에 대비해 과거 신대륙을 발견한 것과 같은 탐험 정신을 이어받아, 지식 문명의 대항해 시대에 대비해야 한다. '지식의 금'을 생산하고, 활용하는 데 가장 앞선 국가가 되기 위해선 국가 지식 교육정책과 산업 구조 개편 방향과 어떠한 연구와 개발이 필요한지 고민해야 한다.

미래 지식사회 생태계는 사람만 똑똑해지는 것이 아니다. 인간을 둘러싸고 있는 모든 시스템이 얼마나 똑똑하게 사람의 삶과 비즈니스를 도와줄지가 중요해진다. 각기 독자적으로 개발된 통신 기술, 컴퓨팅 기술, IoT 기술, 클라우드 기술 및 인공지능 알고리즘을 사이버 물리 생태계의 진화 단계에 따라 적절한 결합을 하도록 해야 한다. 수만 개에 이르는 아주 좋은 자동차 부품을 만들고, 고성능 엔진과 각종 장치를 만드는 것만이 중요한 것이 아니다. 이들에게 어떠한 형태로 지능을 탑재해 인간 생태계를 가장 잘 지원할지에 대한 전략적 접근이 더 중요해진다는 것이다.

DIGITAL
POWER
2021

AI 기술을 둘러싼 글로벌 두뇌 전쟁

이승환 소프트웨어정책연구소 책임연구원

인공지능 핵심인재 역량이 가장 높은 나라는?

인공지능은 국가와 기업의 미래 성장을 견인할 핵심동력으로, 2030년에는 인공지능을 통해 1경 4,500조 원 규모의 시장이 창출될 전망이다.[26] 인공지능 경쟁력의 원천인 인재는 세계적으로 부족하며, 특히 핵심인재는 더욱 희소하다. 세계 인공지능 인재 수요는 100만 명이나, 공급은 30만 명 수준이며[27], 현재 세계 인공지능 핵심인재는 22,400명으로 추산되고 있다.[28] 한국의 경우, 2018년부터 2022년까지 인공지능 인재가 9,986명 부족한 상황이다.[29] 인공지능 두뇌전쟁이 시작된 것이다.

주요 국가들의 인공지능 핵심인재 역량 수준을 비교하면 어떠한 결과가 나올까? 한국의 인공지능 핵심인재 수준은 다른 국가와 비교해 볼 때 어느 정도의 수준일까? 인공지능 두뇌지수(AI Brain Index)를 통해 국가 간 인공지능 핵심인재 수준을 비교해 볼 수 있다. 인공지능

〈국가별 인공지능 두뇌지수 분포〉

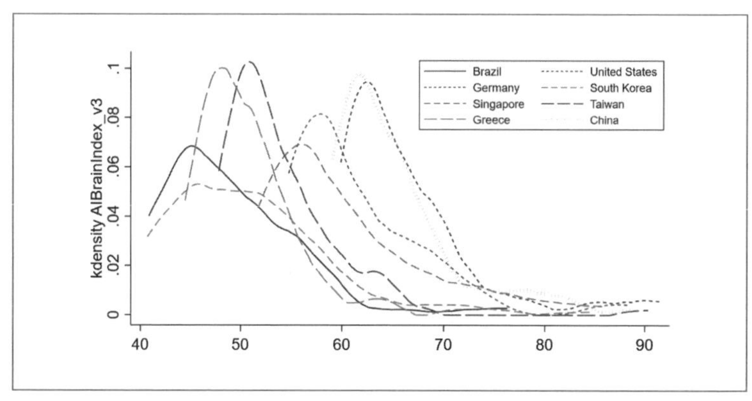

〈세계 500인, 100인의 인공지능 두뇌지수 분포〉

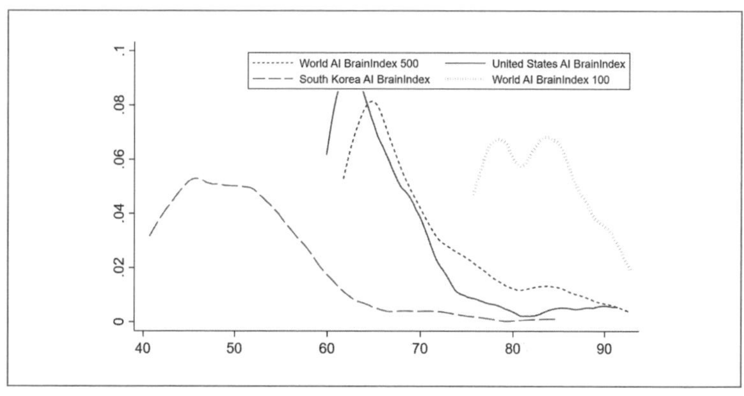

X축은 AI Brain Index, Y축은 kernel density 함수

출처: 소프트웨어정책연구소(2019), "인공지능 두뇌지수: 핵심인재 분석과 의미"

두뇌지수는 해당 국가에서 인공지능 연구역량이 가장 뛰어난 100명의 핵심인재 역량을 지수화한 값이다.[30] 인공지능 두뇌지수 값이 클수록 그 나라 인공지능 핵심인재의 역량이 높다고 할 수 있다. 측정 결과를 보면, 25개국 각 100명(총 2,500명)의 인공지능 두뇌지수 전체 평균은 54.92점이며, 국가별로는 미국이 66.46점으로 1위, 스위스 65.54점 2

위, 중국은 65.17점 3위로 분석되었다. 한국은 50.59점으로 25개국 중 19위를 차지했으며, 지수 기준 미국의 76% 수준으로 측정되었다. 국적에 상관없이 세계에서 인공지능 두뇌지수가 높은 500명과 100명을 각각 선정해 분석한 결과, 세계 인공지능 두뇌지수 100명은 82.81점, 세계 인공지능 두뇌지수 500명은 69.83점으로 세계 1위 미국 66.46보다 높게 측정되었다. 세계 인공지능 두뇌지수 500명에 포함된 인재의 국가 비중을 보면 미국 14.5%, 중국 13%로 양국 비중이 상대적으로 높으며, 이외에도 스위스 9.4%, 스페인 5.8%, 오스트리아 5.4%, 터키 3.8%, 한국 1.4%, 인도네시아 0.4% 등 다양한 국적의 인재가 포함되어 있다.

인공지능 두뇌지수를 기준으로 국가를 분류하면 크게 4가지 형태로 분류할 수 있다. 선도군(I)은 인공지능 핵심인재의 역량이 높아 기술을 선도하는 나라들이다(미국, 스위스, 중국, 영국 등). 선도 추격군(II)은 선도군을 추격하는 나라들이며(오스트리아, 스페인 등), 도약 준비

〈인공지능 두뇌지수 기반 국가별 분류〉

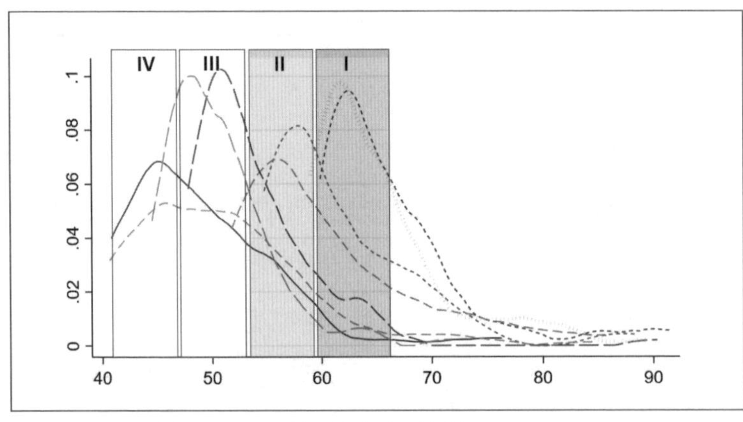

출처: 소프트웨어정책연구소(2019), "인공지능 두뇌지수: 핵심인재 분석과 의미"

군(Ⅲ)은 선도 추격군으로 도약을 준비하는 나라들이다(벨기에, 한국 등). 후발군은(Ⅳ) 핵심인재 수준이 상대적으로 취약한 나라들인데 인도네시아, 칠레 등이 여기에 속한다. 한국은 도약 준비군이며, 선도군, 선도 추격군으로의 진입을 위한 노력이 필요한 시점이다.

세계 최고의 인공지능 대학은?

2016년 알파고 이후, 전 세계의 대학들은 인공지능 역량을 강화하기 위해 노력해 왔다. 과연 어느 대학이 가장 높은 인공지능 연구성과를 창출했을까? 인공지능 연구지수(AI Research Index)를 통해 비교 결과를 확인해 볼 수 있다. 인공지능 연구지수는 2016년~2019년의 기간에 대학들이 수행한 인공지능 연구 수, 편당 인용 수, FWCI(Field Weighted Citation Impact)[31]를 가중평균해 측정한 값이다. 인공지능 연구지수가 높다면, 해당 대학의 인공지능 연구역량이 높다는 것을 뜻한다. 전 세계 대학 중에서, 인공지능 연구 수를 기준으로 성과가 높은 대학 500개를 1차로 선정하고, 이후 질적인 지표를 고려해 인공지능 연구지수를 측정한 결과, 500개 대학의 평균은 46.01점으로 측정되었다. 500개 대학 중 인공지능 연구지수가 높은 상위 100개 대학과 500개 대학의 평균을 비교한 결과 상위 100개 대학의 인공지능 연구지수 평균은 67.26점으로 500개 대학 평균 46.01점과 차이가 존재하는 것으로 나타났다.

인공지능 연구지수 상위 100개 대학의 국적은 중국, 미국, 영국 등의 대학 비중이 높은 것으로 나타났다. 중국 39개(39.0%), 미국 19개

(19.0%), 영국 6개(6.0%), 오스트레일리아 6개(6.0%), 이탈리아 4개(4.0%), 홍콩 4개(4.0%), 싱가포르 3개(3.0%) 순이며, 한국은 분석대상에서 제외되어 포함되지 않았다.

인공지능 연구지수 상위 10개 대학의 국적을 보면 미국 비중이 매우 높다. 인공지능 연구지수 1~3위를 모두 미국 대학이 차지했다. 상위 10개 대학에서 미국이 차지하는 비중은 40%이다.

〈인공지능 연구지수 상위 10개 대학〉

순위	대학	국가	AI Research Index
1	University of California at Berkeley	United States	92.93
2	Massachusetts Institute of Technology	United States	87.97
3	Stanford University	United States	85.85
4	Swiss Federal Institute of Technology Zurich	Switzerland	84.77
5	King Abdulaziz University	Saudi Arabia	84.64
6	National University of Singapore	Singapore	82.81
7	Carnegie Mellon University	United States	81.46
8	University of Cambridge	United Kingdom	81.37
9	CAS	China	81.23
10	University of Technology Sydney	Australia	80.06

출처: 소프트웨어정책연구소(2020), "인공지능 연구지수: 세계 최고의 인공지능 대학은?"

스위스 대학들은 소수지만, 강한 인공지능 연구역량을 보유하고 있는 것으로 분석되었다. 스위스는 연구 수 기준 500대 대학으로 3개[32]가 선정되었으며, 모두 상위 100대 대학에 포함되어 있고, 그중 1개는 상위 10개 대학으로 선정되었다. 향후 중국과 영국, 호주 대학들의 상위 10대 대학 진입 가능성이 높은데, 중국의 상위 100위 내 대학이 39개로, 영국과 호주(6개)보다 상위 10위권 진입 가능성이 상대적으로 높다.[33]

〈100개 대학 및 500개 대학 비교〉

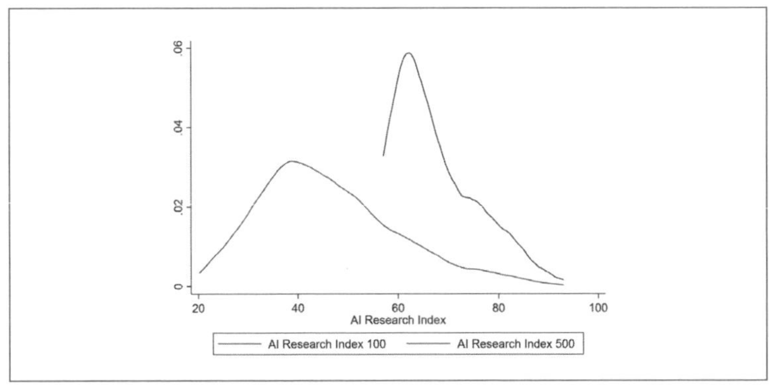

X축은 AI Brain Index, Y축은 kernel density 함수

출처: 소프트웨어정책연구소(2020), "인공지능 연구지수: 세계 최고의 인공지능 대학은?"

〈주요 기준별 대학 국적 비중〉

대학 국적	Top 10	Top 100	연구 수 기준 Top 500
미국	40%	19%	12.2%
중국	10%	39%	20.2%
영국	10%	6%	5.8%
호주	1%	6%	3.2%
스위스	1%	3%	0.6%
인도	-	2%	9.0%
일본	-	1%	5.0%

출처: 소프트웨어정책연구소(2020), "인공지능 연구지수: 세계 최고의 인공지능 대학은?"

인공지능 두뇌전쟁에 대처하는 자세

인공지능 두뇌지수 결과를 보면, 국가별로 인공지능 핵심인재 수준에 차이가 존재한다는 것을 알 수 있다. 한국의 인공지능 두뇌지수는 주요국 대비 상대적으로 낮아 우수인재 양성에 정책역량을 집중할 필요가 있다. 이에, 인공지능 대학원, 인공지능 보편교육 등 미래 인재 양성을 위해 정책자원이 총동원되어야 할 시점이다. 또한, 다양한 글로벌 인공지능 핵심인재들과의 연구 협력 네트워크 구축이 필요하다. 세계 인공지능 두뇌지수 상위 500명에 포함된 인재는 미국(14.5%)과 중국(13%)의 비중이 높으나, 다양한 국적의 인재가 포함되어 있으므로, 인공지능 강국과의 연구 교류 확대와 함께, 다양한 국가의 핵심인재와의 협력도 병행할 필요가 있다.

국내 대학들은 인공지능 역량 관련 오류의 함정에 유의해야 한다. 첫째, "우리 대학의 인공지능 역량은 평균 수준이며, 선도 대학과의 차이는 크지 않다"라고 생각할 수 있다. 하지만, 차이는 생각보다 매우 크다. 이는 인공지능 연구역량 분포가 정규 분포가 아닌 멱법칙(Power Law)의 형태이며 이는 기존 인재역량 분포 관련 선행연구와 유사한 결과이다. 역량을 정규 분포로 가정하기 쉽지만, 실제 역량은 멱법칙

〈다양한 분야의 성과 분포〉

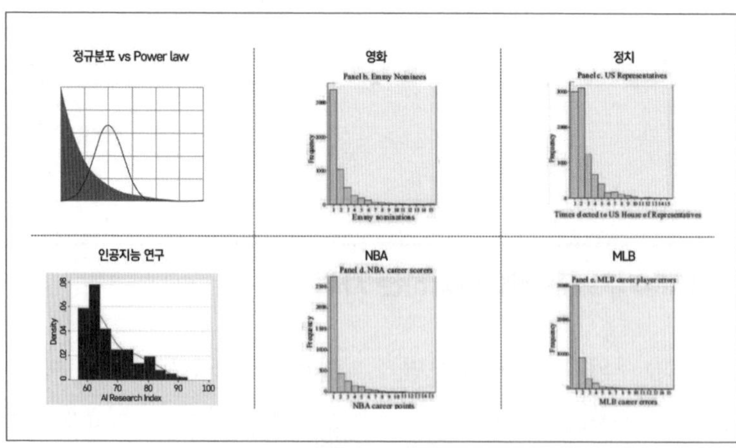

출처: Ernest O'Boyle, Herman Aguinis, "The Best And The Rest: Revisiting The Norm Of Normality Of Individual Performance", Personnel Psychology 65(1), March 2012, SPRi Analysis

형태로 평균 집단과 우수 집단 사이의 차이가 크게 나타나는 것이다.

둘째, "우리 대학의 CS(Computer Science) 순위가 높으니, 인공지능 역량도 높을 것이다"라고 생각할 수 있지만, 이 결과가 반드시 일치하는 것은 아니라는 점에 주목해야 한다. CS 순위가 인공지능 연구지수와 유사한 대학이 있고, 그렇지 않은 대학도 있다. UC 버클리, MIT 등의 대학은 인공지능 연구지수도 높고, CS 순위도 높다. 하지만, 킹압둘라지즈대학교(King Abdulaziz University), 존스홉킨스대학교(Johns Hopkins University), 시드니공과대학교(University of Technology Sydney)는 인공지능 연구지수 순위는 높지만, 상대적으로 CS 순위는 높지 않다.

〈주요 대학 AI 연구지수 및 CS 순위 비교〉

대학	AI Research Index	Computer Science Rank
UC. Berkeley	1	4
MIT	2	1
Stanford University	3	2
ETH Zurich	4	9
King Abdulaziz University	5	51~100
Carnegie Mellon University	7	3
University of Technology Sydney	10	42
Johns Hopkins University	14	51~100

출처: QS World University Rank 2020; 소프트웨어정책연구소(2020), "인공지능 연구지수: 세계 최고의 인공지능 대학은?"

셋째, "인공지능 관련 모든 분야에서 열심히 하면 된다"라고 생각한다면, 선택과 집중이 필요하다고 말해 주고 싶다. 선택과 집중을 통해 인공지능 분야에서 급성장하는 대학들이 있다는 점을 주목해야 한다. 사우디아라비아의 킹압둘라지즈대학교는 단기간 동안 급성장하고 있으며, 글로벌 협력 연구 비중도 매우 높은데, 최근 5년간 인공지능 글로벌 협력 연구 비중이 90%에 육박한다. 존스홉킨스대학교는 의료 분야의 강점을 인공지능과 접목해 대학의 경쟁력을 차별화 중이다. 존스홉킨스대학교의 인공지능 연구 수는 2012년 40건에서 2019년 90건으로 증가했으며, 글로벌 협력 연구 비중도 40%를 상회하고, 주요 연구 주제를 워드 클라우드(Word Cloud)로 분석한 결과, 로봇 보조 수술(Robot Assisted Surgery) 등 의료 분야에 인공지능을 결합한 연구가 활발히 진행 중이다. 이들 대학은 선택과 집중을 통해 인공지능에 집중 투자 중이며, 이러한 성과는 인공지능 연구지수를 통해 나타나고 있다.

인공지능 두뇌전쟁은 이미 시작되었다. 경제 규모와 인구수를 기준으로 볼 때, 인공지능 두뇌전쟁에서 한국이 생존하기 위해서는 인재와 성과의 질적 경쟁력을 높여야 한다. 보여주기식 양적 성과보다 질적 우위를 확보해야 한다. 인공지능 시대, 국가와 기업의 생사를 결정할 골든타임(Golden Time)이 얼마 남지 않았다.

DIGITAL
POWER
2021

AI 패러다임과 글로벌 기술패권

김상규 한양대학교 학술연구교수

미국과 중국은 왜 인공지능으로 싸우는가?

미국과 중국의 갈등 관계가 연일 뉴스를 장식하는 요즘이다. 2019년 '아메리칸 퍼스트'를 외치는 트럼프 대통령의 공세적인 정책으로 본격적인 미·중 무역전쟁의 서막이 올랐다면, 2020년에는 한발 더 나아가 코로나19로 인한 바이러스 책임 공방의 전쟁을 벌였다. 무역전쟁 와중에 중심축으로 자리를 차지하고 있던 화웨이의 5G 문제는 코로나19에 밀려 잠시 소강상태로 들어간 듯하다. 하지만, 실상은 언제든 링 위에 올라 싸울 수 있도록 막후에서 준비하고 있다. 비단 5G의 문제뿐만이 아니다. 인공지능 역시 언제든 상대방의 급소를 공략하기 위한 치명적 도구로써 담금질하고 있다.

그렇다면 인공지능은 왜 미·중 관계에서 중요한 갈등 요인이 되는 것일까? 간략히 말하면, 인공지능이 국가이익을 실현하고 전 세계에 자국 영향력을 확대하려는 양국의 의도가 숨어 있는 핵심기술이기 때문이다. 두 국가는 인공지능을 소위 '패권을 유지하느냐, 차지하느냐'를 결정짓는 절체절명의 이슈로 인식하고 있다. 하지만 누가 뭐래도 현존하는 최강국은 미국이다. 기축 통화인 달러를 찍어내며 세계를 이끌어가는 경제력, 어디든 가서 전쟁을 수행할 수 있는 군사력 등 하드 파워(Hard Power, 경성 권력)는 물론, 할리우드 영화, 팝 음악, 콜라로 전 세계인의 눈, 귀, 입을 즐겁게 해 주는 소프트 파워(Soft-Power, 연성 권력)까지, 어느 것 하나 미국의 힘을 투사하지 못할 것이 없고, 능가할 수 있는 나라도 없기 때문이다. 그런데 미국이 힘을 과시하며 세계를 호령하는 사이 중국이 조용히 힘을 기르며(韜光養晦, 도광양회) 기회를 엿보고 있다가, 할 수 있는 일은 하며(有所作爲, 유소작위), 미국을 위협하는 데 힘을 쓰기(奮發有爲, 분발유위) 시작했다. 그중에서도 미국이 절대적인 우위를 갖지 못한 영역, 아직 국제사회의 표준규범이 정해져 있지 않은 기술 영역에서 주도권을 갖기 위해 도전장을 내민 것이다.

즉, 4차 산업혁명 시대에 기술적 우위를 통해 미래를 선도하고 세계질서를 쥐락펴락하고자 하는 욕망이 투영된 것이 바로 인공지능이다. 인공지능은 국가의 지속 가능한 발전전략으로써 국가의 미래산업과 경제성장, 군사안보, 의료, 교육 등 국가사회 전 분야에 걸쳐 원천기술로 활용할 수 있다. 따라서 강대국 간 명운을 건 싸움이 발생할 수밖에 없는 것이다. 부상하는 중국은 후발주자로서 전통기술 강국인 미국과의 격차를 줄이려는 방법으로 '커브 추월(弯道超车, Corner Overtaking)' 전략을 펴고 있다. 커브 추월 전략은 쇼트트랙 경기를 생각해 보면 이해하기 쉽다. 직선거리에서는 속도와 힘의 차이로 앞선 선수를 따라잡을 수 없지만, 곡선주로에서 뒤처진 선수가 자신의 모든 역량을 집중해 승부를 걸고 따라잡는 방법이다. 중국은 기술 영역에서 미국을 추월하기 위해 국가 차원에서 활용할 수 있는 모든 자원을 쏟아부으며 정책지원과 투자를 아끼지 않고 있다. 민·관·학의 연구역량을 총동원해 장기적이고 집중적인 발전전략을 폈고, 그 결과 미국을 앞서는 대역전극을 펼치는 중이다. 미국은 이에 놀라 중국을 견제하기 위해 뒤늦은 대응책을 마련하느라 분주히 움직이고 있다.

인공지능 대국을 향한 미국과 중국의 총성 없는 전쟁

중국 정부는 인공지능 관련 영역의 발전을 위해 그야말로 다방면에 총력을 기울이고 있다. 연구개발을 지원하는 데만 초점을 맞추는 것이 아닌, 실물경제와의 긴밀한 연계를 추진하고 있다. 이는 기업의 사회적 역할을 강화하면서 동시에 사회의 전반적인 구조를 혁신하려는 목표를 상정한 것이다. 이 같은 목표에 대한 의지는 인공지능 영역의 전폭적인 정책 추진으로 나타났다. 2014년, 시진핑 주석은 중국과학원 제17차 원사(院士)대회에 참석해 인공지능 산업 전반의 혁신과 도약이 필요하다고[34] 강조했다. 이후 중국의 인공지능 관련 연구와 정책은 기하급수적으로 늘어나기 시작한다. 실제로 중국의 인공지능 관련 연구 논문 변화추세를 보면 2014년을 기점으로 빠르게 증가하는 것을 알 수 있다.

중국은 '중국제조 2025', 인터넷 플러스 등 4차 산업혁명을 위한 국가전략을 잇달아 발표하면서 산업과의 융합과 발전을 추동한다. 특히, 2017년 19차 당대회에서 시진핑 국가주석이 "사물인터넷, 빅데이터, 인공지능 등을 실물경제와 융합해 국가의 새로운 성장동력으로 삼아

〈중국 AI 관련 논문 발표 수량 변화추세〉[35]

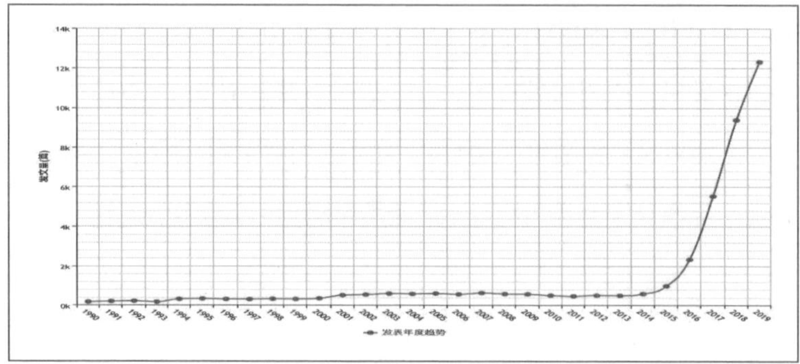

출처: CNKI(중국 학술논문 검색 프로그램)에서 AI를 키워드로 검색한 결과

야 한다"고 강조했다.[36] 그 후 중국은 2017년 7월, 국무원이 발표한 '차세대 인공지능 발전규획(新一代人工智能发展规划)'을 통해 인공지능 중장기 발전 국가전략을 공표했으며, 인공지능 기술을 국가안보와 경제, 사회 발전을 위한 방법으로 채택했다.[37] 이외에도 중국은 국가발전개혁위원회가 국가급 딥러닝(Deep Learning) 연구소, 중국 인공지능 산업 발전연맹(AIIA) 등을 설립해 국가전략과 산업의 연계를 추진했다. 이 같은 목표 인식은 인공지능 특구 지정으로도 잘 나타난다. 2019년 8월 29일, 중국 정부는 '국가차세대 인공지능 창조발전 시험구(国家新一代人工智能创新发展试验区)'를 통해 2023년까지 20개의 특구를 개발할 것을 천명했다.[38] 중국의 경제개발을 이끈 특구 지정 방식을 인공지능 발전에도 적용한 것이다. 2020년 9월까지, 13개의 특구(북경, 상해, 천진, 심천, 항주, 합비, 덕창현, 중경, 성도, 서안, 제남, 광주, 무한)를 지정했다. 또한, 2020년 5월에 열린 양회를 통해 2025년까지 10조 위안을 투자해 무선통신과 인공지능 기술을 발전시키겠다는 계획을 밝혔다.

연이어 발표한 중국의 인공지능 정책 이면에는 중국이 주도적으로 설정하려는 인공지능 기술 표준 구축의 큰 그림이 내재해 있다. 2020년 8월, 중국은 '국가차세대 인공지능 표준시스템 건설지침(国家新一代人工智能标准体系建设指南)'을 발표했다. 해당 지침의 내용은 중국이 인공지능 분야에서 국제표준을 수립하기 위한 단계별 목표를 설정한 것으로 2021년부터 2023년까지 2단계로 나뉘어 있다. 1단계는 2021년까지 인공지능 표준화 최상위 설계 확정을 위한 표준 체계 구축 및 표준 개발에 관한 총체적 규칙 연구 시행, 2단계는 2023년까지 초보적 수준의 인공지능 표준 체계 구축을 목표로 구체적인 분야와 방법, 체계까지 세밀하게 구성되어 있으며 관련 분야의 내용을 모두 망라하고 있다.[39] 국가 차원에서 상당히 오랜 시간 고민하고 수립한 계획이라는 것을 알 수 있다.

미국 역시 인공지능의 중요성을 인식하고 관련 정책 마련에 초점을 맞춰오고 있다. 2016년, 오바마 정부는 '인공지능 분과위원회'를 구성해 '국가 인공지능 연구개발 전략계획'을 수립하고 추진했다. 뒤이은 트럼프 정부에서는 2017년 6월, 인공지능 중요성을 재차 인식하고, 과학기술정책국(OSTP, Office of Science and Technology Policy) 내 미국 국가과학기술위원회(National Science and Technology Council)에 인공지능 특별위원회를 연장, 재설치한다.[40] 그리고 2019년 2월 11일, <인공지능 분야에서 미국의 리더십 유지에 관한 행정명령(이하 인공지능 행정명령)>인 미국 인공지능 이니셔티브(American AI Initiative)에 서명했다. 미국 인공지능 이니셔티브는 국가 차원에서 최초로 진행하는 인공지능 전략으로 글로벌 리더십 강화를 위한 인공지능 R&D 투자 확대를 목표로 하고 있다. 또한 인공지능 특별위원회 같은 연방정부의 R&D 우선순위를 조정할 수 있는 거버넌스 체계를 확립하고, 연방정부 데이터에 대한 접근성 개선, 표준 마련, 규제 완화, 인력 양성 등의 내용을 포괄하고 있다.[41] 이뿐만 아니라 미국 인공지능 기술·산업 보호를 위해 중국 등 전략적 경쟁자 및 적대국의 인공지능 기술침해 가능성에 대비할 것을 명시하고 있다. 이는 과학기술, 경제 분야에서 미국이 우위를 지켜가기 위해 연방기관 예산 계획에 인공지능 관련 정책을 넣어 추진한 것이다.

2019년 6월, 미국은 오바마 정부 시기 발표한 7대 전략에 민관협력 전략을 추가해 8대 전략으로 업그레이드한 〈국가 인공지능 R&D 전략계획〉을 발표한다. 이어, 8월에는 미국 국립표준기술연구소

〈미국 트럼프 행정부의 인공지능 관련 주요 정책〉[42]

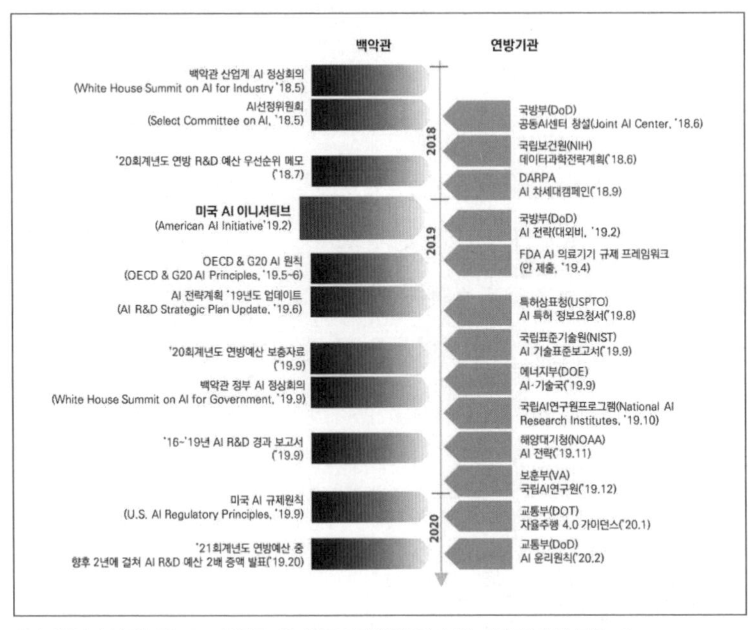

출처: 한국산업기술진흥원(2020.10.), 「최근 미국과 중국 AI 정책 동향 및 시사점」, 산업기술정책 브리프, p.9

(National Institute of Standards and Technology)에서 <연방 인공지능 표준 개발 계획>을 발표하는데, 이는 인공지능 표준 개발에 참여하는 연방기관들에 방향성을 제시하기 위한 것이다. 그뿐 아니라 NSF(국립과학재단)가 지원하는 인공지능 연구소를 선정, 매년 2천만 달러를 지원하기로 했다. 일련의 정책 설정과 집행은 전반적으로 중국의 인공지능 전략에 대응해 미국의 전략 방향성과 목표를 세우고 이를 실천하기 위한 내용으로 이루어져 있음을 알 수 있다. 실제로 미국이 중국을 의식하고 정책적 대응을 한다는 점은 아주 명확하게 나타나고 있다. 2020년 5월 28일, 미국은 G7 국가가 인공지능 사용에 필요한 윤리 기준을 만들기 위해 설립한 '인공지능을 위한 국제 협의체(GPAI)'에 가입했다. 미국은 그동안 과도한 인공지능 규제는 미국 내 인공지능 산업혁신에 도움이 되지 않는다며 거부했었다. 하지만 중국이 양회를 통해 인공지능과 관련한 정책을 밝히자 돌연 태도를 바꾼 것이다.

중국의 인공지능 역량 '플렉스'

그럼 과연 중국의 인공지능 현주소가 어떤 상황이기에 미국이 이렇게 긴장하며 중국을 예의 주시하고 있는 것일까? 2020년 6월 24일, 중국이 발표한 <중국차세대 인공지능 발전보고(中国新一代人工智能发展报告)>를 살펴보자. 보고서에는 중국이 현재 인공지능 관련 발표 논문 수량이 세계 최고이며, 기업 수, 자금지원 규모가 세계 2위라고 밝히고 있다. 실제로 2013년부터 2018년까지 발표한 전 세계 인공지능 분야 논문은 총 30만 5,000편이며, 이 중 중국이 발표한 논문은 7만

400여 건이다.[43] 또한 중국의 인공지능 관련 기업 수는 총 797개이며, 그중 581개의 기업이 18개 분야에서 인공지능 기술을 응용하고 있다. 응용 분야는 기업기술 통합과 솔루션 제공이 15.43%, 지능형 로봇 응용이 9.66%로 가장 많으며, 핵심기술 연구개발과 응용 플랫폼 8.91%, 뉴미디어와 디지털콘텐츠 8.91%, 스마트 의료 7.65%, 스마트 하드웨어 7.03%, 핀테크 6.65%, 스마트 비즈니스 6.52%, 스마트 소매 6.15%의 순으로 이루어져 있다. 자금지원 역시 상당수의 기업이 혜택을 받고 있다. 577개의 기업을 지원하고 있으며, 스마트 소매 18.37%, 뉴미디어와 디지털콘텐츠 15.96%, 스마트 금융 15.94%, 핵심기술 개발과 애플리케이션 플랫폼, 스마트 교통, 스마트 하드웨어 분야에 5% 이상씩 지원하고 있다.[44]

이 같은 지원에 힘입어 중국의 인공지능 관련 산업과 기술력은 나날이 발전하고 있다. BAT로 불리는 바이두(Baidu), 알리바바(Allibaba), 텐센트(Tencent) 세 기업이 각각 자율주행, 빅데이터, 플랫폼과 솔루션 분야에 집중하며 인공지능 발전을 이끌고 있으며, 특히 바이두는 '2019년 전 세계 인공지능기업 5강' 중 4위를 차지할 만큼 기술력을 인정받았다.[45] 현대차는 바이두의 인공지능 기술을 적용하고 삼성은 중국 기업과 인공지능 칩을 만들기로 하는 등 우리 기업과의 협력도 진행하고 있다. 인공지능의 핵심은 컴퓨터의 연산능력과 데이터 축적, 그리고 데이터에 기초한 질적 정보 추출이다. 중국 컴퓨터 연산능력은 2017년 神威太湖一号(Sunway TaihuLight)와 天河(Tianhe)-2가 세계 1, 2위를 차지하며 그 기술력을 증명했다. 데이터의 축적 역시 9억 명에 가까운 인터넷 사용자 수와 99.3%에 달하는 휴대전화 인터넷 사용 비율 등 충분한 기반을 갖추고 있다. 인공지능은 하드웨어, 시각인식,

자연언어처리, 음성인식, 알고리즘 등의 발전과 연동되어 있기 때문에, 중국 내 각 기업이 거대한 데이터를 모으고, 분석하고, 응용하면 중국의 인공지능 기술력은 더 빠르게 발전할 수밖에 없다. 이미 중국은 데이터 축적에 기초해 안면인식 기술로 범죄자를 찾아내고, 팬데믹 상황에서도 로봇을 활용한 비대면 진료와 감염자 동선 파악 등 실질적으로 활용하고 있다. 인재 양성과 기업의 잠재적 역량 차원에서도 발전 가능성은 무궁무진하다. 중국에는 현재 94개 인공지능 대학과 75개 연구기관이 관련 연구를 진행하고 있다. 또한 스타트업과 유니콘 기업 등 뛰어난 인공지능 기술력을 자랑하는 기업들이 포진해 있다.

미국과 중국, 인공지능 승자는 과연 누구?

중국은 인공지능, 자율주행, 핀테크 등 안면인식 기술, 빅데이터에 기초한 4차 산업혁명 영역에서 미국에 도전장을 내밀었다. 글로벌 공급망을 재편하고, 디지털 위안화를 앞세워 달러 패권까지 위협하고 있다. 지금까지의 미·중 관계를 돌아보면, 중국은 늘 미국의 선제공격에 대항하는 맞대응(TFT, Tit-For-Tat) 전략을 취해왔다. 하지만, 인공지능 발전전략에서만큼은 미국이 중국에 대항해 정책을 수립하고 구사하는 경향을 보인다.

이는 미국과 중국의 정책 환경과 조건의 차이에서 비롯한 것으로 볼 수 있다. 중국은 우선 국가주도형 정책성향, 즉 '정층 설계(Top Level Design)'에 따른 하향식 정책집행이 가능하다. 정부 주도의 공격적인 투자와 기업 지원이 훨씬 수월한 것이다. 또한 정보 수집과 통제 등 권위주의적인 정치체제의 이점을 충분히 활용할 수 있다. 하지만 미국의 경우, 자본과 시장이 주도하는 형태이다. 미국 정부는 적극적으로 개입하지 않고 시장을 관리하고 감독하며 기업이 경쟁을 통해 발전할 수 있도록 조정하는 역할을 담당한다. 또한 미국은 인권이라는 인류의 보편적 가치를 국제사회에서 강력하게 주장하고 있기에 개인정보처럼 민감한 문제를 처리하는 데 있어 법과 제도적 틀 안에서 정책집행의 합법성을 담보해야 하는 어려움이 있다. 그러나 객관적으로 볼 때, 미국이 가진 인공지능 개발 원천기술의 영향을 무시할 수는 없다.

현재 글로벌 기술력과 경쟁력은 미국을 대표하는 구글, 애플, MS, 아마존 등이 여전히 한 수 위다. 중국이 기술력을 강화해 미국을 능가하는 기술력을 보유한다고 가정해도, 그래서 정면 승부를 펼친다고 해도 화웨이의 5G 기술처럼 미국의 펀치를 맞으며 정신 못 차리는 상태가 될 가능성이 크다. 왜냐하면 미국은 중국이 가진 약한 고리를 철저하게 분석해서 집요하게 공격할 것이기 때문이다. 미국은 중국이 대내외적으로 처한 현실적인 문제를 공략하면서 기술역량을 안정적으로 강화해 나가지 못하도록 할 것이다. 세계 패권의 역사를 말하는 이들은 이 같은 상황이 어찌 보면 당연한 일이라고 주장한다. 하지만 세력 전이의 패권이론을 말하지 않아도, 패권국과 부상하는 국가의 전쟁사를 논하지 않아도, 미국이 가진 금융권력 하나만을 활용해 일본을 무릎 꿇렸듯 미국은 중국을 견제하고 압박하는 방법을 이미 알고 있다. 역시 '미국은 다 계획이 있는 것'이다.

화웨이의 5G 기술 이면에 백도어가 있고 정보가 유출될 수 있다는 사실을 알고 있었던 것은 미국이 이미 다 해 본 것이기 때문이었다. 그래서 더 이상 통제할 수 없는 기술력을 가진 중국이 눈엣가시로 느껴질 수밖에 없었을 것이다. 하물며 미국을 능가하는 중국의 인공지능 기술력이라니! 어찌 그냥 보고만 있을 수 있겠는가! 결국, 미국은 인공지능 기술 문제에서 수단과 방법을 가리지 않고 중국의 발목을 잡아 끌어내리거나, 여의치 않다면 유화적 태도로 손을 내밀어 친하게 지내려는 '가짜 친구'가 되고자 할 것이다. 그것이 미국의 이익을 실현하는 데 더욱 유리한 것이라면 말이다. 중국도 자신이 더욱 강해질 때까지 '더 힘센 친구'가 내미는 화해의 제스처를 못 이기는 척 받아줄 것이다. 이처럼 미국과 중국의 인공지능 기술경쟁은 어느 한쪽이 상대를 완벽히 압도할 수 있는 상황이 올 때까지 그렇게 당분간 계속될 핫이슈이다.

Part. 3

디지털 전환과 미래 산업

DIGITAL
POWER
2021

디지털 전환과 미래 제조[46]

김은 한국스마트제조연구조합 이사장

제조 디지털 전환 최신 동향

4차 산업혁명에 대한 논의를 촉발시킨 독일의 인더스트리(Industrie) 4.0에서 시작된 신제조업 혁명은 다양한 형태로 표현되며, 많은 국가에서 추진하고 있다.[47] 이러한 신제조업 전략은 국제적으로는 제조 디지털 전환으로 수렴되고 있다.

독일은 2011년 인더스트리 4.0에 대한 논의가 시작된 이후, 이와 관련해 스마트 서비스 벨트(2012, 2015~2018), 자율시스템 전략(2015~2017) 등을 발표했고, 이러한 전략들을 모두 포함해 2017년경부터는 제조 디지털 전환에 대한 논의를 전개하고 있다. 인더스트리 4.0, 스마트 서비스 벨트, 자율시스템은 독일 디지털 전환의 전략 프로젝트 Ⅰ, Ⅱ, Ⅲ으로 분류된다.

독일에서 논의되고 있는 제조 디지털 전환의 핵심은 인더스트리 4.0의 양면전략(Dual Strategy)[48]을 보면 잘 드러난다. 인더스트리 4.0에서는 제품과 제조 시스템 두 분야에서 다음과 같은 변화를 추구한다.

- 제품의 목표시장을 기존의 대량생산 제품에서 개인 맞춤형 제품으로 변경한다.
- 제조 시스템으로는 개인 맞춤형 제품을 대량생산 가격에 제조 가능하게 하는 새로운 지능형 공장(스마트 팩토리[49])을 도입한다.

<독일의 제조(분야) 디지털 전환>

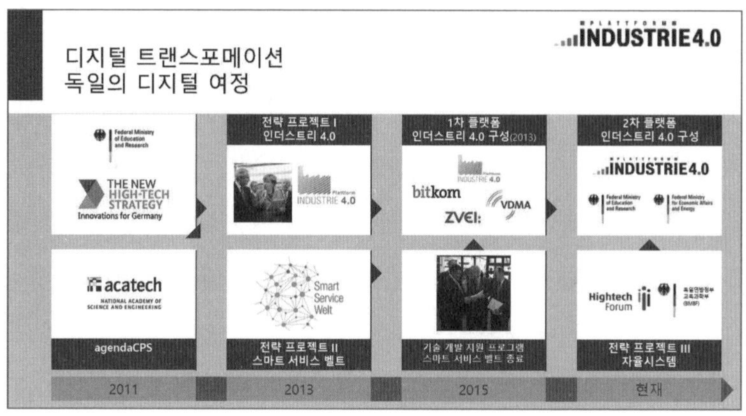

출처: Kagermann 컨퍼런스 발표자료(2017)

인더스트리 4.0은 제품 및 제조 시스템 두 분야에서 새로운 논의를 촉발시켰으며, 제조 시스템 분야에서는 정보통신기술(ICT, Information & Communication Technology) 활용의 새로운 관점을 제시했다. 이는 두 분야 모두에서 파괴적인 혁신(Disruptive Innovation)을 의미한다. 이러한 신제조업 전략과 전통적인 제조업의 차이는 두 가지이며, 다음과 같다.

- 제품은 아디다스 개인 맞춤형 운동화와 같이 대량생산에서 개인 맞춤형으로 제공이 가능하다.
- 제조 시스템은 동일한 업무를 단순 반복하는 자동화에서 한 단계 더 발전해 사물인터넷(IoT, Internet of Things) 및 사이버 물리 시스템(CPS, Cyber Physical System)을 기반으로 사물 간 소통하며, 상황에 따라 자율적으로 조율하는 스마트 팩토리 혹은 공장에 들어가는 기계·설비[50] 기능의 변화(Smart Machine)[51]가 가능하다.

여기서 인더스트리 4.0의 핵심은 개인 맞춤형 제품 및 그러한 제품을 효율적으로 제조 가능하게 하는 새로운 유형의 기계·설비 판매에 있다. 이는 단순히 제조 프로세스에 있어서 새로운 ICT 도입과 같은 변화뿐만 아니라, 비즈니스 모델의 변화를 의미한다. 또한 제조 디지털 전환 관점에서 핵심은 제조 분야에서 새로운 유형의 ICT 활용,[52] 즉 새로운 유형의 기계·설비를 사용하는 스마트 팩토리에 있다.

사실 독일 입장에서 보면 인더스트리 4.0의 중점은 개인 맞춤형 제품 판매 확대보다는 새로운 유형의 제조 시스템 제공에 있는 것으로 보인다. 그 이유는 독일이 기계·설비 분야에 경쟁력을 보유하고 있으며, 개인 맞춤형 제품을 효율적으로 제조할 수 있도록 지원하는 경쟁력 있는 스마트 팩토리 제공이 가능하기 때문이다.

반면 포터(Porter)와 헤플만(Heppelmann)[53]은 제조 프로세스의 후방(Upstream) 분야인 제조 시스템보다는 전방(Downstrem) 분야인 제품, 즉 스마트 커넥티드 제품(Smart Connected Product)에 집중한다. 스마트 커넥티드 제품은 내장형 소프트웨어를 통해 개인 맞춤형 서비스 제공이 가능하다. 이 경우 개인 맞춤형 제품 제조와 같이 대량

생산과 다른 제조 프로세스가 필요하지 않기 때문에 기존의 대량생산을 위한 제조 시스템 및 프로세스는 그대로 유지할 수 있다.

인더스트리 4.0과 포터·헤플만 두 관점의 차이는 디지털 전환 측면에서 보면 전자는 새로운 ICT 기반 제조 시스템에, 후자는 새로운 ICT 기반 제품에 집중하는 것이다. 그러나 두 관점의 공통점도 있다. 두 관점 모두 기존과는 다른 새로운 차원의 ICT 활용을 강조하며, 개별 제조 시스템이나 제품 간 경쟁이 아닌, 생태계 간 경쟁을 강조하는 것이다.

상기한 최근 제조 분야에서의 디지털 전환에 대한 논의 동향을 제조물 관점에서 취합하면 표1과 같이 요약 가능하다. 공장 안에서 활용되는 기계·설비 역시 제조물, 즉 제품 중 하나이기 때문이다.

지금까지 살펴본 디지털 전환 논의에 제조 관련 서비스와 제조 프로세스까지 모두 취합하면 표2와 같은 제조 분야 디지털 전환의 포괄적인 프레임워크(Framework)가 도출된다.

우리나라는 신제조업 전략과 관련해, 스마트 공장에 대한 논의를 할 때, 제품의 변화(개인 맞춤형 제품-ⓐ)에 대한 고려 없이 제조 프로세

〈표1. 신제조업 논의 대상 제조물 유형〉

제조물의 HW적 특성 변화 유무 \ 비 HW적 기능 변화 유무	제조물의 비 HW적 기능 변화	제조물의 비 HW적 기능 변화 없음	
제조물의 HW적 기능 변화	기업/제품별 특화된 공작기계 및 스마트 팩토리	개인 맞춤 제품 (예: 아디다스 운동화)	개인 맞춤형 제조물 제공 ↑
제조물의 HW적 기능 변화 없음	서비스와 연계하여 개인화 가능 개인 맞춤 서비스 (예: 유튜브 음악듣기)	⇧ ⇦ 대량생산 제품	
	개인 맞춤형 서비스 제공 ◀		대량생산 제조물 제공

<표2. 제조 디지털 전환 프레임워크>

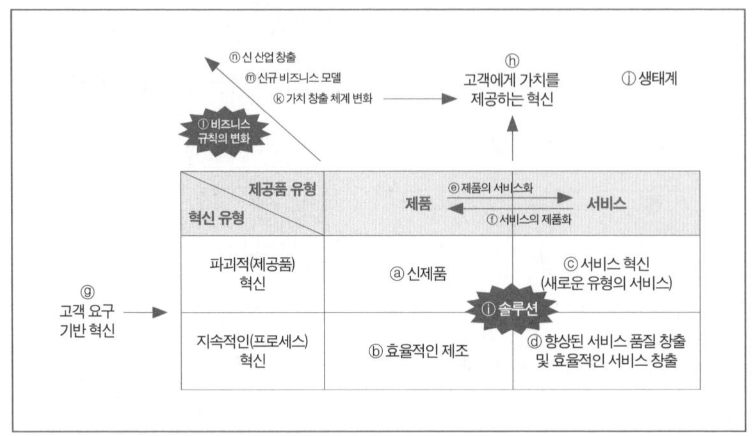

스 자동화를 통한 효율성 향상에만 초점을 맞춘다(ⓑ). 그러나 앞에서 언급한 바와 같이 인더스트리 4.0은 새롭게 무엇을 팔 것인지에 대한 고민, 즉 개인 맞춤형 제품을 효율적으로 제조 가능하게 하는 새로운 유형의 기계·설비(소위 스마트 팩토리)를 판매하겠다는 것이 혁신적인 것이다(ⓐ).

포터와 헤플만 역시 새로운 유형의 ICT 기반 제품인 스마트 커넥티드 제품을 강조하고 있다(ⓐ). 이러한 경우, 기존의 대량생산을 위한 제조 시스템과 프로세스(ⓑ)는 큰 변화 없이 기존 시스템의 효율성을 향상시키는 것이 주요 논의 대상이다.

인더스트리 4.0 양면전략의 주요 내용을 표3과 같이 표현하면, 그 상관관계를 더욱 명확하게 볼 수 있다. 인더스트리 4.0을 포함한 제조 디지털 전환에서 혁신적인 비즈니스 모델이 개인 맞춤형 제품과 스마트 커넥티드 제품, 그리고 제조기업의 인프라인 기계·설비 제공에 있는 것처럼, 제조 기반 서비스의 디지털 전환도 유사한 방식으로 작동한다.

〈표3. 인더스트리 4.0 양면전략의 의미〉

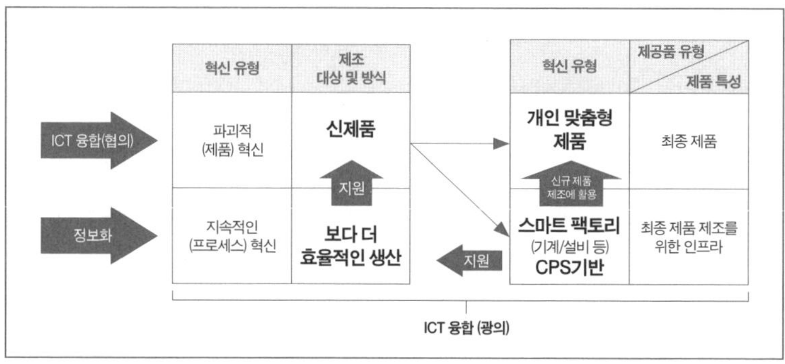

〈표4. 제조 분야 디지털 전환을 통한 신규 제품 및 서비스〉

제공품 유형 / 제공품 특성	제품	서비스	
제공품 (Offering)	개인 맞춤형 제품 **신제품** 스마트 제품	스마트 서비스 **서비스 혁신** (새로운 유형의 서비스 발굴)	→ 스마트 서비스를 통한 신규 비즈니스 모델 발굴
	↑ 신규 제품 제조에 활용	↑ 신규 서비스에 활용	
인프라 (Facility)	**스마트 팩토리** **(기계/설비 등) CPS 기반**	**서비스 플랫폼** 기계 유형 무관 대량 생산용 및 개인 맞춤형 제품용	→ 데이터 기반 인프라 예 : Mindshpere (Simens), Predix (GE)

먼저 제조 분야의 혁신적 스마트 서비스는 (비행기 엔진과 같은 제품 혹은 제조 시스템의 기계·설비와 같은) 제공품을 기반으로 제공된다(표4 오른쪽 상단). 예를 들어 예지정비(Predictive Maintenance) 서비스는 제너럴 일렉트릭(GE)의 프레딕스(Predix), 지멘스(Siemens)의 마인드스피어(Mindsphere)와 같은 인프라인 서비스 플랫폼[54]을 통해 빅데이터를 수집하고 처리해 제공할 수 있다(표4 오른쪽 하단). 프레딕스, 마인드스피어 등의 서비스 플랫폼도 스마트 팩토리와 유사

하게 혁신적 스마트 서비스와 연계해 새로운 수익 창출을 가능하게 한다. 수집한 데이터는 기존 기계·설비를 개선하거나 새로운 기계·설비를 제조하는 데 활용이 가능하다.

스마트 커넥티드 제품의 경우는 인더스트리 4.0에서 논하는 개인 맞춤형 제품과 달리 개인 맞춤형 서비스를 통해 개인이 요구하는 기능을 제공한다. 이 경우, 스마트폰같이 제품에 내장되어 있는 소프트웨어를 통해 제품이 자체적으로 서비스를 제공할 수도 있고, 인공지능을 위한 대량 데이터가 필요한 경우에는 추가로 서비스 플랫폼을 이용할 수도 있다.

전통적인 정보화는 기존에 제공하던 제품 및 서비스의 변화(표2 ⓐ, ⓒ)가 아닌, 기존 제품 및 서비스 창출에 필요한 업무 처리 절차 개선을 지원하는 프로세스 혁신(PI, Process Innovation)[55] 혹은 업무 처리 절차 재설계(BPR, Business Process Reengineering)[56]가 논의의 중심이 표2 ⓑ, ⓓ). 그러나 이러한 PI 혹은 BPR은 이미 1990년대 후반부터 논의되고 있던 것이다.

다만 최근 추진되는 차세대 정보화가 기존의 전통적인 정보화와 다른 점은 센서, IoT, 빅데이터, 인공지능 등 새로운 ICT 활용이 추가됐다는 것이다. 이를 통해 전통적인 정보화보다 한 단계 수준 높은 프로세스 혁신이 가능하다. 그러나 이러한 새로운 기술을 이용한 프로세스 혁신은 여전히 본연의 비즈니스를 지원하는 것에 그친다.

반면 인더스트리 4.0에서는 개인 맞춤형 제품 및 스마트 팩토리와 같이 새롭게 판매하고자 하는 제조물의 파괴적인 혁신을 일차적으로 논의한다(표4 왼쪽 및 표2 ⓐ).

제조에서 스마트 팩토리를 통해 개인 맞춤형 제품을 효율적으로 제조 가능한 것(표2 ⓑ→ⓐ)처럼, 제조 기반 서비스는 프레딕스, 마인드스피어 등과 같은 서비스 플랫폼을 통해 고객 맞춤형 서비스를 제공할 수 있다(표2 ⓓ→ⓒ).

제조 기반 스마트 서비스는 앞에서 언급한 예지정비 같은 서비스뿐만 아니라, 한 단계 더 나아가(표2 ⓒ) 제품 이용량만큼만 대가를 지불하는 제품의 서비스화(Servitization)를 진행하고 있다(표2 ⓔ). 또한 반대로 제조 분야에서 사람의 작업을 도와주는 협동로봇(COBOT)같이(다른 분야에서는 청소로봇 등의 서비스 로봇같이) 서비스의 제품화(Productization)가 진행되고 있다(표2 ⓕ).

표2에서 볼 수 있듯이 기업은 디지털 전환을 통해 고객의 요구(표2 ⓖ)를 기반으로 고객에게 가치를 제공(표2 ⓗ)하기 위해 움직인다. 이와 함께 고객은 제품이든, 서비스든, 이면의 프로세스에 대해 신경 쓸 필요 없이 자신에게 필요한 고객 맞춤형 최종 솔루션(표2 ⓘ)을 요구하고 제공받을 수 있다.

이러한 가치창출 활동은 파트너와의 긴밀한 협력을 통해 더 효율적으로 수행할 수 있기 때문에, 개별 기업 간 경쟁이 아닌, 같은 가치창출 네트워크로 형성되는 생태계(표2 ⓙ) 간의 경쟁으로 변화하고 있다.

미래 제조

앞에서 소개한 모든 현상들은 결국 가치창출 네트워크의 구조(표2 ⓚ)를 바꾸고, 게임의 룰(경쟁규칙-표2 ⓛ)을 바꾸며, 비즈니스 모델(표2 ⓜ)과 산업 구조를 바꾸는 데 영향을 미친다. 즉 새로운 산업과 축소 및

〈표5. 제조 디지털 전환의 파급효과〉

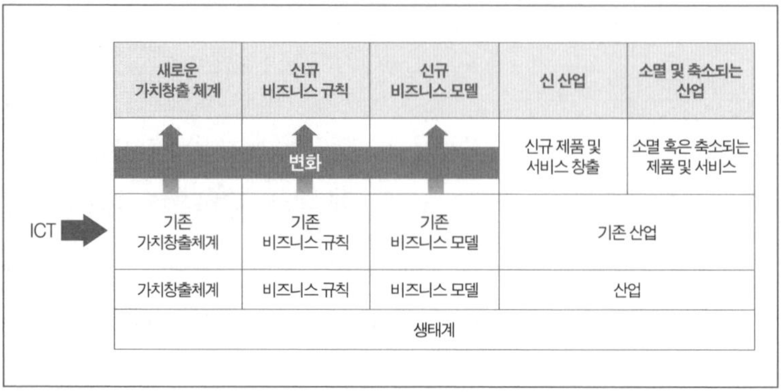

	새로운 가치창출 체계	신규 비즈니스 규칙	신규 비즈니스 모델	신 산업	소멸 및 축소되는 산업
	변화			신규 제품 및 서비스 창출	소멸 혹은 축소되는 제품 및 서비스
ICT ➡	기존 가치창출체계	기존 비즈니스 규칙	기존 비즈니스 모델	기존 산업	
	가치창출체계	비즈니스 규칙	비즈니스 모델	산업	
	생태계				

소멸되는 산업이 나타나고 있는 것이다(표2 ⓝ 및 표5 참조).

지금까지 독일의 제조 분야 디지털 전환에서 나타난 현상을 기반으로 정리된 표1~5와 같은 프레임워크를 이용했을 때 나타나는 디지털 전환 관련 요인과 파급효과를 확인했다. 즉 제조 분야 디지털 전환을 통해 상호배제와 전체포괄(MECE, Mutually Exclusive Collectively Exhaustive) 관점에서 무엇이 가능한지, 현시점에서 무엇을 해야 하는지, 그 결과로 어떠한 파급효과가 나타날 수 있는지를 살펴봤다. 이를 이용하면 제조업의 가까운 미래도 어느 정도는 예상할 수 있을 것이다.

앞에서 본 바와 같이 최근 제품 및 제조 시스템 두 분야 모두 혁신적인 ICT 활용이 중요한 역할을 하며, 기존 ICT 활용 패러다임이 크게 전환되고 있다. 아직은 신기술을 기반으로 하기 때문에 다양한 새로운 비즈니스 잠재력이 남아 있다. 하지만 이를 통해 혁신적인 비즈니스 모델이 지속적으로 개발될 것이라 기대한다. 또한 패러다임의 전환을 위해서는 새로운 기술뿐만 아니라 새로운 기술을 활용 가능하게 하는 노동문제, 법적문제 등의 환경 및 전제 조건도 추가로 고려되어야 한다.[57] 본 장에서 소개한 제조 디지털 전환의 최신 동향과 제안된 제조 디지털 전환 프레임워크를 통해 향후 제조업의 변화에 대한 이해와 혁신 방안의 단초가 확보될 수 있기를 기대한다.

2

DIGITAL POWER 2021

스마트한 세상, 모빌리티의 미래

강송희 소프트웨어정책연구소 선임연구원

지역과 지역 간에는 물자와 사람 등 '자원'이 이동한다. 자원이 이동하는 이유는 자원의 분포 상태가 불균등해 어떤 지역에서도 필요한 자원을 모두 자급할 수 없기 때문이다. 옛날 자급자족 방식의 농경사회에서는 물자나 사람의 이동 거리가 매우 짧았기 때문에 이동의 개념과 역할의 범위가 변하지 않았고, 매우 국지적인 생활권이 형성됐었다. 그러나 현대사회에서는 교통수단과 인터넷, 이동통신, 디지털 기반 서비스의 발달로 '물자와 사람의 이동'에 대한 개념이 변화했다. 포스트 코로나 시대에는 이러한 '이동'의 개념이 더 진화해, 사람들의 자원 접근성을 비롯한 생활권은 글로벌해졌으나, 실제 물리적인 움직임과 대기 시간은 최소화됐고, 물자의 이동은 더욱 활발한 상태가 되었다. 디지털 전환 패러다임과 맞물려 최근 등장한 용어인 리테일 테크(Retail Tech)나 스마트 모빌리티(Smart Mobility)와 같은 것이 위와 같은 이동의 개념 변화를 일부 설명하고 있다. 이쯤에서 필자가 강조하고 싶은 것은 큰 틀에서의 물자와 사람의 이동에 대한 개념과 관점 변화이다. 이제 '이동'은 사람의 이동을 최소화하고, 물자와 정보가 적시에 움직이는 시대가 되었다.

최근 들어 더 가속화된 이동의 개념과 관점 변화 아래 자리하고 있는 사실은 사람은 본래 기다리거나 움직이는 것을 회피하는 성향이 있다는 것이다. 아이러니하게도 이러한 경향이 스마트 모빌리티와 물류·유통의 첨단을 낳았다. 사람의 움직임과 대기 시간은 최소화되면서, 물자의 이동량인 물동량이 급격하게 증대하는 추세는 지금과 같은 팬데믹 이후 비대면이 일상화된 시대에 더욱 두드러진다.

이동은 곧 대기 시간, 그 불편함을 넘어

이동이라는 것이 우리에게 주는 의미는 무엇일까. 다른 지역에 있는 사람과 물자, 즉 필요 자원이 이동한다는 것은 곧 해당 자원을 획득하기까지 대기한다는 것을 의미한다. 사람은 이동할 때 어떤 교통수단을 선택하든, 그 안에서 피로하게 기다리거나 직접 운전을 했다. 대부분의 사람들은 이동하는 경험을 싫어했다. 반복되는 이동이 필요하거나, 이동의 소요 시간이 길수록 불편하고, 피로하며, 삶의 균형이나 만족도가 떨어졌다. 단적인 예로, '직주근접'을 선호하는 문화는 주거에 대한 비용이 높아지더라도 직장과 거주지의 거리가 최소화되어야 일과 삶의 균형이 이뤄진다는 전제하에 확산되고 있다. 과거부터 현재까지 이동은 늘어났지만, 사람들의 실질적인 생활패턴은 가능하다면 최대한 국지적인 형태를 띤다. 그로 인해 역설적으로 '직주근접'이 어려운 환경에 있는 사람을 위해 이동 환경을 개선하고 더 빠르게 이동시키기 위해, 디지털 기술과 서비스를 접목한 다양한 노력이 이뤄지고 있다. 한마디로 요약하자면 이동의 '디지털 전환'이다.

물자의 이동은 어떨까? 물자가 이동하더라도 사람은 필요한 물자를 받기까지 대기해야 했다. 이러한 대기 시간을 줄이고 배달·배송 경험을 개선하기 위해 물류 기업들은 갖은 노력을 아끼지 않았다. 이제 스마트 물류 시스템이라 하면, 업계의 오랜 표준이었던 허브-앤-스포크 방식의 보관 운송 중심 시스템(Regional Distribution Center)에서 나아가, 소비자 중심 운송 거점 시스템(Front Distribution Center)이나 온·오프라인을 연계해 최종 소비자의 요구에 적시에 대응하는 온디맨드 거점 시스템(Ondemand Distribution Center)을 일컫게 되었다. 물류에 활용하는 수단도 다양해졌다. 자동차, 배나 비행기 등을 넘어 자율주행 배송로봇(아마존 스카우트), 드론을 이용한 배송이 시작된 것이다.

코로나19가 대유행하면서부터는 '비대면'이 일상이 되면서, 사람의 교통수단 이용이 대폭 감소했고,[58] 국내의 경우 택배, 배달 물동량이 20% 이상 지속적으로 성장했다. 코로나19 확산 후에는 사회적 거리두기가 단계적으로 시행되면서 대구광역시의 경우 공유교통 시스템(카셰어링 등) 이용 건수가 전년 대비 50% 이하로 크게 줄어들었다. 대구를 남북으로 관통하는 신천대로 교통량은 2월 넷째 주에 전년 동기간 대비 75% 수준으로 감소했다. 정부와 지방자치단체에서는 2월 이후로 저밀도 대중교통 운행 방식과 비상방역체계를 가동하고 있다.

사람의 이동은 어떻게 전환되는가?

사람의 이동 경험은 디지털 전환을 통해 스마트 모빌리티 서비스로 개선되고 있다. 스마트 모빌리티 서비스는 다양한 요소 기술과 비즈니스 모델로 구성되지만, 이 장에서는 자율주행과 온디맨드 통합 이동 서비스로 크게 나눠 살펴보고자 한다.

먼저 자율주행 기술은 자동차, 선박, 철도, 비행기, 드론 등 모든 교통수단에 적용할 수 있다. 자율주행 기술이란 일반적인 주행상황에서 목적지까지의 경로 중 부분 또는 완전 자율주행이 가능한 시스템을 뜻한다. 자율주행 기술에는 다양한 기술이 복합적으로 사용되는데, 이를테면 자율주행 자동차에는 각종 센서부터 고정밀 내비게이션, 주행 제어 등의 소프트웨어, 운전자의 명령을 인식 또는 입력하는 인터페이스 등의 세부 시스템이 들어간다. 자율주행의 핵심은 인간의 개입 없이도 주행이 가능한 시스템 구축에 있기 때문에, 인간 수준 이상의 인지 또는 판단 능력을 확보하기 위해 소프트웨어에서 하드웨어까지 첨단 기술이 다양하게 활용되고 있다. 그렇기 때문에 자율주행 기술은 현재의 첨단 제조-ICT 기술의 집약체라고 할 수 있다.

우리에게 이제 낯설지 않은 개념인 자율주행 자동차를 예로 들어 보면, 현재 자율주행 자동차 기술개발 현황은 전통적인 완성차 제조기업과 소프트웨어 기업, 그리고 이들의 제휴 활동으로 구분해 파악해 볼 수 있다. 우선 완성차 제조기업은 BMW, 메르세데스 벤츠, GM, 토요타 등이 대표적이다. 메르세데스 벤츠는 지난 2014년 11월 시속 80㎞로 주행 가능한 '퓨처트럭 2025'를 공개했고, BMW는 2017년 1월 CES에서 전 세계 최초로 2021년까지 자율주행 자동차를 상용화한다는 계획을 발표하기도 했다. 한편 소프트웨어 기업 진영의 대표주자는 구글인데, 가장 앞서 있다고 평가되고 있는 라이다 기술과 딥러닝을 적용한 구글의 자율주행 자동차 웨이모는 약 600~1,000여 대의 차량으로 실제 도로 주행을 해 주행거리가 1,300만km를 넘어섰다. 2020년 5월에는 5세대 하드웨어인 웨이모 비아(Waymo VIA)를 소개하면서 30억 달러 규모의 외부 투자를 최초로 유치했다. 2020년 6월에는 완성차 업체인 볼보와 함께 4수준의 자율주행 기술개발 협력 계획을 발표하기도 했다. 비슷한 시기 메르세데스 벤츠의 모기업인 다임러(Daimler)와 세계 최대 GPU[59] 업체 엔비디아(Nvidia)가 자율주행 기술 협력을 강화한다고 발표하기도 했다. 그간 자동차 업체들은 자신의 차량 플랫폼에 제3자인 공급업체가 개발한 소프트웨어를 결합하는 방식을 취해왔는데, 이번 다임러와 엔비디아의 협력은 차량 개발 단계부터 함께했다는 점에서 주목받고 있다. 스마트폰이 업데이트되는 방식과 똑같이 전통 완성차 기업 차량의 소프트웨어를 업데이트할 수 있게 되는 것이다. 한편 라이다를 쓰지 않는 딥러닝 기술 기반의 테슬라는 2020년 1월 기준 자율주행 시스템 오토파일럿을 통해 실도로 총 주행거리가 30억km를 넘어섰다. 70여만 대의 자율주행 차량을 통해서 하루에도 약 881만km의 데이터를 수집하면서, 압도적인 빅데이터 축적을 통해 딥러닝 기반의 자율주행 기술개발에 우위를 점하고 있다. 테슬라의 CEO인 일론 머스크는 2020년 9월 22일 "우리는 현재도 자율주행 시 사고율이 0.3%로 경쟁사의 10분의 1에 불과하지만, 자율주행을 위해 8개의 카메라를 사용해 3D 입체영상 시스템을 만들고 있다"라고 언급했다. 2020년 10월 20일에는 완전 자율주행(Full Self-driving) 베타 서비스를 개시하고, 소규모 모범 운전자들을 통해 테스트 중이다.

〈테슬라의 FSD(Full Self-Driving) 베타 서비스〉

출처: https://www.tesmanian.com/blogs/tesmanian-blog/tesla-fsd-in-canada-and-norway-next-year

웨이모, GM크루즈, 우버, 바이두, 도요타, 포드, 애플 등 주요 30대 기업들은 완전 자율주행 기술개발을 위해 2019년까지 약 160억 달러를 투자한 것으로 알려져 있으나, 기존 예측보다 기술개발 및 출시의 시기가 많이 늦어져, 완전 자율주행 기술이 상용화되고 일반화되기까지 적어도 수십억 달러의 투자가 더 필요하며, 10년 이상의 시간이 더 걸릴 것으로 전망되고 있다.

한국의 현대·기아차는 2019년 9월에 20억 달러를 투자해 완전 자율주행 기술개발을 위한 조인트 벤처를 설립한다는 발표 이후 자율주행 자동차 개발 계획에 대한 언급을 아끼고 있다. 그렇지만 법제도 측면에서는 2020년 1월에 국토교통부가 〈자동차 및 자동차 부품 성능과 기준에 관한 규칙〉을 개정해 안전기준을 '부분 자율주행 자동차' 3수준으로 끌어올렸다고 밝힌 바 있다. 기존의 안전기준(2수준)은 차로 유지기능을 작동시켜도 운전자가 운전대에서 손을 떼면 경고음이 울리는 '지원' 수준에 머물러 있었는데 이를 개정하면서 운전자의 조작 없이도 주행이 가능한 단계까지 허용한 것이다. 미국 자동차공학회는 자율주행을 0~5단계로 구분하고 있는데 1·2수준은 운전자 지원 기능이 탑재된 차량이고 3수준부터 자율주행 자동차로 분류된다. 국토교통부는 우리나라의 3수준 안전기준이 유엔 산하 자동차안전기준국제조화포럼에서 논의하고 있는 국제적인 동향과 국내의 업계·학계 의견수렴을 거쳐 마련됐으며 세계 최초로 도입된 것임을 설명하기도 했다.

한편 온디맨드 통합 이동 서비스는 서비스로써 모빌리티(MaaS, Mobility as a Service)라고도 불리는데, 출발지에서 도착지까지의 이동 경험을 하나로 연결해 경로계획, 예약, 결제를 통합해 서비스하는 것이다. 선구적인 서비스로 2016년 핀란드의 윔(Whim)이 있으며, 국내의 경우 2019년 KT-카카오 모빌리티, 현대자동차-코드42 등이 제휴를 통해 통합 이동 서비스를 시작했다. 한편 통합된 경로계획을 수립하려면 교통수단별로 정확한 운행 정보가 시시각각 필요하다. 이러한 정보 체계를 구축하는 과정에서 정부의 역할 또한 중요한데, 교통수단의 운행 주체가 민간인 경우에는 정보를 공유할 인센티브가 많지 않으며, 의료정보와 비슷하게 정보가 표준화되어 있지도 않다는 이슈가 있다. 또한 통합된 정보를 사용자에게 보여주는 사용자 경험의 제공 방향도, 선호하는 이동 경험 제공 방식에 따라 개인화해 달리 적용해야 한다. 기존의 온디맨드 통합 이동 서비스가 출발지와 목적지(Door to Door)를 지상으로 연결하는 데 초점을 맞추었다면, 이제는 지점과 지점을 잇는(Point to Point) 연결성뿐 아니라, 지상을 넘어 하늘, 우주 등 가능한 모든 경로를 고려해, 드론과 같은 무인 이동체를 포함한 모든 교통수단을 활용하는 확장성을 강조하며, 이동의 편의성을 효과적으로 높이기 위한 방법을 강구하고 있다.

물자의 이동은 어떻게 전환되는가?

한편, 물류 기업들은 팬데믹 이후 20% 이상 늘어난 물동량을 요청에 따라 효율적으로 처리하기 위해 거점 시스템의 용량과 온디맨드 대응력을 확대하고 있다. 즉 허브의 대형화 및 지역 분산화가 동시에 이뤄지고 있는 것이다. 비대면에 최적화된 편안한 디지털 경험을 제공하기 위해 사전, 사후 해피콜과 문 앞 배송도 제공하고 있다. 놀랍게도 고객에게 제공하는 물자 인도·인수 경험이 일상적인 상황보다 더 편안해진 것이다. 동시에 늘어난 물동량에 의해 이륜차를 중심으로 한 배달과 택배 배송의 경계가 무너지고 있는 현상도 관찰된다.

해외는 아마존, 우버 등을 필두로 물류 산업에 IT 기술을 적용한 사례가 이미 상당수 등장했었다. 특히 라스트마일, 즉 물류가 소비자에게 배송되는 최종 과정의 편의성, 정확성, 효율성 등이 더욱 강조되면서 기존 물류 배송 역량에 인공지능, 클라우드, 빅데이터, 드론, 로봇 등의 기술이 접목되고 있다. 라스트마일 물류의 디지털 혁신의 경쟁력은 제품이 고객에게 배송되는 마지막 순간을 얼마나 앞당기는지에 달려 있다. 이를 위해 물류 배송과 관련된 데이터(지리 정보, 물류 기사 운행 패턴 등)를 분석하고 고도화된 알고리즘에 근거한 물류 기사 배치 및 최적의 배송 경로를 도출하는 것이 중요하다. 그저 빨리 배송하는 것만이 만사는 아닌 것이다. 결국 과거에는 배송 속도에 대한 니즈가 컸으나, 이제는 원하는 시간에, 원하는 방식으로, 원하는 상품을, 선호하는 방식으로 전달받는 것이 더 중요해졌다. 새벽배송, 야간배송, 즉시배송, 간편배송, 정기배송, 초소량 배달 서비스 등으로 배송 서비스가 진화하고 있는 것이다.

그렇다면 앞서 언급한 스마트 물류 시스템인 온디맨드 거점 시스템에 대해서 살펴보도록 하자. 기존 물류 시스템에서 주로 활용되던 허브 앤 스포크(Hub&Spoke) 방식은 각 지점에서 발생되는 물량을 중심이 되는 거점(허브)에 집중시킨 후, 각 지점(스포크)으로 분류해 이송하는 시스템이다. 이런 방식은 대량의 물류를 계획된 시간/장소로 배송하는 데 있어서는 최적이었지만, 원하는 시간, 즉 '적시'라는 온디맨드 시간 제약이 있는 라스트마일 물류의 경우는 더 복잡한 경우의 수 계산이 필요하다. 따라서 각 업체가 가진 물류 배송 알고리즘 기술 수준에 따라 서비스 모델에 확연한 차이가 발생하기도 한다.

물류 배송 최적화 알고리즘을 만들기 위해서는 기존 물류 기사의 배송 경로를 포함한 다양한 패턴의 데이터가 확보되어야 한다. 최적 경로, 예상 시간, 배송 물량 배분 등에 있어 많은 데이터를 확보하면 알고리즘을 개선하고 더욱 효율성 높은 대안을 제시할 수 있기 때문이다. 데이터 확보는 업체가 보유한 물류 기사 숫자와도 연결된다. 많은 수

〈메쉬코리아의 부릉 온디맨드 배송〉

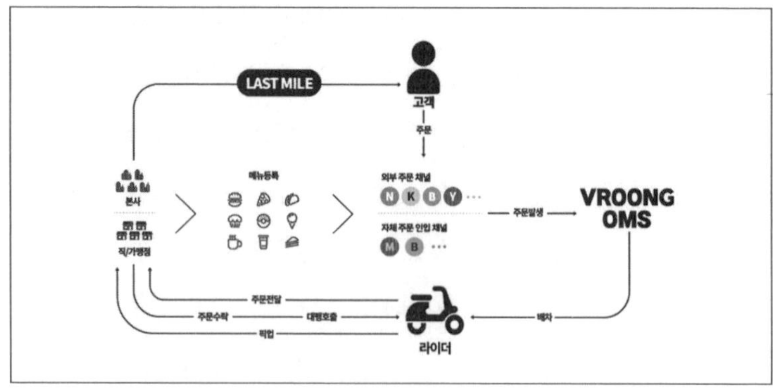

소비자의 주문 접수 후 메쉬코리아의 거점 혹은 화주사의 오프라인 매장에서 고객에게 15분~2시간 내에 즉시 배송
출처: 메쉬코리아 홈페이지

의 물류 기사가 있을 때 다양한 패턴의 물류 배송 데이터를 얻을 수 있기 때문이다. 결국 시장을 선도하는 기업이 방대하고 다양한 데이터를 얻게 될 것이고, 디지털 전환 시대에도 경쟁력을 가질 공산이 높다.

국내의 경우 이러한 라스트마일 물류 중심으로 CJ대한통운, 한진택배와 같은 기존 택배사와 이륜차 배달에 혁신을 가져오고 있는 메쉬코리아, 고품질 신선식품 유통에 뛰어든 마켓컬리, 쿠팡, 헬로네이쳐 등이 격전을 벌이고 있다.

해결해야 할 도전 과제들과 정부의 역할

한편 이동의 디지털 전환으로 인해 물류·유통 분야에 있어서는, 프리랜서가 대부분인 물류 기사들의 처우를 개선하는, 보다 넓은 개념의 사회적 안전망을 마련하는 것이 시급하다. 중장기적으로 교통·운수 분야의 일자리들은 기술 실업이란 이름 아래 사라질 위험에 처해 있다. 우리가 기억하는 우버, 카풀, 카카오 모빌리티와 택시 업계의 갈등은 공유교통 시스템의 도입으로 시작되어 일부 택시 기사의 분신자살이라는 비극적인 결과를 낳았지만, 그로 인해 공유교통 시스템이 제도권으로 편입되는 아이러니한 결과도 함께 낳았다. 이러한 갈등은 자율주행 기술이 발전하면서 다가올, 또 다른 심각하고 광범위한 갈등 상황에 비하면 빙산의 일각에 불과해 보인다. 신기술의 사회적 수용은 시간(Time to Market)이 생명인 신산업 창출의 초기 단계에서 글로벌 경쟁력을 갖추는 것이 관건이다. 지금 우리는 디지털 기술로 인한 거대한 삶의 변화와 전환의 기회를 맞이하고 있는 것이다.

또한 교통사고를 처리하는 보험 산업, 자동차 정비 산업과 같은 관련 산업은 모빌리티 플랫폼 혹은 서비스 제공 기업을 대상으로 한 B2B 서비스 영역을 주요한 차세대 먹거리 분야로 삼게 될 것이다. 자동차 면허 시스템이나 소유 구조, 신호 체계·교통 표지판 등이 바뀔 것이며 자율주행 전용 도로, 혹은 반대로 수동주행 전용 도로와 같은 것이 생겨날 가능성도 있다. 더 근본적으로는 돌발 상황이 발생했을 때 자율주행 알고리즘이 운전자의 이익을 우선시할 것인지, 상대 차량이나 보행자의 이익을 우선시할 것인지 등에 대한 윤리적인 문제와 사회적 합의도 아직 없는 상태이다. 정부는 이런 상황에서 적절한 규제 수준을 통한 산업 육성 환경을 조성하면서 근본적인 윤리·갈등 문제에 대해서는 공론의 장을 만들어 가야 한다.

DIGITAL
POWER
2021

분권화된 금융과 미래 화폐

최공필 금융연구원 미래금융연구센터장

분권화 금융의 배경과 의미

잠시 모든 과거의 틀에서 벗어나 미래 세상을 상상해 보자. 아무런 간섭과 걱정 없이 전 세계 시민들과 금융거래를 할 수 있다면 우리가 현재 머물고 있는 세상과는 사뭇 다른 미래를 꿈꿔볼 수 있을 것이다. 물론 기하급수적으로 늘어나는 거래를 처리할 수 있는 새로운 결제와 청산 시스템이 갖춰지지 않은 상태에서 당장은 이러한 상상이 비현실적일 수 있다. 현실과 이상의 갭은 그동안 경제거래의 기반을 제공해 온 신뢰의 토대, 즉 법정화폐 기반 금융거래의 무흠결성을 지지해 온 각종 유무형의 인프라가 주로 국가를 중심으로 발전해 온 배경과 관련 있다.

세상은 디지털 네트워크로 가상세계까지 크게 확장되었는데 우리의 신뢰 토대는 여전히 국가 위주에서 새로움을 적극 수용하지 못하고 있다. 실제 국가의 발전 정도에 따라 우리가 영위하는 경제활동의 규모나 폭이 정해져 있다 해도 과언이 아니다. 국가의 역할이 미흡한 제3세계의 많은 국가는 기본적인 금융 서비스 혜택을 영위하지 못하고 있다. 금융 서비스의 전달방식이 바뀌었지만, 신원확인 절차부터 기초 여건의 열악함과 규제환경의 불확실성으로 개선 정도가 미흡한 상황이다. 반면 비교적 인프라가 갖춰진 국가의 경우에도 국경 간 영역의 발전은 더디다.

이같이 기술적 가능성과 제도적 제약 요인 간의 괴리는 새로운 시공간에 드리워진 중앙화된 시스템에 기인한다. 시공간은 가상세계를 넘나들며 한없이 넓어졌지만, 그동안 금융 서비스 제공의 주역이었던 중간 매개자나 국가 중심의 신뢰 토대 문제로 인해 상당수가 불편함을 느끼기 시작했다. 그 결과 모든 패러다임의 신뢰 기반이 비트코인의 출현 이래 탈중앙화와 분산화의 방향으로 진화하고 있다. 즉 중앙화된 규제 속에서 지탱되었던 신뢰 토대 방식에서 벗어나, 별도의 점검을 받지 않은 주체의 참여를 허용하면서 구축된 탈중앙화 분산체제를 통해 가치전달이 가능하게 되었다. 그러나 이러한 가능성은 각자 처한 배경과 사정에 따라 기회 또는 위험요인으로 다르게 비춰진다.

엄밀히 말해 현재까지의 금융 서비스는 각종 칸막이와 다단계의 검증역량으로 가득한 공간에서 제공되는 적격 대상을 위한 전유물이다. 현시점에서 제3세계와 선진국의 차이는 중개 역할을 하는 주체와 시스템 역량 차이로 귀결된다. 그러나 중개 역할의 중요성이 약화되면서, 후발주자 중심의 디지털 도약(Digital Leapfrogging)을 통한 금융 패러다임의 도약 가능성도 조심스럽게 타진된 바 있다. 하지만 냉엄한 현실은 우리가 추구하는 변화가 쉽게 주어지지 않을 것이라는 점을 일깨워 준다.

국경 간 거래를 위해서는 여전히 몇 배의 공이 드는 것이 현실이다. 국경 간 송금의 경우 주어지는 혜택의 이면에 감춰진 제약과 규제는, 모든 참여자에게 금융 서비스가 개방되었을 때 예상되는 부작용, 즉 각종 사기와 불공정행위로부터 다수를 보호하기 위해 정당화된 것이다. 공히 KYC-AML(Know Your Customer-Anti-Money Laundering)은 금융 서비스 제공을 위한 최소한의 거름 장치로 강조되고 있다. 불편함과 높은 비용이라는 대가를 치르더라도, 상대적으로 안전한 서비스를 제공 받기 위한 현실적 선택의 결과가 현재 중앙화된 금융 서비스라는 것이다.

그러나 세상이 바뀌고 모든 것이 디지털 네트워크로 연결된 환경에서 특정 소수와 특정 시스템에 기반을 둔 서버-클라이언트(Server-Client) 방식과 거래 은행 중심의 서비스 제공은 그 한계가 드러났다. 시스템의 안정위협 요인이 분명해졌고, 취약성이 나타났으며, 국경 간 서비스의 비용 요인은 버겁기만 하다. 특히 거래 은행 간 메시지 전송과 확인 절차를 거듭 확인하는 국제은행 간 통신협정(Swift) 방식으로는 경제적 가치교환이나 송금 서비스에 소요되는 시간과 비용이 과도하다.

전 세계 70억 인구 중 3분의 2가 휴대폰을 가진 상황에서도 분절된 규제체계와 과도한 중계 역할과 수수료 부담은 원활한 서비스 구현을 저해하는 마찰요인이다. 기술 진보에도 불구하고 여전히 기존 신뢰 주체가 주도하는 추가적 검증을 통해서만 변화를 허용한다. 만약의 경우에는 정부의 보증이나 시장개입을 통해 최악의 상황을 모면하게 되지만, 애당초 이러한 가능성을 근본적으로 줄이려는 시도는 진입장벽으로 인해 좀처럼 시장에 뿌리내리기 어려웠다.

이와 같이 질곡 같은 현실을 근본적으로 타개하는 움직임이 금융 분야에 투영된 것이 바로 분권화 금융(DeFi, Decentralized Finance)이자 개방금융(Open Finance)이다. 기존의 시파이(Cefi, Centralized Finance) 금융은 촘촘히 짜인 규제의 틀로 인해 서비스 제공 대상으로 인정하는 범위가 한정적이다. 일정 기준을 충족하지 못하는 경우, 일반인의 새로운 가치창출 제안이 커나가는 데 필요한 자금을 공급할 수 없다. 그래서 금융 포용성을 제고하기 위한 정책금융이나 사회적 금융은 기존 체제의 골격을 유지하면서 한계를 보완하려는 시도로 간주된다. 한쪽에서는 규제 기반의 금융을 강조하면서, 다른 한편에서는 정무적·절충적 자금공급이 이루어지는 이중적이고 모순적인 발전인 것이다.

〈레거시 체제와의 비교〉

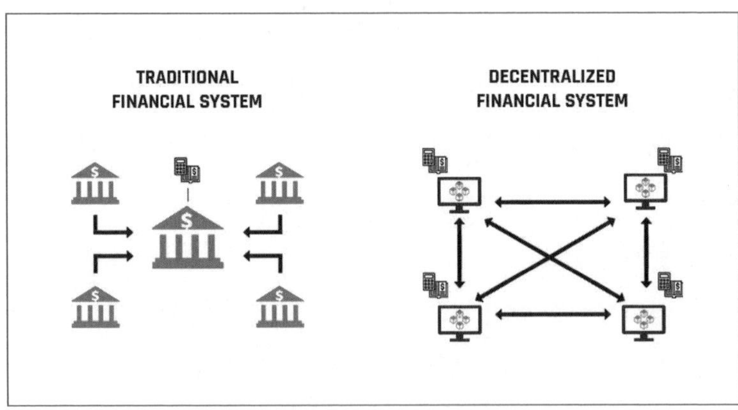

출처: Chirag Bhardwaj(2020), "A Beginner's Guide to What is Decentralized Finance"

코로나19로 인해 디지털 네트워크의 발달과 보급으로 중간 매개의 역할을 과감하게 없앨 수 있는 탈중앙화, 탈중개화가 대세로 자리 잡으면서 본격적인 언택트(Untact) 경제가 뿌리내리고 있다. 다만 전례 없는 대전환기에 민간차원에서 구축되지 못한 디지털 역량의 한계를 정부의 역할로 대신하다 보니, 국가의 존재가 더욱 크게 느껴지는 역설적인 상황이다. 원래 디지털 네트워크 접근이 가능한 모든 민간이 주도해야 하는데, 실제 상황은 정부의 선도가 없으면 움츠러들 수밖에 없는 초유의 위기상황이기 때문이다. 그 결과 중앙화된 주체의 역할이 오히려 강화되는 추세는 디지털 전환의 장애요인으로 등장할 소지가 크다. 왜냐하면 기존 신뢰 토대로 무장한 공공부문의 개입은 탈중앙화를 위한 대중의 활동을 의도치 않게 위축시킬 수 있기 때문이다.

디지털 시대의 분권화 금융과 연관된 진정한 변화는 정부나 빅테크 중심이 아닌 민간끼리의 다양한 연결방식으로 만들어지는 풀뿌리 가치창출이다. 사람이 움직이는 데 음식이 필요하듯, 자발적 연관에 기초한 디지털 경제가 움직이려면 새로운 자금이 필요하다. 이를 위해서는 과거 3차 산업혁명 시대의 인프라 구축 과정에서 생략된 미세한 보상체계가 따라 주어야 한다. 무엇보다도 초연결 환경에서 복잡다단한 거래가 활성화된다면 국가별로 관리하는 법정화폐 시스템으로는 불편함과 답답함을 피하기 어렵다. 레거시 체제의 돈의 흐름은 허용되는 신뢰 기반에서만 가능하지만, 새로운 가치창출은 보다 다변화된 포용적 신뢰 기반 위에서 이루어지게 된다. 따라서 새로운 화폐가 필요하며 이것에 기반을 두고 펼쳐지는 금융의 새로운 지평이 바로 분권화 금융의 핵심이자 미래 화폐 출현 배경이다.

더욱이 기존 레거시 체제의 보상체계는 경직적 시장구조에서 발달했기 때문에 미래의 IoT 환경에서는 부적절하다. 사용자와 개발자의 참여로 결정되는 개발 초기 단계의 시초 가격산정과 보상체계의 발달은 일정한 검증 절차를 거쳐 모든 생산 요소가 다양한 역할을 수행하는 다면적 시장의 분권화 생태계 발전에 매우 중요하다. 당연히 미시적 거래 인센티브와 가치보관을 위한 새로운 화폐수요가 발달하며, 비트코인을 포함한 새로운 암호화폐는 그 해답으로 볼 수 있다. 그러나 새로운 화폐는 기존의 사회적 합의에 기초한 제약을 넘는 익명성과 독립성이 유지되므로, 기존 영역에서 문제시되었던 불법자금 세탁이나, 자기 신원확인에 관해 일정 수준의 믿음을 어떤 방식으로라도 보장해야 한다.

국가의 틀을 인정하는 한 이러한 분야에 대한 신뢰 구축이 병행되지 않으면 새로운 화폐는 영역 확대가 어렵다. 따라서 새로운 인센티브 보상체계와 이를 구현하기 위한 화폐는 새롭게 전개되는 신규 시장흐름에 밀착한 민간주체가 주도해서 개발하고 활용해야 한다. 공공부문은 민간의 활동을 공정경쟁 환경에서 구현할 수 있도록 보다 업그레이드된 역할을 해야 한다. 디지털 혁명의 성공을 위한 사회 구성원 간의

〈탈중앙화 금융(Defi)의 특징〉

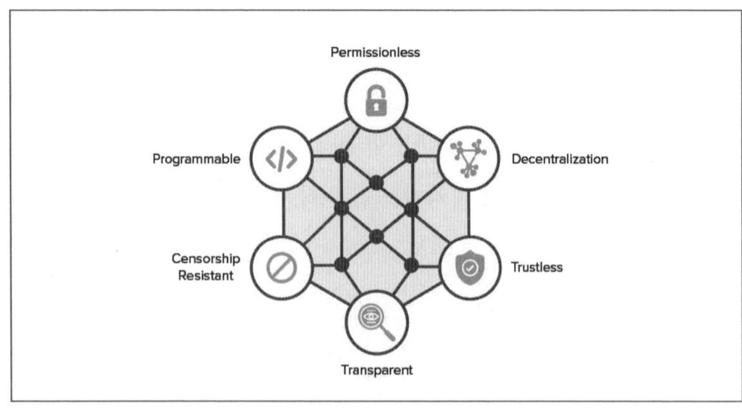

출처: Chirag Bhardwaj(2020), "A Beginner's Guide to What is Decentralized Finance"

합의도출은 매우 지난하고 어려운 과정이지만 생략할 수 없는 전제조건이다. 이질적 요소에 대한 공감대 형성 과정이 바로 확장된 경제 토대를 구축하는 과정이기 때문이다.

미래 세상을 구축하는 데 결정적으로 중요한 분권화 금융은, 특정 소수가 법적 규제의 틀 안에서 경제활동을 영위하는 데 필요한 자금공급과 융통을 만들어 내던 지금까지의 배경과는 사뭇 다르다. 기존의 특정 주체나 수단이 아닌, 대중의 참여와 대중이 받아들일 수 있는 자체 신뢰 기반에 기초하기 때문이다. 차후에 서비스 자체의 적법성에 관한 판단을 보류한다면 금융 서비스의 본질부터 전달 과정과 주체에 관한 모든 것이 달라지게 된다. 과거 중앙집중식 법적 기반 중심의 신뢰 토대와는 달리 모든 변화는 네트워크와 암호화 기술, 그리고 대중 참여형 인증 방식으로 만들어지고 있다. 경로 의존적 사고의 틀에서 벗어난 제안에 대해 다각도의 냉철한 검증 과정이 필요하다. 이와 같이 분권화 금융은 다각도로 연결된 세상과 환경에 적합한 금융 서비스이기 때문에 지금까지 경험하지 못한 새로움을 장착하면서 패러다임 변화를 수용할 수 있는 우리 모두의 변화된 자세와 맞물려 발전하게 된다.

따라서 분권화 금융은 수평적 디지털 네트워크를 배경으로 진전된 분권화라는 금융의 새로운 지평이다. 중앙의 감독기구를 포함한 국가나 공공기관의 직접적 통제방식에서 벗어나, 별도의 도움 없이 대중이 참여하는 완전히 새로운 세상을 만들어 갈 수 있다. 물론 금융안정이나 소비자 보호와 같은 대원칙이 준수된다는 것을 전제로 혁신을 도모해야 한다. 실제로 이미 모든 경제활동의 근간인 전통적인 정부 관리하의 법정화폐 영역도 이제 민간에서도 참여하는 시장으로 개방·확장되고 있다.

올해 들어 전통적인 규제산업인 금융 분야에서도 본격적인 변화가 감지되고 있다. 페이스북의 리브라(Libra)에서부터 중앙은행의 디지털 화폐(CBDC)에 이르기까지 변화의 폭과 깊이가 전례 없을 정도이다. 고유의 권한을 포기하고 더 넓은 영역에서의 역할 모색에 나서는 기존 신뢰 주체의 태도 변화는 세심하게 살펴볼 필요가 있다. 이와 같이 분권화 금융은, 크게는 탈중앙화 노력이 구체화되는 데 필요한 대중의 참여를 허용하고, 기존의 잣대로 검증되지 않은 프로젝트에도 자금이 연결되도록 도와주며, 기상천외한 가치창출의 가능성을 열어주는 매우 중요한 역할 수행의 주체이다. 이는 양극화가 극심해지고 있는 포스트 코로나 시대를 동반성장으로 이끌어갈 수 있는 중요한 분야이다.

분권화 금융과 미래의 화폐

중간 매개 역할을 분산 환경에서 대중의 참여를 통해 수행하기 위해서는 블록체인 기반의 스마트 계약과 분권화된 앱(Dapp, Decentralized App)으로 작동하는 분권화 금융이 필요하다. 분권화 금융은 중앙화된 금융의 한계를 극복하고 넓어진 시공간에서의 가치창출을 가능케 하는 현실적 기능을 수행한다. 따라서 분권화 금융은 미래 먹거리 발굴을 위해서도 중요하다. 실적이 있어야만 제대로 지원이 가능한 현 체제와는 달리 초연결 환경이 뿌리를 내리면서, 상자 밖 해법에 대한 기대만으로도 다양한 실험이 이루어질 수 있는 포용적 생태계는 미래 먹거리를 찾아내는 필수적 역할을 수행하고 있다. 따라서 미래를 위한 분권화 금융이 뿌리를 내리려면 다음의 기술적, 법적, 제도적 요소가 고르게 충족되어야 한다.

첫째, 미래 성장의 열쇠인 분권화 금융이 성공하려면 무엇보다도 변화를 받아들이는 시각이 중요하다. 기존의 선도 그룹이 새로운 것에 대해 보다 수용적으로 포용하는 자세가 필수적이다. 민간이 새로운 생태계 조성에 스스로 주도하며 적극적으로 나서야 한다. 분명한 사실은 변화무쌍한 거대시장의 흐름의 가치를 파악하고 시장호응을 얻는 일련의 작업은 이제 과거의 틀에 얽매이지 않는 새로운 주체가 주도해야 한다는 것이다. 다시 말해, 기존 체제의 가치창출 여력이 한계를 보이고 디지털 세상의 새로운 가치창출 여력이 상대적으로 커져가는 상황에서, 변화하는 현실에 대한 부정이나 보수적인 태도는 미래 먹거리를 준비하는 데 장애요인으로 작용할 수 있다.

미래의 변화와 이를 수용하기 위한 준비는 정부나 특정 주체의 몫만은 아니다. 우리 모두와 연관된 변화에 대한 방향은 모두가 관여하는 광범위한 공감대 위에서 구체화되어야 한다. 미지의 세계를 '같이' 파악하면서 우리 모두에게 우호적인 환경으로 만들어 가는 자세가 중요하다. 미래 변화에 대한 적응이 늦어지면 사회적 갈등이 증폭되며 새롭게 시도해 보려는 주체들은 불확실성에 둘러싸이게 된다. 이러한 상황이 장기화되면, 기존 자본 토대를 와해시키고 혁신을 불가능하게 하며 기득권들의 경쟁력마저 저해시키는 전반적 악순환이 일어난다. 따라서 혁신이 고부가가치로 이어지는 토양을 갖추는 것은, 기득권 여부에 관계 없이 중요하며, 필요한 변화를 만들어 내려는 시도 그 자체를 분권화 금융을 통해 지켜야 한다. 즉 새로움을 통해 가치창출의 가능성을 포착하고 이를 구체화할 수 있는 자금 흐름을 만들어 내려면 열린 자세만큼 책임 있는 시각도 견지되어야 한다.

위험도 파악이 불가능한 투자 초기이기 때문에 정부의 대대적인 지원이 당연시되고 있지만, 이보다는 다양하게 연결된 위험자본이 우선 동원되어야 한다. 최대한 시장을 기반으로 위험도 파악이 가능한 여건을 조성하면서 대마불사와 도덕적 해이가 발생할 수 있는 초기 투자환경을 개선해 나가야 한다. 특히 무형자본이나 그동안 간과되었던 신흥시장의 자산을 포함한 적극적 담보 활용은 탈중앙화 금융의 핵심이다. 세상을 바라보는 시각, 개인의 역할과 중요성, 프라이버시 문제, 공동체 의식을 구체화하는 공감대 형성 알고리즘이 발전하면서 우리 의도가 정확히 스마트 계약 형식으로 전달되어야 제대로 된 변화를 기대할 수 있다.

탈중앙화되고 분산된 환경에 적합한 정보 처리 방식은 대형화와 폐쇄적 보안장치보다는 분산 네트워크와 개방 환경에서의 상호 검증 방식이 유리한 환경이다. 최근 동경거래소 사태에서 경험했듯이 중앙화된 기구의 문제는 전체적 마비로 금방 이어질 수 있기 때문에 시스템 안정을 위해서라도 분산 환경은 수용되어야 한다. 금융 분야에서도 중앙은행 주도의 환경만으로는 금융안정을 지키기 어렵다. 중앙은행 간의 연결은 그림자 금융에 대한 관리, 그리고 다자간 연결 구도의 중요성은 분산 환경의 불가피성을 시사한다. 따라서 화폐도 국경을 넘어서 당연히 주인이 여럿이고 자율결정 부분이 상당한 분산환경을 수용할 수 있는 탈중앙화 디지털 화폐의 통용을 요구하게 된다.

둘째, 분권화 금융이 동시에 작동하려면 적절한 미래 화폐의 도입이 필수적이다. 또한 치밀한 인센티브 구조를 장착한 화폐 기반 새로운 금융의 역할이 작동할 수 있는 규제와 감독의 틀을 정비해야 한다. 우선 화폐의 본질은 가치의 저장과 교환을 가능케 하는 매개이다. 따라서 시파이(Cefi) 세상에서는 법정화폐가 필수적이었다면 디파이(Defi) 세상에서 암호화폐는 자연스러운 선택이다. 법으로 정한 신뢰 대신, 암호화 기술과 참여형 검증을 수용하는 블록체인 기반으로 화폐 기능의 상당 부분이 전달될 것이다.

분권화 금융을 자세히 살펴보면 새로운 세계에서 돈의 흐름을 만들어 내는 일련의 과정 중 분권화 기반의 가치를 파악하고 가치를 평가하기 위한 개발자와 사용자 중심의 평가가 일단 필요하다. 이를 기존 화폐단위에서 인정하는 가치로 평가하기는 힘들다. 비교나 교환 대상이 없는 경우가 대부분이기 때문이다. 따라서 관계자 간 거래에서 통용될 수 있는 공통분모가 필요하며 이를 일종의 토큰으로 표현이 가능하다. 버스 탈 때 이용했던 유틸리티 토큰부터 비교적 최근에 소개된 증권화된 토큰(STO)까지 다양한 토큰은 암호화폐의 또 다른 이름이다. 기존 법정화폐와 토큰의 엄격한 구분은 점차 약화될 것이다. 토큰을 발행하고 관리하는 주체는 더 이상 기존 법정 주체에 국한되지 않으며, 이러한 토큰 경제의 주체는 중앙은행이 아닌 일반 대중으로 간주할 수 있는 것이다.

그러나 토큰 경제가 제대로 구현되려면 아직 많은 준비가 필요하다. 기존에 법적으로 인정받는 일련의 인프라와 제도가 가상세계에서도 공히 적용될 수 있는 확장이 필요하기 때문이다. 이러한 확장은 수직적 체계와 수평적 체계의 충돌로 인해 조율과 합의 과정이 절대적으로 필요하다. 본질적으로 미래 화폐는 수직적 통제하의 레거시 체제의 법정화폐와 정면으로 대립되는 측면이 부각되지만, 사실은 환경변화에 적응해 가는 데 필요한 금융 서비스를 제공한다고 보는 것이 맞다.

미래 화폐도 소위 머니 플라워(Money Flower)의 모습과 같이 다양한 용도의 화폐가 출현하고 활용될 것이며 끊임없이 진화할 것이다. 시파이(Cefi)가 아닌 디파이(Defi)를 구동할 수 있는 바람직한 화폐의 특징은 상당한 정도로 특정 신뢰 주체를 개입시키지 않아도 된다는 것이다. 그러나 아무리 분권화를 지향하더라도 국가나 국가에 준하는 신뢰 주체의 역할은 더욱 중시될 수밖에 없다. 내생적으로 만들어지는 시장 실패 공간에 과거와는 다른 국가 주체의 역할이 부각된다. 특히 신뢰 기반을 위협하는 다양한 요소에 대해서는 자율규제와 모니터링이 필요하며 이를 위한 지배구조상의 보완도 불가피하다.

또한 디지털 시대의 다양한 신원과 신원 확인 방법(Digital Identity and Authentication)과 절차, 프라이버시와 보안(Privacy and Security)을 지켜내려는 정책 대응 방향에 관한 논의는 광범위한 참여를 기반으로 심도 깊은 논의가 이루어져야 한다. 탈중앙화 대상인 국가나 공공기구는 새로운 환경에서 다른 역할을 수행하기 위해 필수적인 존재로 남는 것이다. 이와 같이 미래를 구체적으로 준비해 나가는 과정에서 급작스런 차원의 증가는 기존 접근 방법을 일시에 무력화할 소지도 있다. 관리하기 어려운 혼란은 디지털 전환 속도를 조절하고 공감대를 형성하는 노력으로 극복해야 한다.

토큰의 활용 기반은 결국 신뢰 토대의 확장 여부에 달려 있다. 일부 토큰은 페이스북의 리브라와 같이 활용될 것이며 다른 일부는 CBDC와 같이 기존 국가적 거래에 활용될 것이다. 당분간 미래 화폐는 기존 화폐와 병행될 수밖에 없다. 대규모 국경 간 거래는 CBDC, 소매(Retail) 용도로 스테이블 코인(Global Stablecoin)이 부각될 전망이다. 법정화폐와 디지털 화폐에 관한 대립적 관점보다는 보완적 시각이 견지되는 것이 바람직하다. 그러나 상당한 기술적, 규제적 절충과정을 거쳐 구체화하는 과정은 매우 지난하고 어려운 작업이다.

수직적 세상과 분산 환경은 기본 철학과 배경이 다른 데다 이를 정당화하는 일련의 법체계와 규제의 틀 그리고 고객 보호라는 일련의 각론에서 구체적 구현 방식이 다르기 때문이다. 다만 새로운 사회적 가치 토대의 공감대(Social Fabric)를 직조한다는 차원에서 이러한 노력이 꼭 불가능한 것은 아니다. 서로 닮아가는 과정을 거쳐 새로운 발전을 위한 금융의 역할을 해 나가는 모습으로 전개될 것이기 때문이다. 법과 규제의 틀도 이러한 영역을 수용하기 위해 스마트 계약을 기존 법체계와의 관계 정립을 통해 합법화할 것이다.

기존의 건전성 규제 감독의 영역도 분권화 금융의 중요성을 점차 인식하면서 분산 구도하에서 자율적으로 시장 공백을 걸러내는 역할을 수행하게 된다. 기술적인 발전을 통해 소위 내재된 감독(Embedded Supervision)과 같은 감독상의 요구를 실시간으로 충족시키면서 분권화 금융은 차츰 뿌리를 내릴 것이다. 다양한 화폐의 최종 선택은 사용자의 판단에 따르게 되지만 당국은 생태계 교란 요인을 사전에 파악하고 민관이 함께 키워 나가는 공동체 기반의 유지에 역점을 둘 필요가 있다. 다만 가상과 현실이 얽힌 다층(Multiverse) 세상에서 과연 다양한 종류의 화폐가 어떻게 교환되고 활용되는가의 결정은 전적으로 활동 주체의 선택이자 결정이다.

분권화 금융이 보다 다양한 세상의 발전을 위해 필수적이라면, 기존의 금융과 어우러져 보다 바람직한 기능을 수행하는 중추적인 금융으로 진화해야 한다. 이는 우선적으로 디지털 전환의 주체로서 기득권과 신규 참여자들의 역할에 관한 합의점이 도출되어야 함을 뜻한다. 상당 기간 동안 중앙은행의 디지털 화폐와 민간주도의 스테이블 코인이 병행될 것으로 예상된다. 미래 화폐의 발행 주체와 운영 주체 관련 지배구조 문제라든지, 국경 간 거래와 관련된 국제적 공조와 같은 선행 노력이 어떠한 방향으로 전개될 것인가에 관한 이슈는 여전히 현재진행형이다.

셋째, 분권화 금융을 구현하려면 새롭고 광범위한 시장 인프라 구축과 법적, 규제적 준비가 필요하다. 전자지갑(Digital Wallet)과 탈중앙화 거래소(DEX)는 생태계 확장에 필수적인 요소들이다. 이는 가상세계에서의 가치가 현실세계에서 시장 교란의 요인으로 작용하는 것을 관리하려는 것이 목적이다. 따라서 국경 간 거래에서는 세관과 같은 기구의 역할을 배제하기 어렵다. 다만 법정화폐에 적용되는 규율을 암호화폐에 그대로 적용하는 것은 불가능하다. 그 반대의 경우에도 현실적으로 타당하지 않다. 각자의 생존에 부합하는 환경이 있기에 이들 간의 교환은 시장평가가 가능한 거래소를 통해 이루어지는 것이 바람직하다. 물론 규제에 있는 법정화폐 생태계가 규제 없는 암호화폐 생태계에 의해 보다 쉽게 좌우될 수 있기 때문에, 국가의 존재나 역할에 관한 사회적 공감대가 형성되어야 그 토대 위에서 양극단의 화폐가 공존할 수 있다.

블록체인에 대한 기대는 기존의 폐쇄적 영역인 금융시스템의 운영만으로는 문제를 해결할 수 없다는 한계적 경험에서 기인한다. 따라서 분권화 금융이 뿌리를 내리려면 관련 법체계에 대한 사회적 공감대 형성이 절대적으로 필요하다. 창조적 파괴의 틀이 아니라 기존 레거시 체제의 발전 차원에서 양쪽 세상의 연결고리가 만들어져야 한다. 당장은 협의체나 위원회, 시행령 등을 통해 임시방편 역할이 가능하지만, 장기적으로 봤을 때, 본질적 이해에 기초한 원칙과 원칙 기반의 자율 규제 방식으로 새로운 환경이 요구하는 규제 감독의 주문에 대응해야 한다. 주지하다시피 규제 감독으로 뒷받침되지 못하는 금융은 사회의 기축이 되기 어렵다.

엄밀히 말해 분권화 금융과 미래 화폐 이슈는 국경을 넘어선 사회 구성원이 각각 원하는 세상에 대한 합의를 어떻게 이루는지가 관건이다. 특히 민간주체가 발행하고 관리하는 토큰은 발행과 교환이 주로 전자지갑과 거래소 기반으로 이루어지게 된다. 이미 토큰 간의 거래는 거래소나 다양한 형태로 가능하지만, 이 영역의 가치규모는 아직 미미하다. 따라서 이를 키워가려면 기존 레거시 체제가 절대적으로 필요하다. 문제는 바로 이 초기 단계의 과정이 기존 기득권의 주도권 행사로 쉽지 않다는 데에 있다. 기존 영역에서 이미 틀이 잡힌 규제나 감독 체계의 역할인 금융안정이나 소비자 보호와 같은 명제에 대해 새로운 세상의 생태계가 보여줄 것은 약속 외에는 거의 없기 때문이다.

코딩이 아무리 완벽하더라도 연결되면서 가치의 확장성(Scalability)을 추구하는 과정이라든지 서로 이질적인 영역의 결합을 통해 새로운 서비스를 만들어 내는 과정의 상호운용성(Interoperability) 이슈는 여전히 어려운 과제이다. 특히 화폐 분야는 기존 패러다임에서도 가장 폐쇄적이고 보수적인 영역으로 남아 있었다. 한곳이 무너지면 전체가 영향을 받는 금융 네트워크의 보안성 문제가 더욱 심각하게 드러나고 있기 때문이다.

미래 준비의 필수적 요소: 분권화 금융과 디지털 화폐

결론적으로 국경을 넘어선 변화를 준비하는 과정에서 우리는 모두 개방된 자세로 협업에 적극적으로 나서야 한다. 그러나 현실의 안정을 지켜내는 레거시 체제를 일거에 거둬들여서도, 과도하게 의존해서도 안 된다. 미래 지향적으로 세상의 주인들이 가장 편리하고 안전한 금융 서비스를 향유할 수 있도록 유무형의 모든 요소를 미래 지향적으로 재연결하는 작업에 우리 모두의 참여가 필요하다. 분권화 금융과 새로운 화폐는 디지털 전환 과정을 통해 신뢰 토대의 다변화를 구축하는 데 필수적이다.

배경이 다르고 방식이 상이하지만 기존 화폐 체계의 토대 위에서 새로움을 지향하는 구도라면 당연히 기득권의 포용적 자세가 우선적으로 강조되어야 한다. 새롭게 확장된 큰 세상에 필요한 화폐의 모습을 갖추어가는 데 있어 기존의 틀과 보다 포용적 영역에서의 새로운 역할을 조화시켜나가야 한다. 다만 기존 체제에서 중시했던 정책적 명제가 다른 체제에서 소홀히 취급되어서는 안 된다. 금융의 형태가 무엇이든간에 소비자나 투자자 보호, 위험 감당 수준에 부합하는 책임소재 파악, 그리고 문제 발생 시의 책임 있는 소명 과정과 실현은 어긋남이 없어야 한다.

위해적인 요소가 스스로 관리되지 못하면 확장성은 기대하기 어렵다. 확장성이야말로 네트워크 기반의 플랫폼 경제가 가치창출에 기여할 수 있는 배경이다. 물론 넓어진 시공간에서 제공되는 다양한 금융 서비스를 기존 법체계에 수용하려면 상당한 정도의 근본적 변화가 요구된다. 스마트 계약과의 통합운영과 같이 기존 법과 규제의 틀이 변하지 않는다면 새로운 세상의 금융이나 새로운 화폐는 실패한 실험으로 전락하기 쉽다. 더 커져 버린 새로운 세상을 담아낼 수 있는 사회 구성원의 자세와 지혜가 모든 변화의 핵심이다.

결론적으로 분권화 금융과 화폐는 새로움을 수용하고 포용할 수 있는 잣대이자 기본적인 노력이다. 당연히 미래 세상을 키워가는 변화의 접점에서 분권화 금융과 이를 구동시키는 미래 화폐의 중추적 역할이 기대되므로, 새로운 형태의 법과 규제의 기반구축 작업이 글로벌 차원에서 진행되어야 한다. 물론 이러한 변화의 핵심은 세상의 주인으로서, 정부가 아닌 깨어 있는 민간주체들의 사고와 태도 변화이다.

DIGITAL POWER 2021

SW로 변화되는 의료와 헬스케어의 미래

김휘영 연세대학교 교수

의료문제에 소프트웨어가 필요할까?

건강문제는 우리 삶에 가장 큰 영향을 미치는 요소 중 하나이다. 이를 해결하기 위해 의료와 헬스케어 분야에서는 전통적으로 수술 로봇과 방사선 치료기기 등 하드웨어 혹은 항암제를 비롯한 다양한 약제를 중심으로 한 솔루션에 투자해 왔다. 언뜻 생각해 봐도, 일반적인 환자의 진단과 치료에 소프트웨어가 활용될 여지는 크지 않다. 당장 감기에 걸려 병원에 가도 의사가 처방전을 입력하는 정도에나 소프트웨어가 활용되지, 그 어느 단계에도 소프트웨어가 적극적으로 개입하지는 않는다.

필자도 학부에서 전산학을 전공한 후, 전산학적 지식을 실용적인 학문을 연구하는 데 활용하고 싶다는 생각에 여러 분야를 고민하다가 병원 문을 두드렸다. 그때만 해도 소프트웨어가 병원에서 어떤 역할을 할까? 전산학도로서 기여할 수 있는 것이 있을까? 하는 의문이 있었다. 당시 필자가 연구한 분야는 암을 치료하기 위한 방사선 치료(Radiation Therapy)였다. 암 조직에는 최대한의 방사선을 조사하고, 그 외의 정상 조직을 보호하기 위한 치료계획을 세우려면 소프트웨어를 활용한 방사선량 계산이 필수였다. 필자가 학위를 시작한 2010년경, 당시 기술로도 환자 1명의 치료계획을 세우는 데에 1~2시간이 걸렸다.

이 복잡한 계산을 불과 십수 년 전까지 물리학자가 손으로 일일이 계산했다는 사실은 매우 놀라웠었다.[60] 물론 현재는 기술이 발달해 방사선 치료 분야에서도 치료계획 자동화와 치료의 반응 예측 등을 목표로 한 인공지능 기술이 화두가 되고 있는 수준이다. 전문의가 환자의 컴퓨터 단층촬영(CT, Computed Tomography) 영상에 암 조직과 정상 장기의 위치를 손으로 일일이 그리던 작업을 인공지능이 대체해 빠르고 정확하게 수행하고 있다. 가까운 미래에는 암 환자 각 개인에게 맞는 최적의 치료 방법과 처방까지도 인공지능이 자동으로 계획해 줄 것이다. 불과 수년 안에 벌어진 이러한 변화를 필자는 병원에서 절실히 체감하고 있다.

Frost&Sullivan의 자료에 따르면, 이미 2018년 기준 전 세계의 의료 인공지능 솔루션 시장은 17억 달러를 넘어 2022년까지 연평균 70% 가까이 고성장을 이룰 것으로 전망한 바 있다.[61] 특정 질병에 대한 생체 표지자(Biomarker)를 검출하는 진단 기술로는 최첨단이라고 하는 체외 진단을 하든, 유전체 검사를 하든 어떠한 경우에도 이를 분석하기 위한 소프트웨어 기술이 뒷받침되지 않으면 그 효용이 없다. 특히 2016년 딥러닝(Deep Learning)을 대표로 하는 인공지능 기술의 성능이 비약적으로 향상되면서 의료와 헬스케어 분야에서 인공지능에 기반한 소프트웨어 연구개발이 매우 활발히 이뤄지고 있다. 당장 환자의 목숨을 좌지우지할 수 있고, 책임문제가 크기에 신기술 도입에 보수적인 의료계에서도 인공지능 기술만큼은 그 가능성을 높게 보고, 적극적인 활용을 위한 움직임을 보이고 있다.

의사의 진단을 보조하는 인공지능 소프트웨어

의학의 발전으로 환자의 특정 질병 진단도 더욱 세분화되고 정교화되었다. 이는 단순히 환자의 증상만으로 특정 질병의 가능성을 파악하는 것이 아니라, 유전체 정보 등 다양한 정보를 활용할 수 있게 되었기 때문이다. 아래 그림은 의학적 결정을 위해 의사들이 고려해야 할 데이터의 개수가 증가하고 있음을 보여주는 그래프이다.[62] 이러한 데이터

<의학적 결정을 위한 데이터의 증가>

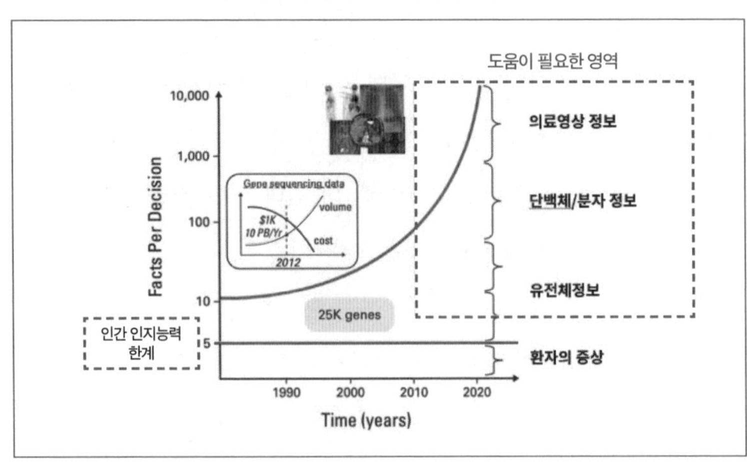

출처: Abernethy, Amy P., et al(2010), "Rapid-learning system for cancer care", Journal of Clinical Oncology 28-27, p.4268

들이 빠르게 증가해, CT 등에서도 제공 받을 수 있는 정보까지 포함하면 수천 개의 정보가 한 명의 환자 진단을 위해 쏟아져 나온다. 아무리 똑똑한 의사라 할지라도 이 수많은 정보들을 머리로 계산해 정확한 진단을 내릴 수 있을까? 소프트웨어에 기반한 보조 수단의 도움 없이는 어려울 것이며, 그 중심에 인공지능 기술이 있다.

이미 제한적인 조건에서의 의료 데이터를 인공지능 기반으로 분석해 진단을 보조하는 기술은 상당한 수준에 올라와 있다. 예를 들어 휴대폰 카메라로도 찍어볼 수 있는 피부 병변 사진을 분석해 악성 흑색종(Melanoma)과 양성 병변을 구별하고,[63] 망막의 사진을 찍어 치명적인 안과 질환 중 하나인 당뇨성 망막병증(Diabetic Retinopathy)을 진단할 수 있다.[64] 또한 CT나 자기공명영상(MRI, Magnetic Resonance Imaging)으로부터 특정 암의 발병 여부와 병기까지 파악해낼 수 있다. 심지어 X선(X-ray) 영상을 보고 무릎 관절염의 발병 여부 진단을 넘어 그 심각도를 파악해 의료진이 수술 시행 여부를 판단하는 데 도움을 주기도 한다.[65]

생활 속으로 들어오는 인공지능 의료기기 소프트웨어

인공지능 소프트웨어는 환자가 처방받은 약물을 복용하고, 식단을 수정하고, 신체 활동을 개선하도록 지원함으로써 심혈관 질환, 당뇨병 및 우울증과 같은 만성 질환자의 관리 측면에서 환자와 가족을 돕는 데 곧 중요한 역할을 할 것으로 기대된다. 음성인식 혹은 채팅을 통해 사용자가 가상의 의료진 간 대화에 참여할 수 있도록 해주는 애플의 시리(Siri), 아마존의 알렉사(Alexa) 등 대화 에이전트는, 만성질환 관리가 인공지능 소프트웨어 솔루션으로 어떻게 구현될 수 있는지에 대한 하나의 방향을 제시한다. 높은 성능의 자연어 처리(NLP, Natural Language Processing)를 기본으로 하여 자연스러운 상호 소통이 가능하도록 하며, 실제 의료진의 영상 또는 캐릭터와 같은 영상을 함께 제공해, 환자와의 풍부한 상호작용을 통해 사용성을 높이도록 기획되고 있다. 이러한 대화형 소프트웨어는, 꾸준한 관리가 필요한 환자 측면에서 의료 접근성 해결을 위해 필요하다는 의견도 있지만, 소프트웨어의 판단이 틀렸을 경우 발생할 책임 소재 문제나 꾸준한 활용을 유도하는 활용 지속성 및 순응도(Compliance) 문제 등 부정적인 평가도 존재한다.[66]

또한 인공지능 소프트웨어는 가속도계, 자이로스코프, 혈압 센서, 카메라 등의 스마트폰에서 획득 가능한 센서 데이터를 사용자의 건강 모니터링 및 위험 예측에 사용할 수 있다. 이러한 센서 데이터로 전문적인 지식 없이는 본인의 건강 상태를 추정하기 어렵다. 따라서 인공지능 알고리즘을 사용해 센서 데이터 입력에서 평상시의 정상적인 패턴을 인식한 후, 개인의 행동 및 건강 상태에 대한 지표로 활용함으로써, 사용자는 자신의 건강 상태를 정량적으로 이해하고 관리할 수 있게 될 것이다. 이러한 관리는 수면시간을 포함해 24시간, 365일 지속적으로 이루어지며 이렇게 축적된 데이터는 예컨대 누적된 피로감이 확인된 사용자에 대해서는 장시간의 휴식을 권한다든지 하는, 사용자의 컨디션에 맞춘 적절한 건강관리 방향을 설정하는 데 활용될 수 있을 것이다.

진단과 예방을 넘어 치료로 영역을 넓히는 인공지능 소프트웨어

개인맞춤의료(Personalized Medicine) 혹은 정밀의료(Precision Medicine) 시대의 인공지능 소프트웨어는 환자 개인에 맞춘 질병의 조기 진단 및 위험도 예측을 위한 영역에서 활약할 수 있을 것으로 예상된다.[67] 지금까지의 의료는 많은 환자군을 대상으로 장기간 관찰 및 수집된 통계에 의해 표준적이고 획일화된 진단 및 치료방침을 정하는 방식으로 발전해 왔다. 즉 통계적으로 확률이 가장 높은 진단 및 치료방침을 제시하는 것이다. 이를 표준치료(Standard of Care)라 한다. 하지만 이런 방식으로는 예를 들어, 암이 재발한 환자에 대해 면역 항암치료 반응을 단일 생체표지자로는 충분히 예측할 수 없는 경우, 값비싼 치료를 받고도 그 치료가 실패할 가능성에 충분히 대비하지 못할 수도 있다. 따라서 개인화된 예측과 선별검사 등을 위해, 유방암 선별검사를 위한 X선 유방촬영술 영상에서의 결절이 양성인지 악성인지 예측하고, 이를 넘어서 유방암과 관련한 HER2와 같은 특정 유전체 변이를 예측함으로써 의료진이 차별화된 감별진단을 할 수 있도록 인공지능 소프트웨어를 활용할 수 있다.[68] 이어서 환자의 암 조직 특성 및 진행 상태에 따라 최적화된 방사선 치료 및 수술 계획을 지원할 수 있을 것이다.

이와 같이 인공지능 소프트웨어는 의료진을 지원해 개별 환자에 대한 위험도를 줄이고 치료 확률을 높일 수 있다.[69] 임러(Imler) 등의 연구에서는 의료진이 특정 환자의 대장암 검사를 할 때 내시경 검사의 간격을 최적화하기 위해 임상 결정 지원을 제공하도록 기존의 병리 보고서에서 용종에 대한 설명을 식별하고 정리하는 데 인공지능 기반의 자연어 처리 기법을 활용했다.[70] 또한 다른 환자들의 후향적 데이터를 사용해 유사한 사례를 도출하는 인공지능 소프트웨어 지원으로 개별 환자에 대해 다양한 치료 조합에 대한 치료 반응을 예측하는 연구도 있다.[71] 이러한 유형의 인공지능 소프트웨어는 환자의 치료방침을 즉시 선택하는 데에도 도움이 되며, 이를 통해 축적된 지식은 향후 진료 지침에 대한 새로운 의학적 지식을 제공할 수도 있다.

의료가 환자의 건강을 좋게 하는 데에 궁극적인 목적이 있다면, 단순히 진단을 잘하는 인공지능을 넘어, 환자의 치료에 도움이 되는 것이 필요하다고 할 수 있다. 이미 유명 의학저널의 한 에디터는 "인공지능이 특정 의료영상 판독을 잘한다는 것은 이제 누구나 아는 사실이므로 우리 저널에 그런 내용의 논문을 더 이상 게재하지 않겠다"라고 말한 바 있다.[72] 이 발언이 시사하는 바는, 결국 우리가 인공지능 소프트웨어의 가치를 높게 사기 위해서는 실제로 인공지능이 의학에 기여하는 임팩트를 증명해야 한다는 것이다.

팬데믹 상황에 효율적인 의료자원 활용을 위한 인공지능 소프트웨어

앞서 언급한 대로, 인공지능 소프트웨어는 제한적인 상황에서 기계적인 패턴을 파악하는 데 그치지 않고, 실제 의학적 가치가 있음을 증명할 필요가 있다. 예를 들어 드 파우(De Fauw) 등은 앞서 언급한 인공지능 모델 기반의 안과 질환 진단[73]에서 한 걸음 더 나아간 연구를 진행했다. 그들이 인공지능 소프트웨어로서 의학적 가치를 증명한 것은 다음과 같다. 보통의 경우, 환자들은 증상이 있다고 해서 대학병원과 같은 3차 병원에서 바로 진료받지 못한다. 반드시 동네 1차 병원에서 우선 진료를 받아야 하는데, 이때 환자 증상의 심각성을 의료진이 미처 발견하지 못한다면 적절한 시기에 치료받을 가능성을 잃게 된다. 반대로 1차 병원에서 심각하지 않은 증상의 환자들을 무작정 상급병원으로 전원(Transfer)하면, 환자 수용에 제한적인 상급병원에 몰려드는 환자들로, 정작 중증 환자들이 적절한 치료를 받을 수 없게 된다.

드 파우 등은 인공지능 기반의 안과 질환 진단 모델로서 1차 병원에서의 오진 가능성을 줄일 수 있어 효율적인 의료자원 분배가 가능함을 증명했다. 또한 부수적으로 본 인공지능 소프트웨어는 안과 질환 진단에 필요한 검사 수를 줄임으로써 비용효과성(Cost-Effectiveness)도 확보할 수 있음을 증명했다.[74] 아래 그림은 이 결과를 그래프로 보여준 것이다.

〈의료 인공지능의 임상적 유효성 증명〉

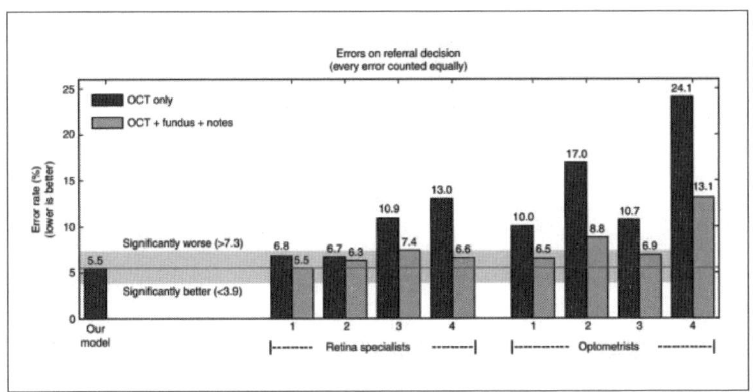

안과질환 진단 인공지능 소프트웨어로서 적은 수의 검사로도(검은색 막대) 안과 전문의 수준의 진단이 가능해 중증 환자 진단 오류를 최소화해 의료자원의 효율적 활용에 기여할 수 있음을 보임

출처: De Fauw, Jeffrey, et al(2018), "Clinically applicable deep learning for diagnosis and referral in retinal disease", Nature medicine 24-9, p.1342

특히 최근 팬데믹 상황에서 의료자원의 비효율적인 배분이 때때로 큰 사회적 문제가 될 수 있다는 인식이 널리 퍼졌다. 감염병의 발생 감지 및 능동적 감시(Surveillance)뿐만 아니라 질병의 확산을 예측하는 등 팬데믹 상황에 활용 가능한 인공지능 소프트웨어의 범위는 상당하다.[75] 아래 그림은 자가격리자에 대한 능동적 감시를 인공지능 기반 음성인식 콜센터 소프트웨어로 자동화한, 네이버 케어콜 상담 서비스의 개념도이다. 뿐만 아니라 신종 감염병 발생 시, 치료제가 확보 가능한 기존 감염병과의 감별 진단 및 중증 환자 예후예측을 통해 격리 및 치료자원 활용의 효율화를 도모할 수 있다. 또한 지금도 많은 연구자들이 코로나19 치료제 개발을 위한 타깃 분자구조 분석을 위해 인공지능 소프트웨어를 적극 활용하고 있다.[76]

<감염병 자가격리자 능동 감시를 위한 네이버 케어콜 서비스 개념도>

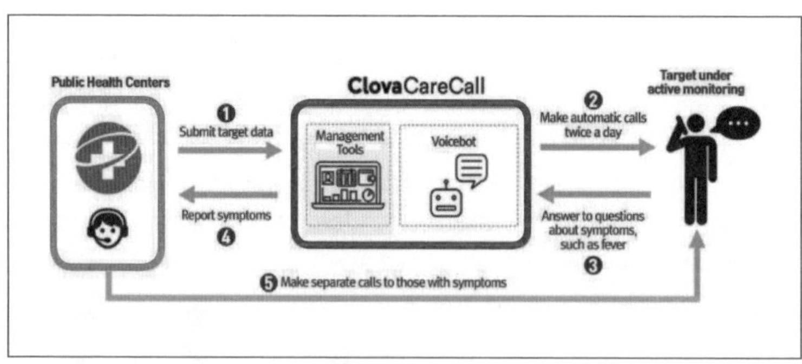

출처: 전종홍 외(2020), "감염병 재난에 대응하기 위한 의료 인공지능의 기술 표준 동향" ETRI Insight Report

인공지능이 의사를 대체한다고?

특히 의료영상에서 판독을 목적으로 하는 인공지능 기술은 일찍이 그 활용 가능성을 높게 예상하고 있었으며, 인공지능계의 석학인 힌튼(Jefferey Hinton) 교수는 영상의학과 의사들이 곧 인공지능에 의해 대체될 것이며, "영상의학 전공의들은 당장 수련을 중단해야 한다"고 발언해 논란이 되기도 했다. 지금까지 보여준 많은 예시들과 같이 전문의 수준의 훌륭한 인공지능 소프트웨어 솔루션들이 많은데, 이 소프트웨어가 의사들을 대체하지 못할 이유가 무엇이냐고 반문할 수 있다. 이런 질문을 받을 때 필자가 꼭 보여주는 예시가 있다. 아래 그림은 비둘기에게 유방 병변의 병리 영상을 보여주고 악성 종양인지 양성 종양인지를 맞추도록 하는 연구를 보여준다.[77]

〈병리 슬라이드 영상을 보고 유방암을 진단하는 비둘기〉

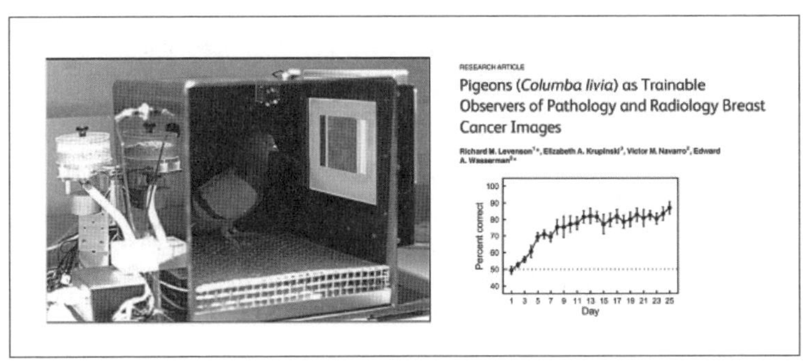

출처: Levenson, Richard M., et al(2015), "Pigeons (Columba livia) as trainable observers of pathology and radiology breast cancer images", PLoS One 10-11, e0141357

비둘기 앞에 병리 영상을 보여주는 스크린은 터치스크린으로, 비둘기가 부리로 파란색 박스를 찍으면 양성 종양, 노란색 박스를 찍으면 악성 종양으로 판단한 것으로 보고, 정답이면 모이를 피드백(Feedback)으로 주어 학습효과를 유도했다. 한 달 가까이 학습시킨 결과, 놀랍게도 비둘기는 90%에 가까운 정확도로 병리 영상을 판독해 냈다. 병리 영상 판독은 병리과 전문의의 고유 영역으로 매우 전문성을 요하는 의학적 행위이다. 그러나 "비둘기가 병리과 전문의 수준으로 의료영상 판독을 잘하는데 그러면 비둘기가 의사를 대체할 수 있을까?"라는 질문에 그렇다고 답한 사람을 필자는 지금껏 단 한 번도 본 적 없다. 비둘기가 의사를 대체할 수 있을지 고민해 보면, 설명 가능성이나 책임 소재 문제 외에도, 다양하고 통합적인 문제 해결이 가능한지와 같은 숱한 문제점들이 떠오를 것이다. 이러한 비둘기가 의사를 대체하지 못하는 이유는 인공지능에도 그대로 적용될 것이다.

질문과 인식을 바꿔야 한다. "뛰어난 인공지능이 의사를 대체할 수 있는가?"가 아닌, "뛰어난 인공지능으로 의학을 더욱 발전시킬 수 있을까?"로 말이다. 이러한 질문에 제대로 답할 수 있는 연구자와 기업들이, 인공지능 소프트웨어로 의료와 헬스케어의 미래를 바꿀 것이다.

DIGITAL
POWER
2021

성큼 다가온 미래의 미디어

송민정 한세대학교 교수

미디어 산업의 미래, OTT 미디어

코로나19가 미디어 시장에 미치는 영향을 볼 때, 가장 두드러진 점은 이미 빠르게 성장 중인 인터넷 동영상 서비스 시장의 성장을 더욱 가속화하고 있다는 것이다. 그동안 OTT 미디어에서 이용된 클립형이나 1인 크리에이터 콘텐츠 수요보다 잘 만들어진 30분 이상 TV 드라마나 예능, 영화 콘텐츠 수요가 오히려 빠르게 증가하고 있다. 국내에서는 유튜브와 넷플릭스의 총 사용 시간이 꾸준히 증가하는데, 코로나19가 그 흐름을 더욱 가속화시키고 있다. 코로나19로 인한 사회적 거리두기에 따라 오프라인 공연이 어려워지면서 언택트 콘서트 같은 새로운 트렌드가 생겨나고 있고, 극장이나 오페라 공연이 OTT를 통해 상영되거나 생중계되고 있다. 본 장은 디지털 전환(Digital Transformation) 관점에서 미래 미디어 산업을 OTT 미디어로 보고, 디지털 전환 실행 영역인 비즈니스(Business), 생태계(Ecosystem), 그리고 거버넌스

(Governance) 영역의 디지털 전환을 정의하며, OTT 미디어에 접목시킨다.

OTT 비즈니스 영역의 디지털 전환

비즈니스 활동의 디지털 전환은 마케팅, 운영, 인력, 관리, 고객 서비스 등을 재디자인해 고객 중심으로 전환하는 것이다. 광고시장이 인터넷으로 이동 중이며, TV 고객보다 인터넷 고객이 더욱 중요하다. 국내 2019년 방송광고는 전년 대비 7.2% 감소했고, 지상파방송은 15%, 케이블방송은 3% 이상 하락했다. 그동안 방송광고시장을 보면 광고 수혜 대상만 지상파에서 CJ EnM과 JTBC 등 케이블 및 종합편성 채널로 이동했는데, 2019년에는 방송광고 총액 자체가 무너졌다.

하지만 사람들이 선호하는 핵심 콘텐츠 시청률과 광고 수익 간 관계엔 변함이 없다. 사람들은 여전히 핵심 TV 콘텐츠를 1인 크리에이터 콘텐츠보다 더 좋아하며 주로 스마트폰 등에서 이용한다. '디커플링 효과(Decoupling Effect)'이다. 탈레스 S. 테이셰이라(Thales S. Teixiera)의 논문 「디지털 파괴자의 디커플링 효과」(2016.8.)에서 제기된 이론에 따르면, 고객의 소비 활동 과정에 존재하는 제품 탐색이나 평가, 구매, 사용 인터페이스 등 연결고리 중 가장 약한 고리를 떼어내어 디커플링해 비즈니스 파괴가 가능하다. 이에 연계해 보면, TV 시청률이 증가해도 TV 방송광고 수익은 감소한다면, 이는 넷플릭스 같은 OTT 미디어가 시도한 TV 시청과 광고 시청의 디커플링 효과이다. 이 때문에 광고주도 디지털로 이동한다. 젊은 층 외에도 40~50대의 유튜브 및 OTT 미디어 이용이 늘면서 전 연령층을 아우르고 있어서 광고시장에도 자연히 영향을 미친다. 국내 유튜브의 단위당 광고 단가가 이를 보여준다. 클릭당 1원에 머물렀던 유튜브 광고 단가는 어느새 6~8원까지 상승했다. 2019년 국내 방송광고시장은 2.9조 원, 인터넷 광고 시장은 6.42조 원을 기록했고 OTT 광고시장이 이를 견인하게 되었다.

비즈니스 프로세스의 디지털 전환은 고객 니즈와 내부 사업 목표를 믹스해 프로세스를 혁신하는 것이다. 클레이튼 크리스텐슨(Clayton Christensen)의 '파괴적 혁신(Disruptive Innovation)' 이론은 전혀 새로운 프로세스를 통해 기존 기업 활동이나 프로세스를 혁신하는 것이다. 기존에는 최고 수익을 주는 고객만을 목표로 서비스하고 가장 매력적인 수익을 내는 곳에 투자를 집중하는 등의 일은, 좋은 기업이 해야 하는 것으로 이해하는 산업 리더들이 지속적 혁신을 했다. 그 이유는 비즈니스 자원 배분 및 운영 프로세스가 본질적으로 기존 고객이나 검증된 세분시장 고객만을 위해 더 나은 신제품을 디자인해 이윤을 극대화하도록 설계되었기 때문이다. 한편 하부(Low-End, 저가형)시장 또는 완전히 새로운 고객을 타깃으로 기존 제품을 더 저렴하고 단순하게 사용하도록 한 제품이나 서비스가 출현할 때, 기존 기업들은 마비되어 버린다. OTT 커머스의 경우 아마존, OTT 커뮤니케이션의 경우 왓츠앱이나 카카오톡, OTT 커뮤니티의 경우 페이스북이나 스냅챗, OTT 미디어의 경우 넷플릭스가 파괴적 혁신자로 떠오르고 있다.

넷플릭스가 처음 등장했을 때, 비디오 대여점 고객은 온라인으로 영화 DVD를 주문받고 우편으로 대여해 주는 서비스에 매력을 느끼지 못했다. 그렇기 때문에 미국 최대 비디오 대여점인 기존 기업, 블록버스터는 신생 기업인 넷플릭스를 무시했다. 그러나 넷플릭스가 스트리밍 서비스를 제공하면서 비디오 대여 시대가 끝났다. 넷플릭스가 처음부터 블록버스터의 핵심시장을 겨냥했다면 선도기업은 강력하게 대응했을 것이다. 하지만 넷플릭스는 저가형 파괴적 혁신인 우편 DVD 대여 서비스로 기존 가치사슬을 깨는 데서 시작했고, 이는 신시장 파괴적 혁신으로 발전했다. 넷플릭스의 신시장 파괴는 저가이면서 동시에 적당한 성능의 서비스 개발이다. 단순화, 맞춤화, 멀티스크린, 몰아보기(Binge Watching), 호텔, 기내 서비스 등이 넷플릭스의 신시장 파괴이다.

OTT 미디어의 파괴적 혁신을 대표하는 구독료 모델은 방송광고 시장 감소에 영향을 미쳤다. 2020년 4월 21일 발표한 넷플릭스의 1분기 글로벌 실적을 보면, 매출 57억 7천만 달러에 신규 유료 가입자 수만 1,577만 명을 기록했다. 같은 기간인 2020년 4월 28일, 앱 분석업체 와이즈앱/와이즈리테일은 국내 넷플릭스 결제금액 추정치를 발표했다. 3월 신용카드, 체크카드로 넷플릭스에 결제한 금액을 표본 조사한 결과, 한 달간 결제금액은 총 362억 원이었고, 유료 사용자는 272만 명으로 조사됐다. 이는 2018년 3월과 비교하면 10배에 달한다. 한편 국내 유료방송은 실시간 TV에 VOD를 더해 제공하는 존속적 혁신을 추진 중인데, 지상파방송 3사와 SK브로드밴드의 웨이브, CJ 계열사와 JTBC의 티빙 등 종속 OTT 미디어들은 넷플릭스가 개척한 시장을 따라가려 하고 있으며, 독립형의 국내 토종 OTT 미디어인 왓챠는 영화, 드라마에 별점을 매기고 데이터를 이용해 사용자가 좋아할 만한 콘텐츠를 추천해 주는 서비스로 시작, 데이터 기반 서비스 차별화로 파괴적 혁신 사례가 되었다.

비즈니스 모델의 디지털 전환은 기존의 시장 접근적 가치 제안에서 벗어나 보다 효과적으로 핵심사업을 변혁하고 다양한 비즈니스 모델을 지속해서 시험하는 등의 비즈니스 모델 혁신을 말한다. 비즈니스 모델 혁신은 완전히 새로운 것을 만들어 내기보다는 기존에 있었던 비즈니스 모델을 진화시키는 것이다. 체스브러는 저서인『개방형 비즈니스 모델(Open Business Model)』(2006)에서 비즈니스 모델 혁신 6단계를 다루었다. 4단계부터 개방형 비즈니스 모델 혁신이 시작되며, R&D 조직 혁신 활동, IP 관리, 비즈니스 모델 특징 간 연계 정도에 따라 비즈니스 모델의 혁신 단계가 구분되고, 뒤의 단계가 앞의 단계와 차별되는 점이 파악되어 비즈니스 모델 혁신 단계가 설명된다. OTT 미디어 사례로 넷플릭스에 대해 살펴보자.

먼저 1단계는 비차별화(Undifferentiated) 단계로 혁신이 일어나지 않으며, 다른 기업과 차별된 특성이나 전략이 없는 범용 비즈니스 모델이다. 넷플릭스의 DVD 우편 배달이 여기에 해당된다.

2단계는 차별화된(Differentiated) 단계로 IP, 특허 등 혁신을 통해 얻은 차별성을 토대로 일정 기간 높은 수익을 창출하나 혁신적 활동이 일시적이고 임기응변적일 수 있다. 한때 얻어진 차별적 지위를 유지할 만큼 혁신적 활동이 지속적이지 못하면 일회성으로 끝나기 쉽다. 넷플릭스 경우 스트리밍 서비스가 해당된다.

3단계는 세분화(Segmented) 단계로 시장을 분할해 여러 시장 영역에서 경쟁하며, 제품개발 프로젝트의 주기적 실행을 통해 지속적 성장이 어느 정도 가능하다. 하지만 여전히 혁신을 제품이나 기술 시각으로만 바라보고 혁신 활동을 비즈니스 모델과 연계하지 못한다는 한계를 가져 현 사업 영역과 시장 범위 내 기회를 잘 포착하나 그 경계를 벗어나는 영역에는 무관심하다. 그 결과로 새로운 비즈니스 모델이 필요한 신기술에 잘 대응하지 못하고, 비즈니스 모델 변화를 요청하는 기술 환경의 급격한 변화에도 잘 적응하지 못해 도태되는 경향이 있다. 넷플릭스의 경우 시장의 확대 시기가 여기에 해당된다.

4단계는 외부인식(Externally Aware) 단계로 개방형 비즈니스 모델 혁신이 시작된다. 조직화된 혁신 활동에 더해 외부 아이디어에 관심을 가진다. 외부기술을 도입해 비용을 절감하고 시장 진출 시간을 단축하며, 위험을 파트너와 공유한다. 기존 기술로 인접시장에 진출해 새로운 성장동력을 찾거나 자사의 기술을 타사에 제공해 신시장에 적용한다. 자사 로드맵을 공급자 고객 기업과 공유해 혁신 활동을 외부 파트너와 조율한다. IP가 주요 자산으로 인식되고, IP 관리가 재무/조직 목표를 지닌 별도 사업 기능으로 발전한다. 한계는 혁신이 제품/공정/기술에서 비즈니스로 이동되지만, 아직 현 사업 영역에만 관심이 고착된다는 점이다. 넷플릭스가 다양한 디바이스 및 콘텐츠 기업과 협력하는 것이 이에 해당된다.

5단계는 통합(Integrated) 단계로 혁신 활동을 통해 내부 R&D와 외부 R&D를 통합해 새로운 아키텍처를 창출한다. IP는 재무적 자산이 되고 IP 관리 부서는 수익 부서가 된다. 4단계의 기업 제품 로드맵을 협력 업체와 공유하는 정도에만 머물지 않고 고객 기업과의 혁신 과정 교류를 시스템화한다. 넷플릭스가 자사 알고리즘을 공개하고 공모를 통해 최적 알고리즘을 개선한 경우이다.

마지막인 6단계는 적응(Adaptive) 단계로 IP가 전략적 자산으로 활용되며, 협력 업체들과의 비즈니스 모델 결합을 통해 긴밀한 관계가 구축된다. 협력 방식은 기업 벤처 캐피탈(Corporate Venture

Capital), 스핀오프(Spin-Off), 합작(Joint Venture), 사내기업(Internal Incubator) 등이 있다. 넷플릭스의 경우 재무적 자산인 IP가 전략적 자산이 되고 있다. 디즈니, NBC 콘텐츠 수급이 전면 끊어지면서 잠재적 경쟁자인 콘텐츠 보유 미디어 기업에 대응하는 전략적 IP 확보에 나선 것이다. 오리지널 제작물은 전통 TV 방송 채널을 거치지 않고 곧바로 넷플릭스에 방영되는데, 2011년 6개(전체의 2.3%)에 불과하던 자체 제작물은 2018년 160개(32.3%)로 증가했다. 라이선스 가격은 더 상승하며 이를 공급하지 못하는 상황도 전개되면서, 넷플릭스는 오리지널 제작 투자를 하되 라이브러리 수보다 품질화에 더 집중한다. 2020년 전체 라이브러리 수는 5,838개로 2010년(7,285개) 대비 감소했지만 자체 제작 투자는 크게 늘고 있다. TV 방송과 동시 방영 시 약 45~60% 제작비 리쿱(Recoup)이 전략적 IP 확보 필요성 증대로 55~70% 수준까지 확대된다.

OTT 생태계 영역의 디지털 전환

산업 생태계가 진화하고 있다. 구심점이 되는 핵심기업 주도 커뮤니티가 강한 비즈니스 생태계와 비교되는 플랫폼 생태계는, 새로운 역량과 기술, 제품, 서비스를 제공하는 조직이 모여 보다 거대한 집단을 형성한다. 특히 인터넷 산업 생태계 플랫폼은 공장도, 설비도, 원료도 필요없다. 월마트와 비교되는 아마존이 그 예이다. 그런데 아마존만이 가진 자산이 있다. 수백만에 달하는 외부공급자 집단이다. 이처럼 생태계 플랫폼의 핵심 자산은 기업 외부에 있다. 플랫폼 규모도 외부공급자 및 소비자 규모에 따라 결정된다.

생태계 플랫폼의 디지털 전환은 이처럼 양면시장 기반 매트릭스식 구조를 가진다. 플랫폼의 과제는 공급자 집단과 소비자 집단을 형성해 네트워크 효과를 창출하는 것이고, 가치창출 활동은 파이프라인을 따라 흘러갈 수 없으며, 매트릭스를 형성하고 있는 복잡한 선을 따라 진행된다. 플랫폼의 자산은 외부의 이용자들이 보유하고, 가치는 이용자들이 자발적으로 생산한다. 따라서 플랫폼은 자산을 운용하고 가치를 생산하기 위한 중앙집중식 통제 시스템 없이 이용자 집단과 함께 생태계를 구축하기에 적합한 수평적 조정 시스템만을 갖춘다.

생태계 플랫폼의 양면시장 기반을 설명하는 아이젠만, 파커, 반 앨스타인(Eisenmann, Parker, and Van Alstyne)의 논문인 「양면시장 전략(Strategies for Two Sided Markets)」(2006)은 플랫폼 전략을 제시한다. 성장 1단계에 양면 이용자 그룹인 보조 받는 집단(Subsidy Side)과 보조하는 집단(Money Side)이 존재하며, 이들 간 상호작용을 촉진시키는 매개자가 플랫폼이다. 양면의 필요를 충족시키기 위한 구성 요소로는 하드웨어, 소프트웨어, 서비스, 아키텍처 등이 있고, 규칙으로 표준, 프로토콜(Protocol), 정책, 계약 등이 있다. 2단계에서 네트워크 효과가 발생해 플랫폼은 고객에게 이익을 제공하는 유일한 통로는 아니나 네트워크 효과를 증가시켜 자사는 물론, 양면 집단 모두에게 효용을 제공한다. 3단계에서는 가격정책이 중요하다. 보조 받는 측 때문에 플랫폼이 갖게 될 손실을 네트워크 효과로 해결한다. 즉 한 그룹을 끌어들이기 때문에 발생하는 이윤 증가가 다른 한 그룹에게 보조금을 지급하기 때문에 발생하는 손해보다 크다면 플랫폼 기업은 음(-)의 가격을 책정하게 된다.

아마존은 OTT 커머스로 시작해 판매자, 구매자, 개발자 간 3면시장(3-Sided Network)을 조성해, 판매자-구매자-구매자-판매자로 이어지는 선순환이 발생한다. 아마존의 가격정책을 보면, 상품당 상세 페이지로 다양한 정보를 얻기 쉽게 하고 판매자를 선택하기 쉽게 만들며, 판매자가 경쟁에 이기기 위해 저렴한 가격과 상품 페이지 차별화, 빠른 배송 등을 필요하게 만든다. 아마존은 스스로 아마존 배송 서비스(Fulfilment By Amazon)를 개발해 판매자가 이를 이용하면 판매할 상품을 수급하고 상품 가격만 정하면 되게끔 지원한다. 매우 객관적이고 공정한 방식으로 판매자를 평가해 판매자가 고객 경험에 더 집중할 수 있도록 하기 때문에 정당한 가격 경쟁이 유도된다. 이렇게 성공한 아마존은 승자독식을 하게 되고, 디지털 전환을 지속하면서 OTT 미디어로 플랫폼 성공 공식을 확장한다.

생태계 플랫폼은 양면시장에서 시작해 다면시장 구조를 가지게 됨을 아마존을 통해 확인했다. 점차 플랫폼들은 네트워크 효과로 만들어진 승자독식 수익구조를 유지하려는 유인을 갖는다. 참여자 증가에 따른 플랫폼 매력도 증가가 다시 참여자 증가로 연결되어 플랫폼 지배력은 더욱 강해지게 되고, 기존 이용자들이 이탈하지 못하게 하는 가입자 락인(Lock-in)이 나타난다. 사용자가 플랫폼을 바꾸려면 전환비용(Switching Cost)을 지불해야 한다. 예로 사용자는 신규 ID를 만들고 개인정보를 입력하거나 결제 계좌를 변경해야 하는 등 어려움을 경험한다. 따라서 사용자와 공급자는 그 플랫폼을 지속적으로 사용하게 된다. 임계치를 넘는 이용자 수를 보유하고 적자를 버틸 여력이 있는 플랫폼은 수익화에 나서고, 수익 모델 구축에 성공하면 승자독식은 고착화된다.

그런데 생태계 참여자들의 용이한 멀티호밍(Multi-Homing)으로 플랫폼은 파트너인 참여자와도 같은 생태계 내에서 경쟁할 수 있다. 자사 플랫폼에서 판매자가 판매하는 똑같은 것을 플랫폼도 제공하면서 플랫폼과 판매자들이 경쟁하는 것이다. 경쟁 양상이 다양해지면서 생태계 내 양면시장 플랫폼은 다른 방식의 디지털 전환을 필요로 한다. 플랫폼들은 다양한 기술 혁신의 개방적 경향이 점차 커지기 시작함을 경험한다. 다양한 사용자 그룹이 존재할 경우에 플랫폼 자신의 R&D 성과를 공개하고, 이를 토대로 다양한 개발자 참여를 통해 공개적으로 기술개발을 완성해 가는 것이 바람직하다는 것을 깨닫게 되는, 양면시장 플랫폼의 개방형 플랫폼화가 다양한 수준으로 일어난다. 아이젠만, 파커, 반 앨스타인(2008)은 플랫폼을 개방형으로 가져갈 경우의 혁신이 경쟁(Competition)과 과잉(Spillovers)에 어떤 관련이 있는지에 관심 가지게 되었고, 참여자인 보완재(Complements)에게 양면시장을 개방해 주는 것이 혁신 프로세스에 매우 유용한 '다양성(Diversity)'을 도모함을 인식하게 된다. 이들은 확대된 판매자 시장 접근을 통해 혁신적 판매자 간에 지나칠 정도의 부정적 관계로만 가지 않는다면 개방형 플랫폼 접근을 통해 긍정적 네트워크 효과(Positive Network Effect)가 기대된다고 본다.

양면시장 기반 플랫폼의 역할은 스폰서(Sponsor)와 제공자(Provider)로 구분된다. 이 둘은 한 개 기업에 의해 수행될 수도, 다양한 기업들에 의해 분담될 수도 있다. 예로, 안드로이드(Android) 생태계 플랫폼 제공자는 사용자와 직접 접촉하는 디바이스들이 되고, 플랫폼 스폰서인 구글플레이가 플랫폼 기술, 정책 등의 통제권을 가진다. 이를 한 기업에 의해 수행하는 경우가 애플로, 디바이스와 앱스토어의 아이오에스(iOS) 생태계가 애플에 의해 주도된다.

플랫폼 개방 수준을 어느 정도 줄 것인지는 생태계 플랫폼 전략에 달려 있으며 어디까지 개방하고 개방되어야 할 것인가는 생태계 구성원 모두에게 매우 중요한 문제이다. 또한, 플랫폼 단에서의 개방형 구성도 중요하나, 공급 측 및 수요 측의 참여도 중요하다. 예로, 초기 공급 측, 수요 측에 개방형을 택했던 위키피디아는 사용자의 잘못된 정보(2017년 M. Kercher 살인사건)로 설립자가 결국 이에 대한 성명서를 발표하고, 반달프루프(Vandal Proof)라는 큐레이션 방법이 채택됐다. 이는 출처가 불확실한 내용을 반복적으로 작성하는 사용자들이 편집하는 항목들을 표시하고 위키피디아 커뮤니티에서 폭넓은 합의를 통해 특별한 권한을 얻은 사용자들만이 쓸 수 있는 차단 및 보호장치이다. 한편, 완전 폐쇄형을 선택한 마이스페이스처럼 시장에서 사라지는 경우도 있다.

개방성 수준을 적절하게 조정하는 것이 양면시장 생태계 플랫폼의 디지털 전환 책무가 된다. 스티브 잡스는 1980년 애플 매킨토시를 완전 폐쇄형으로 가져갔던 실수를 범해 시장에서 폐한 후에 개방형과 폐쇄형의 딜레마를 고민하게 되었으며, 결국 아이오에스 생태계를 부분 폐쇄형으로 결정하기에 이른다. 애플처럼 부분 폐쇄형 플랫폼 모델을 채택하려면 기술 표준에 대한 자신이 있어야 한다.

플랫폼은 다양한 수준의 개방형 플랫폼 전략을 추진하는데 이는 승자, 패자 개념은 아니다. 플랫폼들은 경쟁하는 생태계 플랫폼 간 개방형 전략 외에, 고객 집단인 새로운 공급처와 수요처를 끌어들이는 의사결정도 하게 된다. 새로운 가치는 플랫폼과 이를 구성하는 외부개발자 집단이 만들기 때문이다. 개발자 대상 개방형 플랫폼 유형은 핵심 및 확장 개발자와 데이터 수집자로 구분된다. 에어비앤비의 경우, 핵심 개발자 예로 에어비앤비 '참여자 신원 검증 및 평판시스템 측정' 개발자가 있고, 확장 개발자 예로 '에어비앤비 사진 서비스' 개발자가 있다. 데이터 수집자는 플랫폼의 허가(크롤링 수집 등)를 얻어 데이터를 수집 및 분석해 플랫폼의 매칭 기능을 향상시키는 경우이다. 아마존은 2002년 데이터와 툴을 외부에 개방해 수많은 개발자(2003년 6월, 약 2만 7천 명)가 구매자를 돕는 다양한 앱을 개발하게 했다. 아마존라이트(Amazon Light)는 아마존에서 판매하는 물건을 검색해 살 수 있도록 하면서, 추가적으로 넷플릭스, 아이튠즈, 도서관 등을 통해 빌리거나 구매하는 대안 정보도 함께 제공하는 확장 개발자의 서비스이다. 셀러엔진(SellerEngine)은 판매자들이 경쟁자의 제시 가격을 파악할 수 있는 앱을 생성해 더 많은 판매자들이 모이도록 했다. 이는 다시 더 많은 개발자(2005년 9월, 12만 명)를 모이도록 했다. 이처럼 플랫폼 외부개발자들은 수많은 구매자와 판매자들로 구성되어 아마존 생태계에 참여했고 다시 구매자와 판매자 증가를 가져오는 선순환 구조를 가지게 된다.

OTT 거버넌스 영역의 디지털 전환

개방형 혁신은 빠르게 변화하는 시장 환경에 대응하기 위해 기업 외부에 문호를 여는 기업 거버넌스(Governance, 지배구조) 혁신 철학이다. 2006년 헨리 체스브러(Henry Chesbrough)에 의해 이론화된 "개방형 혁신(Open Innovation)"은 거버넌스 디지털 전환에 필요하다.

결국 기업 차원에서 내부의 연구, 개발, 사업화에 이르는 일련의 혁신 과정을 외부에 개방하고 외부 자원도 적극 활용해 혁신 비용을 줄이고 부가가치 창출을 극대화하려는 기업혁신 철학이자 방법론이 필요하다. 체스브러에 의하면, 개방형 혁신은 기업이 안으로의 지식 흐름(Inflow)과 밖으로의 지식 흐름(Outflow)을 활용해 혁신을 가속화하는 것이다. 개방형 혁신 과정은 내부와 외부 아이디어를 결합해 아키텍처와 시스템을 구현하는 과정이다. 아키텍처와 시스템 요구 사항은 비즈니스 모델을 통해서도 정의된다. 이에 대해서는 앞의 비즈니스 모델 혁신의 4단계에서 설명했다.

기업 거버넌스의 디지털 전환 차원에서 관찰되는 개방형 혁신 철학은 부가가치 창출을 위해 내부 아이디어가 외부 경로, 즉 비즈니스 모델 밖에 있는 채널을 통해 시장으로 나갈 수 있음을 전제로 하며, 개방형 혁신이 각 단계마다 기업 내·외부 사이의 지식 교류에 원활하게 이루어져, 외부 기술이 기업 내부로 도입되거나, 그 반대로 기업 내부 기술이 외부의 다른 경로를 통해서 사업화되는 방식을 모두 포괄한다.

구글, MS, 애플 등 글로벌 기업들은 외부 자원을 적극 활용하는 A&D 전략을 추진해 성과를 냈다. OTT 미디어인 넷플릭스는 앞서 비즈니스 모델 혁신의 4단계와 연계된다. 2006년 '넷플릭스 100만 달러 챌린지' 공모전에 전 세계 통계학자, 수학자, 경영과학자들이 참여했다. 넷플릭스는 자사 고객의 영화 소비 행태 데이터를 인터넷상에 공개하고, 고객이 보고 싶어 하는 영화를 추천하는 소프트웨어 알고리즘을 잘 만든 우승자에게 100만 달러를 상금으로 지급했다. 넷플릭스의 콘텐츠 큐레이션 방식이 경쟁력을 가진 배경에는 이러한 개방형 혁신 철학이 있기 때문이다.

2017년 영국왕립표준협회(BSI, British Standard Institution)가 이코노미스트 인텔리전스 유닛(EIU)과 협력해 「조직 레질리언스: 지속가능한 기업 설립에 대한 보고서」를 펴냈다. 조직 레질리언스와 관련해 400명 이상 전 세계 비즈니스 리더들의 의견을 수렴해 세계 최초로 '조직 레질리언스 인덱스'를 발행한 것이다. 크게 리더십, 사람, 프로세스, 제품 등 네 가지 범주로 구분해 16개 요소들이 도출되었다. 리더십하의 리더십, 비전과 목적, 평판 리스크, 재무 측면, 자원 관리, 사람하의 조직문화, 지역사회 참여, 인식/교육/테스트, 일관성, 프로세스하의 기업 지배구조와 책임, 비즈니스 연속성, 공급망, 정보/지식 관리, 그리고 제품하의 이슈 탐지, 혁신, 적응능력 등이다. 프로세스와 제품은 비즈니스의 디지털 전환이고, 거버넌스의 디지털 전환은 리더십과 사람으로 요약된다.

리더십과 사람 범주로 한정해 OTT 미디어 사례를 보면, 전통 뉴스 미디어인 뉴욕타임즈가 자발적 자기파괴로 디지털 유통과 리더십에서 동시에 적극적으로 조직문화를 혁신했다. 뉴욕타임즈 리더십은 조직 구성원들이 늘 새로운 시도를 하고 혁신의 실마리를 찾아 낼 수 있도록 소통 공간을 마련하고 다양한 아이디어를 결합해 디지털화에 빠르게 안착할 수 있도록 적극 지원했고, 새로운 젊은 인력을 계속 충원해 조직 구성원 중 약 49%에 해당하는 '밀레니얼 세대'를 포진함으로써 다소 보수적이었던 조직을 단시간에 유연하게 만들었다. 2020년 뉴욕타임즈 168년 역사 중 가장 젊은 CEO로 기자 출신이 아닌 디지털 전문가인 메리디스 코빗 레비엔이 초빙되어 디지털 전환을 가속화시키고 있다. 그는 새로운 리더십은 기사를 제품 관점에서 접근해야 한다며, 텍스트를 넘어 다른 형식으로 이야기하는 것을 강조하면서 뉴욕타임즈의 또 다른 혁신을 예고한다. 다른 형식은 바로 뉴스의 동영상 OTT화이다.

MIT의 논문 「디지털 시대에 적합한 조직」(2015)에 따르면, 디지털 전환에 적극적인 기업들은 조직문화에 디지털 문화를 배양하기 위해 많은 노력을 기울인다. 경직된 문화는 느릿하면서도 신중하고, 조심스럽고 위험을 피하는 경향이 있으며, 직관적 의사결정과 위계적 리더십 구조, 살기 위해 일하고, 독립적이며, 벽이 높은 업무구조를 갖는 데 비해, 디지털 문화는 유연하고 재빠르며, 대담하고 실험적이며, 데이터에 기반하고 분권화된 리더십 구조하에서 일하기 위해 살아가며, 협력적 업무구조를 가지고 있다. 디지털 전환에 가장 필요한 조직문화는 데이터에 기반한 의사결정 구조이다. 넷플릭스, 유튜브 등 OTT 미디어는 방대한 라이브러리 속에 구독자를 가두고 그들의 지속적 콘텐츠 소비를 이끌어 내기 위해 무엇보다도 개인화에 초점을 두고 있으며, 데이터에 기반한 의사결정 문화를 매우 중요시한다.

디지털 전환 패러다임은 위기가 아닌 기회

이상에서 국경 없는 미디어 시장 경쟁에서 살아남기 위해 디지털 전환을 해야 하는 OTT 미디어 산업 실행 영역을 비즈니스, 생태계, 거버넌스로 구분해 살펴보았다. 세 가지 실행영역을 요약하면, 먼저 비즈니스의 디지털 전환은 고객 중심으로 전환하는 비즈니스 활동, 고객 니즈에 맞는 내부 목표를 설정하는 비즈니스 프로세스, 핵심 사업을 디지털 환경에 맞게 전환하는 비즈니스 모델로 세분화된다. 생태계의 디지털 전환은 생명체처럼 진화하는 플랫폼 생태계의 양면시장 전략과 성장한 플랫폼 생태계의 개방형 플랫폼 전략으로 나뉜다. 마지막으로 거버넌스의 디지털 전환은 기업의 개방형 혁신과 조직문화의 디지털화로 나누어진다.

필자는 이 세 가지 실행영역을 토대로 디지털 전환을 하는 미디어 산업의 미래를 OTT 미디어로 보고 현황을 소개하며 미래의 방향성을 제시했다. 국내로 한정해 보면, 국내에 이미 진입한 넷플릭스를 필두로 디즈니플러스 등 또 다른 글로벌 OTT 기업들의 진입이 잇따를 것으로 보이는데, 국내 토종 미디어 기업들의 디지털 전환 대응은 비교적 굼뜨다. 이에, 비즈니스의 디커플링과 파괴적 혁신이 국외 OTT 미디어 기업들에 의해 주도되는 양상을 이미 보여주고 있으며, 성공한 기업들의 생태계는 디지털 전환이 가속화될 것으로 보인다. 이에, 양면시장 플랫폼 생태계의 개발자 역할을 하는 국내 콘텐츠 제작사들은 더 이상 국내의 폐쇄형 미디어 플랫폼에만 의존할 필요가 없을 것으로 사료된다. 미디어 시장은 코로나19를 맞으면서 이미 글로벌 시장이 되었다. 국내외 OTT 미디어 제작과 유통 비중을 높여 나가기 위해 콘텐츠 제작사는 디지털 전환 패러다임을 위기가 아닌 기회로 받아들여, 건강한 생태계를 제공하는 플랫폼에 올라타는 전략을 추진해야 한다. 소비자도 TV 방송 이용에서 벗어나 TV와 OTT를 이어주는 다양한 큐레이션을 적극 이용하면 될 것이다.

DIGITAL
POWER
2021

스마트 농업, 먹거리 산업의 미래

여현 순천대학교 교수

농업의 위기

농업은 인류의 가장 오래된 산업으로 우리 식생활을 책임지는 매우 중요한 산업이다. 국민 식생활을 책임지는 농산업은 매우 중요하기에 대부분의 국가들이 농산업에 많은 투자와 지원을 아끼지 않고 있으며, 대부분의 선진국은 농산업 부문에 있어서도 매우 앞서가고 있다. 하지만 우리의 현실은 그리 밝지만은 않다. 국토 면적도 좁은데, 그마저도 산악 지형이 많은 관계로 실제 경작 면적은 더욱 좁은 상황이다. 또한 전 세계적 문제인 기후위기도 우리 농업에 악영향을 주고 있다. 작물의 재배환경이 바뀌게 되면서 재배 지형에도 큰 변화가 오고 있다. 기후 변화로 인한 자연 재난 피해액도 엄청난 규모가 되고 있다. 가축 질병의 확산도 큰 문제이다. 조류독감이나 구제역, 돼지열병과 같은 가축 질병 발생 시 주변의 사육 가축 전체를 살처분해야 하므로 천문학적인 피해를 가져오고 있다.

최근에는 많은 젊은이들이 농업을 기피하고 있기 때문에 농업 인구는 계속 감소 추세에 있으며, 이는 농업인의 고령화를 촉진해 2019년 통계청 자료(2019년 농림어업조사 결과)에 의하면 경영주 평균 연령은 68.2세로 농업 부문에서 초고령화가 진행되고 있음을 알 수 있다. 아울러 식량 자급율도 심각한 상황인데, 2019년에는 45%까지 감소한 상태이며, 특히 곡물 자급율은 21.7%까지 떨어진 상태이다. 또한 FTA로 인한 수입 농산물의 대량 유입으로 우리 농업은 또 다른 시련에 직면하고 있다.

농업은 과거 우리나라의 기간 산업이었지만 이제는 첨단 산업에 그 자리를 내어주고 있다. 하지만 농업도 많은 발전적인 변화를 겪고 있다. 과거 사람 중심 농업에서 점차 기계화, 자동화되면서 농산업이 더욱 진화하고 있다. 정부와 농산업체에서는 농업의 위기를 극복하기 위해 스마트 농업 기술을 개발, 보급, 확산시키고자 많은 노력을 기울이고 있다. 여기서, 스마트 농업이란 농식품 산업과 ICT 기술이 융합한 첨단 농업을 말한다. 우리나라가 보유하고 있는 세계 최고 수준의 ICT 기술을 농식품 산업과 융합하게 된다면 최고의 경쟁력을 가진 농식품 ICT 융합 기술을 완성할 수 있을 것이다.

코로나 사태 속에 각국에서 농산물 사재기가 속출하고, 주요 수출국이 농산물 수출을 제한해 식량안보 위기가 고조됨에 따라, 우리나라와 같이 식량 자급율이 낮은 국가에게는 농업 기반 확보의 중요성이 더욱 중대되고 있다. 러시아와 베트남, 카자흐스탄은 농산물 수출을 제한하고, 터키와 알제리는 식량 비축량을 늘리는 등 식량 민족주의가 부활(농민신문, 2020.4.8.)하고 있으며, 이러한 환경에 대처하기 위해서는 획기적인 대책이 필요한 상황이다. 코로나19 확산과 글로벌 식량 공급망과 농산물 무역의 위축이 우려되는 상황이 지속되고 있다. 비록 우리나라가 주식인 쌀 자급률이 100%에 가까워 식량위기 우려가 덜할 것이라고 평가되나(JTBC, 2020.4.7.), 새로운 가축 및 작물 질병 등이 계속 출현하고 있기 때문에, 식량안보 확보와 농가 고령화와 농촌 일손 부족 등에 대응하기 위해 장기적인 농업 기반을 확보하는 것이 중요하다.

스마트 농산업 현황

앞서 언급한 우리의 어려운 농업 현실이 스마트 농업을 발전시켜야 하는 필연적인 사유라고 볼 수 있다. 즉 우리나라는 스마트 농산업을 통한 농업 생산량 증대가 필수적인 상황이다. 스마트 농산업은 기존의 농산업에 사물인터넷, 클라우드, 빅데이터, 모바일 및 인공지능 기술 등 첨단 ICT 기술을 융합해 농산업의 생산·유통·소비 전 과정에 걸쳐 생산성과 효율성 및 품질 향상 등과 같은 고부가 가치창출을 가능하게 해 주는 첨단화된 농산업으로 정의할 수 있다. 스마트 농업을 통해 우선 생산량과 품질을 개선할 수 있으며, 에너지 비용과 인건비를 감소시키고, 아울러 농사 작업의 편의성을 증대시킬 수 있다. 요즘은 스마트 농업이라는 용어보다는 적용되는 현장을 중심으로 하는 '스마트팜'이라는 말이 더욱 많이 쓰이고 있다.

스마트 농업 관련 기술은 생산·유통·소비 등 다양한 분야에 적용되고 있는데, 우선 스마트 생산 부분에는 스마트 온실부터 스마트 과수원 및 스마트 채소밭, 스마트 축사 분야까지 포함한다. 스마트 유통 분야의 경우는 산지 유통과 물류, 경영 분야를 포함하고 있으며, 스마트 소비 부분의 경우는 농산물 이력 및 인증 조회를 포함하고 있다. 구체적인 사례로 플라스틱 온실(통상 비닐하우스)에 적용된 스마트팜 사례는 다음 그림과 같다. 그림에 나타난 바와 같이 기본적으로 초고속 인터넷이라는 네트워크 환경에서 각종 ICT 장비와 설비들이 연결된다. 스마트 온실 내에서는 각종 센서에서 수집된 정보를 바탕으로 구동기가 천창과 측창 등을 개폐하고 양액기를 통해 영양소를 공급하는 등 작물의 최적 생장을 돕는 동작이 이루어지도록 설계된다. 온실 외부의 기상정보도 활용하고, 또한 온실 내의 정보는 클라우드를 통해 관련 기관이나 기업에 전달돼 필요한 정보나 동작을 전달받는다.

스마트 축사의 경우 가축 종류별로 형태가 다르게 구축된다. 우리나

〈한국형 스마트 온실 모형도〉

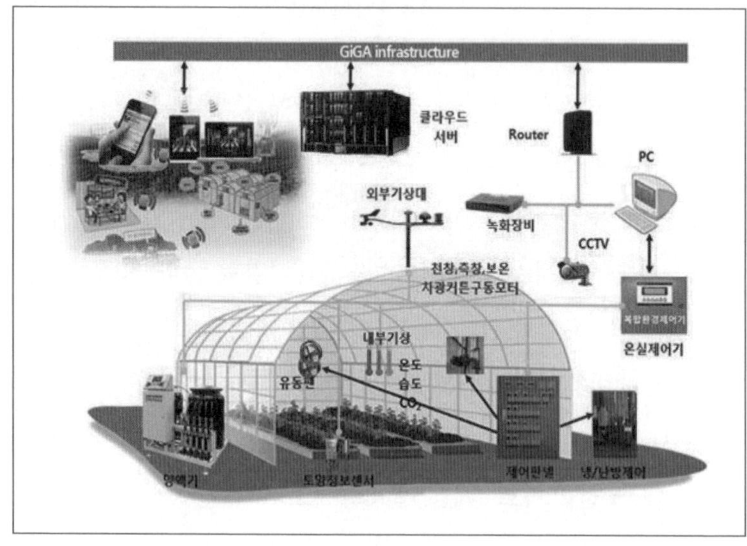

출처: 김상철, 농촌진흥청

라에서 소는 스마트 낙농과 스마트 한우로, 돼지는 스마트 양돈으로, 닭은 스마트 양계(산란계와 육계로 나누기도 함)로 분류해 각 가축 종류에 맞는 스마트 축사를 구축하고 있다.

농촌진흥청에서는 스마트팜의 3세대 모형을 제시했는데, 각 세대별 기술은 노지, 시설원예, 축산 등 모든 분야에 적용되는 스마트팜 기술로 각 세대별 특징은 다음과 같다. 1세대 스마트팜은 편의성 증대형 스마트팜이다. 인터넷을 통한 원격 제어가 가장 큰 특징이다. 농장의 디지털화로 인터넷을 통해 원격 모니터링 및 제어가 가능해져 전통 농업에 비해 편의성이 크게 향상된 스마트팜이다. 2세대 스마트팜은 생산량 증대를 위한 스마트팜이다. 지능적인 복합 환경 제어를 통해 생산량을 증진시키는 특징을 갖는다. 인공지능과 동식물의 생체 정보 등 빅데이터를 활용해 최적 생산을 위한 의사결정 지원 시스템을 통해 생산성이 크게 향상된다. 3세대 스마트팜은 복합적인 에너지 관리와 스마트 농작업을 통해 글로벌 시장에 진출할 기술을 갖춘 스마트팜이다. 최적의 에너지 관리와 로봇을 통한 스마트 농작업을 지원한다.

최근에는 최첨단 기술이 융합된 형태의 스마트팜인 식물공장이 출현해 각광 받고 있다. 식물공장은 계절이나 기후의 영향을 받지 않는 시설 내에서 광도 및 온·습도 등을 조절해 작물에 최적의 생육환경을 제공함으로 최대 생산성을 얻는 새로운 농업 방식이다. 식물공장에서는 농업기술과 IT, BT 등의 산업 분야와의 융합함으로 계절이나 장소에 구애받지 않고 계획생산이 가능하며, 소비자의 다양한 요구에 맞춘 기능성 작물 생산이 가능하다. 대도시 인근에 식물공장이 있으면 물류 비용 절감과 무농약 신선 채소 공급이 가능해져 향후 미래 농업의 새로운 형태로 자리 잡을 것으로 기대된다.

스마트팜에는 다양한 첨단 기술이 적용되기 때문에 현장 활용을 위해서는 다양한 실험과 현장 인력에 대한 기술교육이 필요하다. 그래서 정부에서는 전후방 스마트 농산업을 모두 발전시키기 위해 ICT 기반 대형 농업 클러스터인 스마트팜 혁신밸리를 구축하고 있다. 2018년에 2개의 스마트팜 혁신밸리, 2019년에 추가로 2개의 스마트팜 혁신밸리를 지정해 총 4개의 스마트팜 혁신밸리 구축 작업이 진행 중이다. 스마트팜 혁신밸리에는 상용 목적의 스마트팜 테스트베드도 구축된다. 여기서는 기계 설비뿐만 아니라 재료, 식품, 바이오 관련 테스트가 진행될 예정이다.

젊은 스마트 농업인 양성센터도 구축하고 있으며 여기서는 장기적인 교육 프로그램을 통해 스마트팜 전문가를 양성하는 것을 목표로 하고 있다. 이들에게 임대해 줄 스마트팜 시설도 준비돼 있다. 스마트팜 혁신밸리에서 향후 수년간 수집된 빅데이터는 표준화를 통해 활용 가능한 데이터로 향후 농가에 제공돼 생산량 증대 및 농산물 품질 향상을 위해 활용될 예정이다. 스마트팜 혁신밸리에는 테스트베드뿐만 아니라 지속 가능한 스마트 농업을 위해 오른쪽 그림과 같이 다양한 배후 시설이 들어선다. 즉 스마트팜을 중심으로 앞서 언급한 스마트팜 테스트베드, 배후 마을, 임대 스마트팜, 농산물 유통을 위한 스마트 APC, 에너지 시설, 배후 농공단지 등이 스마트팜 혁신밸리에 들어서게 된다.

과거 스마트팜 시설은 상당 부분 외산에 의존했으나 최근에는 우수한 국내 스마트팜 제품이 많이 나오고 있어서 국산 스마트팜 제품의 보급이 활발히 이루어지고 있다. 하지만, 현재 보급되고 있는 상당수의 국내 제품은 국내 표준이 제정되지 않은 상태에서 보급이 이루어진

<스마트팜 혁신밸리 조감도>

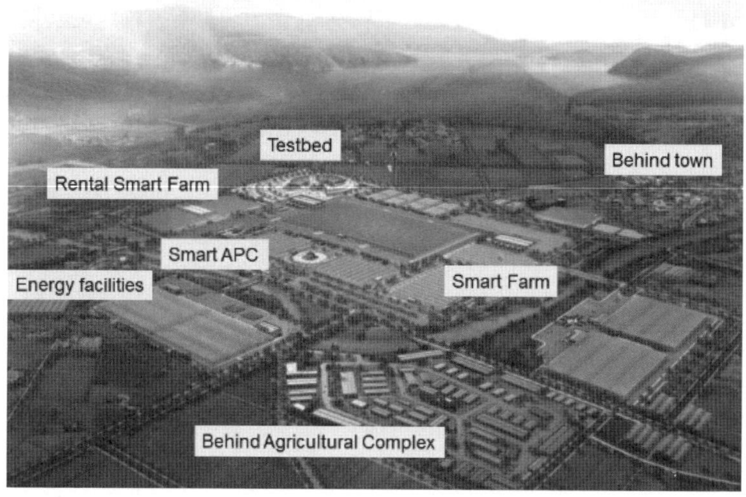

출처: 농림축산식품부(2019)

것으로, 스마트팜 제품들 상호 간의 호환성 문제로 인해 타회사 제품에 대한 A/S가 어려운 실정이다. 이 같은 이유로 농업 ICT 관련 국내 표준화에 대한 필요성이 대두되면서 2014년 6월 스마트 농업 전반에 대한 표준개발을 위해 산학연 관련 전문가를 중심으로 '농식품ICT융합 표준 포럼'이 신설되었으며, 이어 TTA에서도 2014년 10월 스마트 농업 프로젝트 그룹(PG426)이 신설되었다.

위와 같은 활동으로 스마트팜 표준을 위한 농업 현장 기업들의 적극적인 참여를 이끌어 냈으며, 현재까지 많은 종류의 스마트팜 관련 표준을 제정해 스마트팜 확산에 많은 기여를 했고, 시설원예 관련 표준의 경우 일부 기업에서 표준을 반영한 장치를 개발해 보급하고 있다. 스마트팜 각 분야별로 많은 표준이 제정되어 있지만 영세한 국내 스마트팜 시장 구조와 향후 농업기술의 발전을 고려해 향후 생산 업체 및 이해관계 당사자들의 의견을 보다 많이 수렴해 표준화 작업을 진행해야 할 것이다. 이를 통해 우리 농업 환경 및 여건에 맞는 한국형 스마트팜 표준 제정이 가능할 것이며 이러한 스마트팜 관련 단체·국가·국제 표준 제정 및 보급이 진행될수록 스마트팜 이용 농가의 편익이 증진되고 업체들의 핵심기술 개발 및 보급이 가속화되는 등 농업 생산 및 소비 전체에 긍정적인 효과가 나타날 것으로 기대된다.

향후 전망

모니터 딜로이트(Monitor Deloitte)는 농산업을 하이테크 산업으로 바꿔 줄 10가지 메가트렌드를 제시했다. 첫째로는 인구의 증가를 들었는데 2050년까지 약 100억 명에 육박할 인구의 증가로 식량문제가 대두될 것으로 보았으며, 두 번째로, 도시화로 세계인구의 50% 정도가 도시로 몰리고 있다는 점인데, 이는 농업용지가 줄어드는 것과 연관돼 있으며, 세 번째로 농업기술의 발전인데 이로 인해 농산물 생산량은 증가하고 생산 원가는 내려가고 있다는 점이며, 네 번째로 사회적인 변화로 농업이 노동 집약적인 산업에서 자원(첨단 설비) 집약적인 산업으로 변화를 겪고 있다는 점이며, 다섯 번째로 기후 변화가 토양 품질 변화와 생산량에 많은 영향을 끼치고 있다는 점이며, 여섯 번째로 글로벌 교역량의 확대로 각국이 자신의 조건에 맞는 작물을 재배하고 필요한 작물은 국제 교역을 통해 확보할 수 있게 됐다는 점이며, 일곱 번째는 바이오 기술의 발전이며, 여덟 번째는 집적화된 밸류체인인데 이로 인해 대형 유통업체들이 유통구조를 자신에게 최적화해 구축해 나가고 있으며, 아홉 번째는 국제 규약의 확산을 들었으며, 마지막으로 열 번째는 부가 서비스 제공을 들고 있는데 농약 등의 생산자들이 자신의 제품뿐만 아니라 관련 서비스까지 묶어 제공하게 된다는 점을 들었다(참조: Monitor Deloitte, Agriculture to AgTech).

최근 모든 산업 분야에 4차 산업혁명의 바람이 불고 있다. 농산업도 예외는 아니다. 사물인터넷(IoT) 기술을 이용해 수집된 여러 환경정보는 병해충이나 기상정보 등과 함께 빅데이터 기술로 가공되어 농업의 생산성을 높여주는 데 크게 기여를 하고 있다. 또한 인공지능 기술을 활용해 작물이나 가축의 질병을 예찰하는데도 많이 활용되고 있다. 자율주행 트랙터나 농업용 로봇, 드론 등의 경우는 농업 분야의 근로환경을 개선할 뿐만 아니라 생산량 증가에도 지대한 영향을 미치게 된다. 결국 4차 산업혁명 기술과 관련된 스마트 농업 관련 기술이 농업의 제반문제를 해결해 줄 수 있는 중요한 기술이라는 점은 분명하다. 미래의 농업은 인공지능, 사물인터넷, 클라우드, 유전학, 블록체인, 드론, 빅데이터 등 첨단 ICT 기술을 모두 결합한 형태로 발전해 나갈 것으로 예상된다.

Part. 4

AI시대의 미래 일자리

1

DIGITAL POWER 2021

플랫폼 이코노미 시대를 살아가는 프리랜서, 노동의 미래

유재흥 소프트웨어정책연구소 선임연구원

노동의 새로운 챕터, 플랫폼 노동

소프트웨어는 우리의 일하는 방식을 넘어 노동 형태까지 바꿔놓고 있다. 20세기 후반의 정보화는 업무 효율화를 이뤄냈다. 온라인을 통해 오프라인 대비 좀 더 빠르고 효율적으로 일하는 방식을 구축하기 시작했다. 인터넷은 거래 비용을 대폭적으로 낮추고, 전자 상거래, 소셜 네트워킹과 같은 새로운 거래와 소통 방식을 만들어 냈다.

2005년 세계 최대 전자상거래업체 아마존이 개시한 엠터크(MTurk) 서비스는 소위 플랫폼 노동의 효시라 할 수 있다. 엠터크는 설문조사, 이미지 태깅, 번역, 평점 매기기와 같이 단순한 업무를 온라인으로 중개하는 크라우드소싱 플랫폼이다. 2005년 2월 서비스 개시 후 반년 만에 수만 건의 일자리가 만들어졌다. 2007년 3월 100개국 이상에서 10만 명 이상이 접속해 일감을 받아 처리할 만큼 성장했으며 2011년에는 190개국 50만 명이 플랫폼을 이용해 수입을 얻었다. 최근에는 돈벌이가 가능한 다양한 플랫폼들이 등장하면서 사용자가 크게 늘지 않았지만 2018년 기준으로 여전히 10만 명 정도가 상시 접속해 활동하고 있다.

2000년대 후반 모바일이 본격적으로 확산되면서 개인이 손안에서 할 수 있는 일이 많아졌다. 사람들은 상시로 인터넷에 접속해 다양한 일감과 자원에 접근할 수 있게 되었다. 이를 통해 온디맨드 경제가 가속화되었다. 대표적인 예가 2009년에 등장한 공유차량 서비스 우버(Uber)다. 우버는 현재 80여 개국에 300만 명 이상의 드라이버, 7,500만 명의 이용자를 갖고 있는 기업으로 성장했으며 우버 드라이버는 월평균 364달러의 수익을 올리고 있는 것으로 나타났다.[78]

우버로 인해 플랫폼 노동이라는 말이 등장했다고 해도 과언이 아니다. 플랫폼 노동은 플랫폼을 통해 온디맨드로 일감을 받고 노무를 제공하고 정산하는 새로운 형태의 일하는 방식이다. 플랫폼 노동에 종사하는 이들은 긱 노동자(Gig Worker)라고도 불리는데, 이는 간단하면서 작은 업무들을 실시간으로 수행하고 수입을 얻는 임시직의 형태를 갖기 때문이다.

〈플랫폼 노동의 개념〉[79]

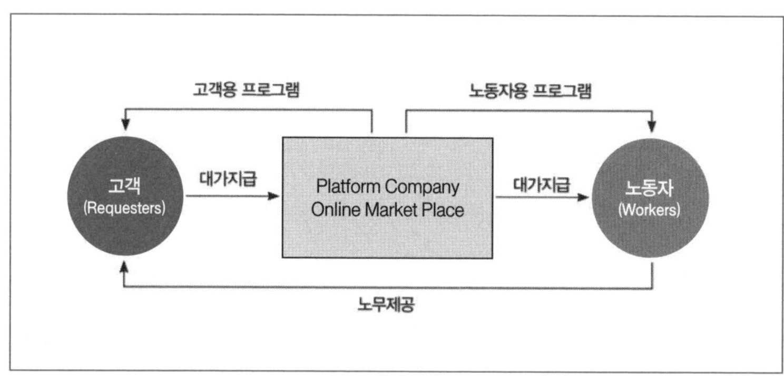

출처: 정흥준(2019.12.), "플랫폼 노동에 대한 전반적인 이해를 위하여", 경제사회노동위원회

우버는 공유경제(Sharing Economy)를 대중화시켰고 이후 물리적 자산이나 무형의 재능까지 플랫폼을 통해 거래하는 다양한 서비스가 등장하게 되었다. 가사도우미, 번역, 아이돌보미, 반려견 산책시키기, 디자인, 작문, 외국어 강의, 악기 연주, 컴퓨터 프로그래밍 등 단순한 일감부터 전문적 용역까지 플랫폼을 통해 거래되고 있다. 국내에서는 미소(청소), 펫트너(반려견도우미), 집닥(인테리어도우미) 등 다양한 분야에서 플랫폼 노동을 제공하는 서비스가 출현했고 사람들의 다양한 재능을 중개하는 크몽, 숨고, 탈잉, 라우드 같은 재능공유 플랫폼도 성장하고 있다. 이랜서, 위시켓, 프리모아 등은 소프트웨어 개발 전문 인력 중개에 특화하고 있다.

플랫폼 노동의 정의와 종사자 현황

2010년대 중반 이후로 다양한 플랫폼 서비스가 등장하고 종사자들도 늘어감에 따라 플랫폼 노동의 실태를 이해하기 위한 사회적 논의와 연구들도 진전되고 있다. 우선 플랫폼 노동자의 정의, 규모를 파악하기 위한 실태조사와 완전한 자영업자도 근로자도 아닌 모호한 법적 지위에 대한 논의들이 활발히 이뤄지고 있다.

현재 플랫폼 노동에 대한 일치된 정의는 없으며 인터넷을 매개로 노무를 제공하고 수익을 얻는 새로운 노동 형태는 온디맨드 워크(On-Demand Work), 크라우드 워크(Crowd Work), 긱 워크(Gig Work) 등으로 다양하게 불리고 있다. 인간의 노동이 겉으로 잘 나타나지 않고 불분명한 고용 형태를 가지기 때문에 고스트 워크(Ghost Work)라

칭하기도 한다.

플랫폼 노동에 대한 명확한 정의가 없음에도 불구하고 학술적 정의를 만들어 그 종사자 규모를 추정하는 시도들은 이뤄지고 있다. 한국노동연구원에서는 플랫폼 종사자 수를 추정하기 위해 특수형태근로 종사자 수를 파악하는 방법으로 접근했다. 흔히 특고라 불리는 이들은 〈산재보험법〉상 독립계약자, 자영업자인데, 노무를 제공하는 행위가 근로자와 유사하지만 〈근로기준법〉상 근로자에 해당하지 않는 자들을 말한다. 우리나라에는 현재까지 14개[80]의 특고 직종이 정해져 있다. 한국노동연구원이 2019년 3월 발표한 자료에 따르면 전체 특고는 221만 명으로 추정되는데 이는 2011년 대비 90만 명이나 증가한 수치로 산업 구조의 변화에 따른 고용 행태의 다변화를 보여준다. 이 수치는 임금 근로자와 자영업자를 포함한 전체 취업자 2,709만 명의 8.2%로, 어림잡아 10명 중 1명이 특고임을 보여 준다. 전체 221만 명의 특고 중 '새로운 유형'의 신 특고 노동자는 55만 명으로 추정하고 있다. 이들은 전통적인 특고와 같이 계약 상대와의 종속성이 높지 않아 전통적인 특고 직종에 포함되지는 않은 자들로 방과 후 강사, 문화센터 강사, 가사도우미, 방문판매업자, 기타 플랫폼 노동자들이 여기에 포함되고 있다.

같은 해 12월 한국고용정보원에서도 우리나라 플랫폼 종사자 규모를 추정한 결과를 발표했다. 연구에 따르면 국내 플랫폼 종사자는 약 47~54만 명 수준[81]으로 한국노동연구원의 신 특고 규모인 55만 명과 비슷하다. 연구에서는 플랫폼 노동자를 '최근 한 달 내 또는 일 년 내에 디지털 플랫폼의 중개를 통해 일감을 구하고 수입을 얻은 경우'로 정의하고 있다. 직종을 살펴보면 퀵서비스, 대리운전, 화물운송, 택시운전,

음식점 서빙, 가사도우미, 요양의료 도우미 등이 많은 것으로 나타났다. 플랫폼 노동자의 성비는 남성이 67%, 여성이 33%로 남성 운전직 종사자 비율이 높았고, 연령을 보면 50대 층이 전체의 33%를 차지할 만큼 플랫폼을 통한 시니어의 활동이 높게 나타났다. 조사에서는 플랫폼 노동이 부업인지, 주업인지를 묻는데 절반 정도인 46%가 주업이라고 답했다.

지난 2020년 7월에는 플랫폼 노동의 정의와 조건에 관한 사회적 논의 결과도 발표되었다. 대통령 직속 일자리위원회는 '플랫폼 노동과 일자리TF'를 구성해 플랫폼 노동 관련 이슈를 정리하고 보고서로 발간했다. 2019년 9월에 발족한 태스크포스에는 학계, 연구계 전문가와 플랫폼 사업자, 노동계 등 다양한 사회적 구성원들이 참여했다. 약 10개월간 논의를 통해 플랫폼 노동 통계 기준, 종사자 보호 방안, 양질의 일자리 창출 방안에 관한 의견을 모았다.[82] 태스크포스에서는 플랫폼 노동과 관련된 모호한 개념부터 정의했는데 "①플랫폼은 알고리즘 방식으로 거래를 조율하는 디지털 네트워크, ②디지털 플랫폼은 재화와 서비스(노동)가 교환되는 구조화된 디지털 공간, ③플랫폼 노동은 디지털 플랫폼에서 거래되는 서비스"로 정의하고 있다. 또, 플랫폼 노동의 4대 조건을 제시했는데 첫째, 디지털 플랫폼을 통해 거래되는 서비스(용역) 또는 가상재화 생산 노동일 것, 둘째, 디지털 플랫폼을 통해 일거리(Short Jobs, Projects, Tasks)를 구할 것, 셋째, 디지털 플랫폼이 보수(Payment)를 중개할 것, 마지막으로 일거리가 특정인이 아닌 다수에게 열려 있을 것이라는 조건을 달았다.

플랫폼 노동의 조건에서 눈여겨볼 만한 것은 플랫폼을 통해 제공되는 노동이 직접적인 노동(운전, 청소 등)이거나 가상재화를 생산하는 노동(설문응답, 이미지 태킹, 별점 매기기 등) 행위까지를 포괄하고 있다는 것이다. 또 일감이 플랫폼을 통해 매칭되고 정산까지도 이뤄지며 누구나 플랫폼을 이용할 수 있어야 한다는 것이다. 특히 보수를 중개한다는 점이 플랫폼 노동의 조건 중 관심을 끄는 부분이다. 가령 단순히 직업정보만 알려주는 인터넷 구인구직 사이트는 플랫폼 노동에 해당하는 서비스로 볼 수 없음을 의미한다. 역시 노동의 거래 없이 단순히 쇼핑몰같이 제품을 판매하거나, 공유숙박 서비스처럼 자산만 임대해 주는 플랫폼 역시 플랫폼 노동에 해당하는 플랫폼으로 볼 수 없다.

태스크포스는 플랫폼 노동자를 기본적으로 독립 자영업자로 인식한다. 하지만 임금 근로자라고 해서 플랫폼 노동자에서 제외하지는 않았다. 예를 들어 청소 서비스 플랫폼 업체에 직고용된 근로자는 플랫폼 노동자로 간주하지만 삼성전자 서비스의 수리기사는 플랫폼 노동자로 보지 않는다. 태스크포스가 내린 플랫폼 노동의 조건과 플랫폼 노동자의 정의는 향후 플랫폼 노동자의 규모를 추산하는 공식적인 통계 집계에 활용될 것이다.

플랫폼과 소프트웨어 프리랜서

플랫폼 노동자와 혼돈되는 개념이 프리랜서이다. 프리랜서는 보다 포괄적인 개념이라고 할 수 있다. 독립 자영업자의 성격을 갖는 플랫폼 노동자는 사실상 프리랜서에 해당하지만, 업무적 특성이 플랫폼을 매개로 해야 한다는 조건이 있기 때문이다. 앞서 일자리위원회에서 정의한 플랫폼 노동자는 플랫폼 노동의 조건을 갖춘다는 전제하에 단순하고 작은 일부터 크고 전문적인 프로젝트를 수행하는 프리랜서까지 포함하는 개념으로 볼 수 있다. 최근 들어 프리랜서를 중개하는 플랫폼이 성장해 플랫폼 노동 시장에 프리랜서 비중이 점차 확대되는 추세다. 그리고 프리랜서 중개 플랫폼에서 가장 높은 비중을 차지하는 업무가 소프트웨어(SW) 관련 업무다.

호주에서 창업한 프리랜서닷컴(Freelancer.com)은 가입자만 2,100만 명이 넘는다. 등록된 일감의 34%가 IT와 소프트웨어 관련 업무다. 멀티미디어 디자인까지 합산한다면 50%가 넘는 비중이 소프트웨어와 관계된 일감이다. 미국의 온라인 직업 중개 플랫폼인 업워크(Upwork)는 세계 각국으로부터 등록된 프리랜서 가입자만 1,800만 명에 달하고 이를 이용하는 기업체는 500만 개에 이른다. 매년 300만 개의 일감이 등록되고 1조 원 이상의 거래가 이뤄진다.

영국 옥스퍼드 대학은 플랫폼 노동과 관계된 흥미로운 지수를 개발해 공개하고 있다. 옥스퍼드대학 인터넷 연구소(OII, Oxford Internet Institute)가 개발한 온라인 노동지수(Online Labour Index)[83]는 영미권 온라인 구인구직 중개 플랫폼 중 트래픽 기준 상위 5개를 선정해 등록된 일감들을 분석하고 이를 지수화했다. 처음 발표한 2016년 5월을 기준으로 매일 지수는 등락을 반복하면서 상승 중인데 수치가 높아질수록 온라인을 통해 일거리들이 거래되는 비중이 높아짐을 의미한다. 2020년 10월 기준으로 거래되는 일감 중 소프트웨어 개발이 61%, 멀티미디어 제작이 25%를 차지하고 있다.

국내의 재능공유 플랫폼에서도 소프트웨어 개발이나 멀티미디어 관련 일감의 비중이 높고, 소프트웨어 개발 분야만 전문적으로 중개하는 시장도 지속적으로 상승하고 있다. IT 분야의 전문 중개 플랫폼인

이랜서는 2001년부터 현재까지 누적 등록자가 37만 명에 달하며 2013년 설립된 위시켓도 7만 명이 넘는 개발자들이 등록되어 있다.

국내 소프트웨어 프리랜서의 현실

플랫폼 노동의 당사자이면서 동시에 플랫폼 서비스를 개발하고 고도화해 가는 국내 소프트웨어 프리랜서의 현실은 이상적인 고소득 전문직 프리랜서의 모습과는 거리가 있다. 우선 우리나라 소프트웨어 산업 현황을 살펴보자. 2018년 기준 국내 소프트웨어 생산액은 57조 원 수준, 이 중 IT 서비스가 61%, 게임 소프트웨어가 21%, 패키지 소프트웨어가 18%를 차지한다. 대기업 IT 자회사의 주요 사업인 IT 서비스가 중심이 되고 있으며 최근 글로벌 시장에서 입지를 다지고 있는 게임소프트웨어가 한 축을 차지한다. 패키지 소프트웨어 분야에서는 한컴, 안랩과 같은 기업이 대표적이며 대부분 중소규모의 기업들이 국내 시장을 중심으로 경쟁을 하고 있다.

생산액 비중에서 볼 수 있듯이 국내 소프트웨어 생태계는 IT 서비스업 중심으로 구성되어 있다. 대기업 IT 자회사의 다단계 하청 구조를 갖는 것이 큰 특징이며 수많은 소규모 영세 사업자들이 이 하청 구조에 의지해 생존하고 있다. 우리나라 소프트웨어 기업은 2018년 기준 약 2만 5,770개가 있으며 이 중 약 75%가 종업원 10인 미만의 소규모 업체다. 2013년 기준[84]으로 매출 10억 이하가 45%, 50억 이하가 80% 이상으로 추산될 만큼 영세하다. 이러한 IT 서비스의 다단계 하청 구조에서 소프트웨어 종사자의 근로환경 문제가 지속적으로 제기될 수밖에 없다. 통상 1년 미만의 개발 과제들이 시간적 압박을 받으며 진행된다. 개발 기간 내 사업을 완료하기 위해 다단계 하청, 프리랜서를 동원한다. 이러한 사업 관행에서 하청을 수행하는 소프트웨어 기업들에 의한 인력 단가 후려치기, 불법파견, 계약서 미작성, 임금체불, 과업 변경, 강도 높은 노동, 장시간 근로 등 기초 고용법 위반과 같은 사례가 빈번히 발생하는 것이다.

2018년부터 이러한 국내 소프트웨어 개발현장의 단면이 언론을 통해 사회적 이슈로 부상했다. 지난 2018년 한 프리랜서 웹디자이너의 죽음이 경향신문을 통해 보도되었는데, 이 사례는 소프트웨어 개발의 다단계 하청 구조의 어두운 현실을 적나라하게 보여줬다.[85] 외국계 증권사의 모바일 거래 시스템 구축 프로젝트에 투입된 장 씨는 갑-을-병-정의 하청 단계 아래 '무'에 해당하는 위치에 있었다. 갑은 발주기관인 증권사, 을은 프로젝트를 수주한 소프트웨어 개발사, 병은 홈페이지 제작사, 그리고 정은 인력 파견업체로 장 씨를 병에게 소개시켜 준 기업이다. IT 서비스업에서의 흔한 관행처럼 장 씨는 발주기관에 상주하며 작업했다. 장 씨의 계약연장 여부는 실제로 계약을 맺은 인력 파견업체 정이 아닌, 홈페이지 제작사인 병에게 달려 있었다. 사건은 병의 임원이 고용문제를 논의하자며 여성 웹디자인 개발자에게 저녁식사를 제안했고 이어 2차 술자리를 거쳐 호텔로 데려가면서 일어났다. 호텔로 간 장 씨가 객실에서 뛰쳐나오다 추락사한 것이다. 이후 유족은 장 씨의 죽음이 업무상 재해에 해당한다며 근로복지공단을 상대로 소송을 제기했으나 프리랜서라는 이유로 공단은 유족급여와 장의비 신청을 거부했다. 갑을병정 아무도 사과나 배상, 책임을 지지 않았다.

2018년 12월에는 청와대 국민청원에 '어느 IT 개발자의 죽음'이라는 글이 올라왔다.[86] 2019년 2월에는 'BC카드 IT 개발자의 죽음'이라는 청원글이 올라왔다.[87] 두 청원 건 모두 금융권 차세대 프로젝트에 투입되어 죽음을 맞이한 중견 개발자들에 관한 것이었다. 한 사람은 발주 은행 화장실에서 숨진 채 발견되었고, 한 사람은 설 명절에 집에서 극단적인 선택을 했다. 업계 관계자들은 매번 차세대 프로젝트를 하면 사람이 죽어 나간다고 말한다. 명절과 연휴를 이용해 집중적으로 개발과 테스팅이 이뤄지고 서비스 개시일이 임박할수록 업무량은 폭증한다. 동시에 스트레스 지수가 급격이 상승하고, 실무적 책임을 져야 하는 하청업체의 직원들은 극도의 압박을 받게 된다.

지금도 우리의 IT 개발 현장에서는 정해진 개발 예산 범위 내에서 수익을 극대화하기 위해 투입인력의 단가를 낮추는 방식으로 하청업체에 재하청해 일감을 넘기고 있고, 그 말단에 프리랜서 개발자나 초급 개발자들이 존재한다. 낮은 단가에 과도한 업무량을 소화해 내면서도 애매한 신분 때문에 피해를 보는 사례들이 여전히 존재하고 있다. 이에 마땅한 대응 방법이나 대응 의지가 없는 소프트웨어 프리랜서들이 63%에 달할 만큼 해당 문제에 무기력함을 보여준다.

소프트웨어 프리랜서 보호를 위한 노력

다행히도 정부가 이러한 문제를 인식하고 대처방안에 착수했다. 소프트웨어 주무부처인 과학기술정보통신부(과기부)가 소프트웨어 프리랜서 보호를 위한 대책 마련에 나섰다. 2018년부터 소프트웨어 프리랜서의 근로현황에 대한 실태조사를 실시하고 2019년 기본적인 정책

방안을 마련했다. 2020년부터 유관부처인 고용부와 함께 정책 실행을 본격적으로 추진하고 있다. 2020년 5월 단기 IT 프로젝트에 투입되는 기간제 근로자를 소프트웨어 프리랜서로 정의하고 이들을 위한 표준근로계약서, 표준도급계약서를 마련해 공시하고 있다. 표준계약서는 향후 사용자와 프리랜서 간의 법적 분쟁 시 책임 소재를 가릴 수 있는 기본적 장치다. 뿐만 아니라 상호 간의 계약 조건을 명시적으로 교환함으로써 투명한 계약 문화를 구축하려는 초석이다. 과기부가 고시한 2종의 표준계약서는 근로자의 기본적인 권리를 명시하는 근로계약서와 자영업자로서 책임 수행과 자율성 보장을 포함한 조항을 담고 있다. 공시에만 그친 것이 아니라 서울고용노동청과 함께 서울 서남부권의 SW 클러스터 내 중소기업 400여 곳과 함께 소프트웨어 표준계약서 시범 보급 사업에도 나서고 있다.

아울러 과기부, 고용노동부, 공정위는 산업재해보험의 사각지대에 놓여 있는 소프트웨어 프리랜서들의 보호와 피해구제를 위해 특수형태 근로종사자 편입을 검토했고 고용노동부는 약 6만 6,000여 명으로 추산되는 소프트웨어 프리랜서를 〈산재보험법〉상 특고에 추가하기로 결정하고 2020년 10월 입법 예고한 상태다. 이에 따라 2021년 7월부터 소프트웨어 프리랜서의 자격이 입증되면 업무현장에서 산업재해로 간주되는 사고, 질병으로부터 보상받을 수 있는 길이 열리게 되었다.

〈산재보험법〉상 특고로 포함되면 공정위의 '특고지침(특수형태 근로종사자에 대한 거래상 지위 남용 행위 심사 지침)'에 연계된다. 공정위의 특고지침은 특고 사용자의 갑질 등 불공정 행위를 감독해 특고의 피해를 구제하는 법적 근거가 된다. 기존 공정위의 불공정행위 감독은 주로 기업 간 적용되었는데, 2019년 9월 특고지침이 개정이 되면서 프리랜서도 공정위의 관리 감독의 대상으로 확대되었다. 이렇게 되면서 소프트웨어 기업 간 분쟁 조정 기능을 담당했던 SW하도급분쟁조정위원회의 조정 대상[88]에 포함되지 않았던 개인 프리랜서들도 공정위의 특고지침을 통해 피해를 구제받을 수 있게 된 것이다. 지난 3년 사이에 후진적 소프트웨어 개발 환경에서 일하면서 임금체불, 상해, 질병, 실업 등 보호의 사각지대에 있던 소프트웨어 프리랜서들을 법적으로 보호할 기반이 마련되고 있는 것이다.

한편 경제사회노동위원회에서 노사정이 모여 소프트웨어 프리랜서 보호와 관련된 사회적 논의를 진행하고 자율규범을 마련했다. 경사노위의 '디지털 전환과 노동의 미래 위원회'는 2020년 5월 노사정 최초로 '정보기술(IT)·소프트웨어(SW) 개발 분야 플랫폼 경제 활성화 및 노동종사자 지원방안에 관한 합의문'을 채택한 것이다. 합의문에서는 IT·소프트웨어 프리랜서 중 플랫폼을 통해 일하는 종사자 보호를 위해 플랫폼 기업이 기본적으로 준수해야 하는 '자율규범(Code of Conduct)'을 제정, 실행을 추진하고 자율규범에는 계약 체결부터 경력 증명에 이르기까지 플랫폼 기업이 종사자 보호를 위해 기본적으로 준수해야 할 사안들을 담아 법제도 마련 이전이라도 현장에서 이를 즉시 활용토록 했다. 비록 강제성이 약한 업계 자율 준수 규범으로 채택하기는 했으나, 노사정이 공동으로 마련한 플랫폼 노동 관련 최초의 합의로서 의미가 있다. 향후 위원회는 프리랜서 노동자의 사회보험 적용 방안과 맞춤형 교육과정 활성화 방안, 그리고 IT·소프트웨어 인력 중개 플랫폼과 종사자 간의 지속적 발전 모델 연구도 추진할 예정이다.

플랫폼 노동, 뉴노멀을 위한 전망

플랫폼 노동은 이미 뉴노멀이 되었다. 미국의 프리랜서유니온의 보고서에 따르면 미국은 2028년 미국 근로자의 50%가 넘는 약 9,000만 명의 인구가 프리랜서일 것으로 전망하고 있다. 경제활동 인구의 절반이 프리랜서로 일할 것이라는 전망과 플랫폼 경제가 세계적인 추세인 것으로 볼 때 우리나라도 이러한 현상에서 예외가 되기 어렵다. 코로나 이후 2020년 8월 국내 배달앱 결제금액이 사상 최대인 1조 2,000억 원을 넘었다고 한다. 코로나로 인한 배달 수요 증가와 더불어 배달 대행 서비스도 바빠졌다. 업체 간 라이더 확보 전쟁이 일어나고 수요가 밀집한 서울 강남권에서는 배달 수수료도 인상되었다. 쿠팡이츠의 라이더가 하루 일당으로 47만 원을 받아 화제가 되기도 했다. 주 5일로 단순 계산해 '라이더 억대 연봉 시대'라는 기사도 등장했다. 배달의민족 라이더가 작년 평균 4,800만 원, 상위 10%는 7,500만 원의 수입을 올렸다고 하니 대기업 부럽지 않다는 말이 나올 만하다.

한편 코로나19 때문에 대면으로 서비스를 제공하던 특고 종사자와 플랫폼 노동자들은 직격탄을 맞았다. 정부가 소득이 감소한 특고 종사자와 프리랜서들을 위해 3개월간 50만 원씩 지급하는 긴급고용안정지원금에 지난 5월 영세 자영업자, 특고, 프리랜서, 무급 휴직자 등 총 176만 명이 신청했다. 특고·프리랜서 신청자의 경우 코로나 사태 이전보다 소득이 70% 가까이 감소했다는 분석 결과도 보도되었다.

뉴노멀 시대의 플랫폼 노동자는 고용의 한 축으로 우리 경제를 이끌어 갈 것이다. 이와 함께 플랫폼 노동자의 정의, 조건, 법적 지위에 관해 진행되는 논의들도 차츰 수렴할 것으로 예상된다. 1953년에 만들어진 현재의 <근로기준법>상 근로자의 정의가 21세기의 플랫폼 노동자들을 포함하기에는 맞지 않아, '노동 관계법' 전면적 검토에 대한 요구가 더욱 커지고 있다. 또한 4차 산업혁명이 가속화되고 인공지능 경제 시대가 도래하는 상황에서 이에 걸맞은 유연한 고용 형태를 사회적으로 포용하고 종사자들의 권리와 피해구제를 위해 사회적 안전망을 마련해야 한다는 목소리가 높다.

이러한 변화 과정에서 지금까지 관심의 사각지대에 있던 소프트웨어 프리랜서 개발자들이 플랫폼 노동자이면서 소프트웨어 산업의 핵심인력으로 재조명받고 있다. 현재 표준계약서 보급과 확산, 소프트웨어 프리랜서 상담창구 마련, <산재보험법>의 특고 지위 부여, 공정위의 보호 대상으로의 확대 등 정부 차원에서 피해구제를 위한 최소한의 제도적 보호장치를 마련해 나가는 것은 매우 고무적이다. 하지만 보다 근본적으로, 불법적 다단계 하청이라는 후진적 IT 산업구조의 선진화가 지속적으로 요구된다. 소프트웨어 프리랜서의 역량강화를 위한 교육훈련 기회와 투명한 이력 관리 시스템도 필요하다. 이를 위해 공공과 민간 플랫폼의 협력도 모색해 볼 수 있다. 민간에서는 플랫폼 종사자들을 위해 일감매칭, 업무교육, 정산, 경력 관리, 평판 관리 등의 서비스를 만들어 고도화하고 있다. 민간의 신뢰할 만한 플랫폼을 공공 소프트웨어 사업 참여 기업들이 활용할 수 있도록 지원하는 방안을 검토해 볼 수 있다. 소득이 일정치 않고 외부 경제 변수에 취약한 프리랜서 개발자들을 위해 경제적 안전망 및 공제회와 같은 연대체계를 갖추는 것도 필요하다.

코로나19로 세계경제가 흔들리는 시기에도 소프트웨어 분야는 3% 이상 성장할 것으로 예상된다.[89] 원격교육, 재택근무 등의 비대면 시스템, 자동화 시스템의 수요가 증가하고 산업에서도 이에 대응하기 위한 디지털 전환을 가속화하면서 소프트웨어 인력 수요도 늘고 있다. 소프트웨어 프리랜서는 플랫폼 노동자이면서 동시에 플랫폼을 만들어 가는 산업역군이라는 점에서 소프트웨어 산업의 선진화를 위해 이들에 대한 지속적 관심이 필요하다.

2

DIGITAL POWER 2021

코로나19와 일하는 방식의 변화

송지환 소프트웨어정책연구소 책임연구원

코로나19와 일상의 변화

전 세계적인 코로나19의 확산은 우리가 지금까지 경험해 보지 못한 변화를 가져왔다. 처음 코로나19가 창궐한 중국 우한은 급격한 바이러스 전파로 도시 전체가 통제됐다. 우한 시민들은 고립되어 비참한 상황을 SNS와 유튜브를 통해 세계에 알렸다. 유럽의 스페인 역시 폭발적인 감염으로 도시 기능이 마비되었고 많은 시민이 고통받았다. 이외 많은 나라 역시 도시 간 이동을 엄격히 금지했고 휴교와 최소 인원 출근 등 학생과 직장인의 사회활동을 일부 제한하고 있다. 코로나19로 생필품을 사는 것 이외에 우리가 누리던 평범한 일상이 제한받게 되었다.

감염병이 창궐해도 도시 기능의 마비를 피하려면 시민 대부분은 일터로 나가야 한다. 수도, 전기, 통신, 하수처리 등 인프라 운영 업무가 멈추지 않아야 도시가 움직이고 식당, 가게, 시장이 열려야 시민들이 끼니를 거르지 않고 생필품도 살 수 있다. 또한 버스, 지하철, 택시와

〈유연근무제 지원신청 추이〉

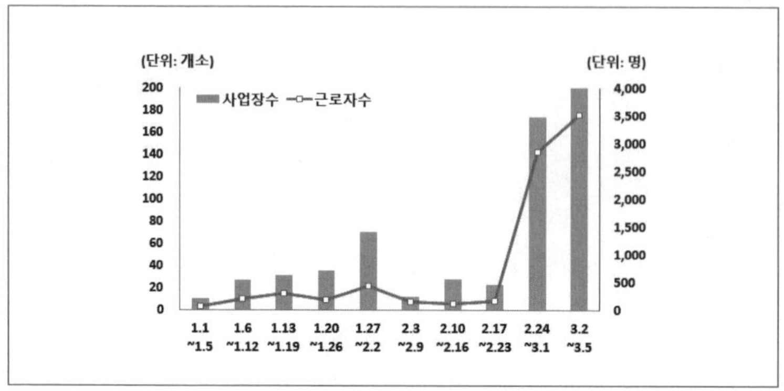

출처: 고용노동부 발표(2020.3.)

〈국내외 주요 원격근무 솔루션 기업의 주가 변동〉

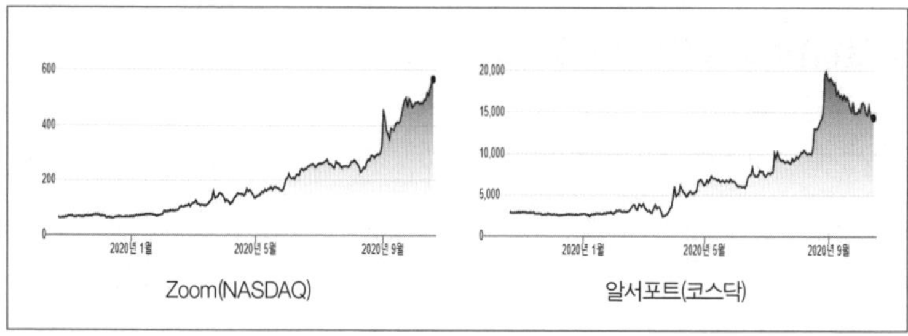

출처: 구글 검색(2020.10. 기준)

같은 대중교통이 멈추지 않아야 직장인이 출퇴근할 수 있다. 팬데믹 상황에도 불구하고 도시 기능 마비로 인한 피해를 최소화하기 위해 시민 대부분은 각자의 본업을 어떻게든 수행할 수밖에 없다. 이는 감염병 재확산으로 연결될 수 있는 위험한 상황이기 때문에 정부는 직장에서 대면접촉을 최대한 줄이고 온라인 소통을 권장하고 있다.

기업 역시 원격근무와 유연근무를 포함한 스마트워크를 적극적으로 도입하고 중요하지 않거나 급하지 않은 출장은 최대한 제한하는 등 코로나19 확산을 막기 위해 노력 중이다. 기업들은 근무 형태를 다양화하는 유연근무제를 활용해 사회적 거리두기를 실천하고 있다. 이러한 기업의 노력은 그림과 같이 고용노동부의 '중소·중견기업 대상 유연근무제 간접노무비 지원 신청' 증가에서 미루어 짐작할 수 있다.

기업들은 스마트워크 업무 환경을 갖추기 위해 ICT 기술을 적극적으로 활용하고 있다. 원격영상회의, 실시간 메신저, 이메일, 공유저장소, 협업도구 등으로 구성된 통합소통 및 협업(UC&C, Unified Communications&Collaboration)의 기술 대표적이다. UC&C 기술은 이번 코로나 사태 이후 주목을 받게 되었고 그림과 같이 관련 기업들의 주가는 팬데믹 직후 급격히 상승했다.

사실 UC&C 기술은 코로나19로 인해 생겨난 것은 아니다. UC&C의 개념은 이메일이 본격적으로 사용되기 시작한 1990년대부터 만들어지기 시작했다. 과거에는 이메일, 스마트폰 등 새로운 기술의 등장이 업무 형태를 변화시켰다면, 현재의 급격한 변화는 코로나19로 인해 시작되었다. 즉 절대 변할 것 같지 않았던 대면 위주의 업무 형태가 비대면 행태로 급격히 변화되고 있다. 더불어 기존 UC&C 기술이 빠르게 확산 및 진화하고 있다.

통합소통과 협업의 단계별 진화

1876년 유선전화 발명 이후 1990년대 이전까지는 유선전화와 팩스가 회사 업무의 중추적 역할을 했다. 1960년대에 들어서면서 지금은 팩스라 불리는 제록스의 LDX(Long Distance Xerography)가 기업 내 업무 생산성을 향상시켜 종이 우편의 역할을 많은 부분 대신했다. 1970년대에는 보이스메일(Voice Mail)과 대화식 음성응답(IVR, Interactive Voice Response)의 등장으로 전화 기반 서비스가 회사 업무의 중심이 되었다. 그러나 아직 UC&C의 개념이 자리 잡지 못하던 시기이다. 이후 본격적인 통합 커뮤니케이션 및 협업 기술인 UC&C가 등장하고, 다음의 4단계를 거치면서 발전하고 있는 상황이다.

〈UC&C 기술 발전단계〉

(1단계) 태동기	(2단계) 발전기	(3단계) 성숙기	(4단계) 융합·확장기
이메일·이동전화 ~ 2000s	VoIP 2000s ~ 2010s	클라우드·서비스化 2010s ~ 2020s	5G·AI·VR/AR 2020s ~
• 이메일은 종이우편을 주고받는 시간을 단축시켜 업무효율을 비약적으로 높임 • 이동전화의 등장으로 본격 텔레프레즌스 시대 시작	• 아날로그 시대에서 디지털 시대로 넘어가는 시기 • 디지털 기술을 바탕으로 다자간 원격회의 및 다양한 협업도구 사용의 보편화	• 스마트기기 확산으로 UC&C 시장 확대 • 클라우드 기반의 원격근무 서비스가 UC&C 생태계 주도	• 신기술과 UC&C 서비스의 융합·확장 가속화 • UC&C가 사용자 중심 통합 플랫폼 및 통합 비즈니스 허브로 발전

출처: 소프트웨어정책연구소(2020.4.), "원격근무 솔루션 기술·시장 동향 및 시사점"

제1단계는 1990년대부터 시작된 태동기이다. 이동전화와 이메일의 등장으로 업무 처리 및 수행 방식에 급격한 변화를 가져왔다. 인터넷 발전과 더불어 이메일 사용량 증가는 종이 우편과 팩스의 사용을 대체해 업무 관련자 간 소통 속도를 향상시켰다. 이는 업무 생산성과 효율성을 비약적으로 높이는 결과를 가져왔다. 이동전화의 등장은 장소와 시간에 구애받지 않는 진정한 '텔레프레즌스'의 공간개념을 실현시켰다. 여기서 텔레프레즌스란 원격회의 참가자들이 같은 장소에서 회의하는 듯한 느낌이 들게 해 주는 기술을 의미한다. 이메일과 이동전화로 UC&C 개념이 등장하기는 했지만, 아날로그 기반의 음성통신은 유지비가 비싸고 가용 용량이 낮아 여러 사람이 동시에 사용하는 데에는 한계가 있었다.

제2단계는 발전기로 인터넷 디지털 기술을 바탕으로 음성을 포함해서 다양한 멀티미디어 데이터를 인터넷을 통해 실시간으로 주고받을 수 있게 되었다. 2000년대부터 본격적인 인터넷 시대가 열리며 UC&C 기술은 한층 발전하게 되었다. 특히 인터넷 기술을 바탕으로 하는 'VoIP'의 등장은 업무 환경의 디지털화를 촉진했다. 또한 디지털 기반의 다자간 음성·영상회의 및 다양한 협업 도구가 업무에 활용되기 시작했다. VoIP는 Voice over Internet Protocol의 약자로서 일반적으로 인터넷이라 불리는 '인터넷 프로토콜 네트워크'에서 음성통신을 포함한 각종 멀티미디어 데이터를 실시간으로 주고받기 위해 만들어진 기술규약이다. VoIP는 다양한 음성 및 영상 압축기술[90]을 지원해 네트워크 부하를 줄여 주고 패킷 기반의 통신으로 회선 사용률 높였다. 이로 인해 장거리·국제전화를 저렴하게 사용할 수 있게 되었다. 특히 다양한 서비스로 확장이 가능한 유연한 특징을 갖고 있어 인터넷에 연결된 각종 기기와 연계해 실시간 메신저, 음성·영상회의, 통합 음성 메일 등 UC&C의 여러 서비스를 쉽게 구현할 수 있게 했다.

어바이어(Avaya)와 노텔(Nortel)은 IP 네트워크(디지털 방식)와 기존 PBX 전화망(아날로그 방식) 간 상호 접속 기술을 개발해 VoIP 시대로 넘어가는 견인차 구실을 했다. 이후 시스코(Cisco)가 선도한 IP 기반의 통신 기술로 통합됨에 따라 PBX 기반 아날로그 음성통신 시대는 쇠퇴하고, 노텔, 쓰리컴(3Com), 마이크로소프트 등 여러 기업이 VoIP 기반 음성통신 시장에 참가하게 되었다.

제3단계는 성숙기로 클라우드 기반 서비스 형태로 UC&C가 발전했다. 2010년대부터 스마트 기기의 확산으로 UC&C 기술이 모바일 분야로 확장되고, 클라우드를 활용한 이기종 협업 서비스가 UC&C 생태계를 주도하는 성숙단계에 접어들었다. 스마트폰, 태블릿 등 모바일 기기 사용이 급증하면서 이들을 활용한 업무 비중이 높아졌다. UC&C 기술 역시 다양한 모바일 기기와 호환성을 확장해 가며 발전하고 있으나, 상호 호환성 관점에서 제약사항으로 작용해 이를 해결하는 방안으로 클라우드 기반 서비스로 UC&C 기술이 진화하고 있다. 현재 UCaaS(Unified Communications-as-a-Service)라 불리는 클라우드 기반의 UC&C 서비스가 원격근무 솔루션 생태계를 주도하고 있다. 온-프레미스(On-Premise) 방식으로 UC&C 솔루션을 개발할 경우 이종 기기 호환성 확보를 위해 개발 및 운영 비용이 증가하게 된다.

〈실감협업의 매체 풍부성과 근접성 및 협업 효과〉

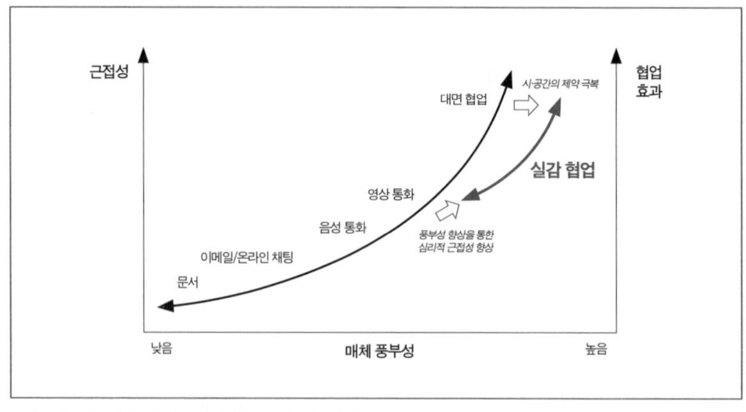

출처: 소프트웨어정책연구소(2020.7.), "시·공간의 자유: 실감협업"

또한 UC&C를 제공하는 기업들이 자체 전산실을 운영해야 하는 부담도 발생한다. 이러한 문제를 해결하기 위한 노력이 바로 UCaaS이다. UCaaS를 통해 수요 기업은 초기 비용 없이 사용량에 따라 일정한 비용을 지불하면 된다. 현재 원격근무 사용자의 약 70%가 UCaaS 형태를 활용 중이고 앞으로 90%까지 증가해 연평균 20.5% 성장할 것으로 예측된다.[91]

마지막 제4단계는 융합·확장기로 신기술을 바탕으로 한 미래 업무 형태를 예측해 볼 수 있다. 오늘날 UC&C는 새로운 기술과 접목한 융합 및 확장기에 들어서고 있다. 인공지능·5G·VR/AR 등 새로운 기술을 활용해 UC&C가 지능화 플랫폼과 고화질 서비스로 확장되고 있으며, 기업의 업무와 매끄럽게(Seamless) 결합된 통합 비즈니스 솔루션으로 융합되고 있다. 개인정보를 활용한 인공지능 기반의 UC&C는 원격근무를 효과적으로 지원할 수 있는 다양한 지능형 서비스를 제공할 것으로 보인다. 예를 들어, 회의 전에 참석자 추천 및 관련 정보를 제공하고, 회의 후에는 주요 내용 분석, 회의록 작성·배포, 후속 업무 추천·스케줄링 등 사용자 맞춤 지능형 서비스를 제공할 것이다. 또한 협업 활동의 상호작용 강화 및 이전 활동 기반으로 다음 업무를 예측·추천하고, 사용자 피드백을 통해 유의미한 정보를 활용하도록 지원할 것이다.

5G 및 VR/AR 등 신기술과 UC&C가 융합되고, 고화질의 텔레프레즌스 서비스로 진화되면서 원격회의 실재감 및 몰입도가 극대화될 것으로 전망된다. 5G 및 자율주행 기술과 연계해 고화질 텔레프레즌스 개념을 차량으로 확장하고, VR/AR 및 스마트 영상 기기 등의 기술과 융합해 고화질 홀로그램 기반의 영상회의 솔루션으로 진화할 가능성이 크다. 실재감과 몰입도를 극대화한 실감기술을 바탕으로 UC&C는

풍부한 정보공유, 높은 몰입감과 현장감, 대면하듯 자연스러운 상호작용을 경험하게 함으로써 그림과 같이 매체 풍부성을 향상할 것이다. 이를 통해 협업자는 심리적 근접성이 높아지고 공통된 협업 목표를 동일하게 공유하면서 성공적인 협업을 이룰 수 있을 것으로 예상한다.

코로나19가 가속한 통합소통과 협업의 미래

코로나19는 사회·경제적 큰 위기를 가져왔으나, 본격적인 디지털 사회 전환의 시발점이 될 수 있다. 사실 재택근무와 영상회의는 오랫동안 논의됐으나, 실제 현업에서 잘 사용되지는 않았다. 하지만 현재 코로나19로 인해 경제활동 인구의 상당수가 영상회의, 협업도구 등 UC&C를 경험하고 참여하는 대규모 확산이 이루어지고 있다. 시공간적 제약을 극복하기 위해 원격 및 재택근무와 같은 업무 형태로 변화가 가속화되고 있으므로 이에 대해 사회변화에 대응하기 위한 정책적 지원이 필요한 시점이다.

코로나19로 인해 급성장하는 UC&C 시장에서 국내 기업은 글로벌 경쟁력 확보와 관련 산업 활성화를 위해 체계적인 대응을 해야 한다. 이미 마이크로소프트, 시스코 같은 대기업의 인수합병, 줌(Zoom)과 같은 유니콘 기업의 등장 등 글로벌 기업은 영상회의, 원격접속, 협업도구 등 UC&C 핵심 기능을 통합하고, 클라우드 기반으로 호환성을 제공하며 영향력을 빠르게 확대하고 있다. 글로벌 기업의 솔루션은 우수한 품질 및 사용성을 기반으로 대형화·플랫폼화를 통해 시장을 빠르게 장악하고 있어 이에 대한 대비가 필요하다.

국내 UC&C 기업은 국제 경쟁력을 높이기 위해 차세대 기술개발 및 상용화 지원과 함께 마케팅 등 판로를 확대해야 한다. 기업은 기존 글로벌 솔루션의 확산에 대응하기 위해 국내 솔루션의 낮은 인지도와 품질문제 해결을 위한 노력을 해야 하며, 더불어 정부는 공공부문 선제 도입, 관련 업계 세제 혜택 등의 도움을 제공해야 한다.

차세대 전략 서비스인 실감형 UC&C 시장 선점을 위한 인공지능·VR/AR 등 신기술을 적용한 융합 서비스에 R&D 지원을 강화하고, 공공분야에서의 활용을 증대해야 한다. 빠른 기술 추격 전략을 통해 국내 기업을 육성하고, 이를 바탕으로 신남방국가 등 원격근무 도입 초기 국가들로 진출해 시장을 확대해야 한다. 또한 비대면 기술 기반의 업무 활성화를 위한 공공 선도의 정기적인 회의 및 행사를 주최해 관련 기업과 솔루션에 관한 관심을 높여야 한다.

해외 주요국들은 산업의 디지털 전환과 함께 사회문제 해결 차원에서 스마트워크 활성화를 지속해서 추진하고 있다. 스마트워크 목적은 조직·업무 효율화뿐만 아니라 '워라벨(일과 삶의 조화)'의 향상에도 있다. 이를 위해 사회·기업·개인의 지속적인 인식 전환 노력이 필요하다. 미국 및 유럽 주요 국가들은 교통혼잡, 대기오염, 육아 등의 사회문제 해결 방안으로써 원격근무 확대와 같은 스마트워크 활성화 정책을 추진하고 있다. 기업은 서로 다른 시간대의 업무나 사업장 간의 효율적인 업무 협력과 직원 복지 향상, 우수인재 유치 등을 위해 유연 및 원격근무를 적극 활용하고 장려해야 한다. 또한 업무의 효율성을 높이기 위해 업무와 생활에 대한 공간과 시간을 분리하고, 근무시간 동안은 업무에 집중하는 등 올바른 원격근무 문화 정착 캠페인 진행이 필요하다.

마지막으로 공공부문 선제적 도입 및 문화 확산을 위한 법·제도 마련이 뒷받침되어야 한다. 미세먼지 대책, 저출산 대책, 공공기관 지방 이전, 중소기업 육성 등 국가 정책들과 연계한 범부처전략을 수립해야 한다. 적용 대상 및 직무별 특성 차이를 고려한 체계적 원격근무 지원 정책을 위해 관련 연구와 법·제도 개선 노력이 필요하다. 재택근무와 함께 주거지 인접 지역의 원격근무용 사무실인 스마트워크 센터 활성화와 확대 적용을 위한 체계적인 지원이 필요한 시점이다.

코로나19로 인해 디지털 전환이 엄청난 속도로 가속화되고 있다. 이는 우리뿐만 아니라 세계적인 현상이고 개인·기업·정부 모두 피할 수 없는 변화이다. K-팝과 K-방역의 성공신화를 이어가는 K-비대면을 기대해 본다.

DIGITAL POWER 2021

AI, 코로나19 그리고 미래 일자리

유재흥 소프트웨어정책연구소 선임연구원

인공지능의 부상과 일자리 논쟁

인공지능이 4차 산업혁명 핵심기술로 급부상했다. 인공지능은 인간의 육체노동과 정신노동을 대체하고 보완하는 기술로, 21세기 전기 에너지로 주목받고 있다. 현재 인공지능 기술은 산업혁명기의 범용기술인 증기, 전기, 전자 기술에 버금가는 신기술로 기대를 모으고 있다. 지난 30년간 '연결성'이 정보혁명 시대의 핵심가치였다면, 4차 산업혁명은 '인텔리전스'의 시대가 될 것이다. 인공지능은 빠르게 우리 일상을 파고들고 있다. 콜센터 업무를 대체하는 상담 챗봇부터, 증권, 보험, 의료, 법률, 교육, 국방, 제조, 농수산업 등 다양한 산업에서 확산되고 있다. 맥킨지 컨설팅과 프라이스워터하우스쿠퍼스(PWC)는 인공지능이 2030년까지 세계 GDP 성장에 각각 13조 달러와 15.7조 달러를 견인할 것으로 전망하고 있다.

한편 지난 2016년 3월 세계 최고의 바둑 기사인 이세돌을 물리친 알파고(AlphaGo)의 등장을 보면서 사람들은 머지않아 인공지능이 사람의 일자리를 대체할 것이라는 두려움에 빠지기도 했다. 실제로 다양한 연구기관에서 인공지능 혹은 자동화에 의한 일자리 전망을 내놓았다. 세계경제포럼이 2016년에 발표한 보고자료에서는 2020년까지 자동화로 인해 500만 개의 일자리가 감소할 것으로 예상했다. 다빈치연구소의 미래학자 토머스 프레이는 2025년까지 현존하는 직업의 80%가 소멸하거나 속성이 변화할 것이며 2030년까지 약 20억 개의 일자리가 사라질 것으로 전망했다.

세계경제포럼은 2018년 미래 일자리 전망을 다시 내놓으며 4차 산업혁명으로 7,500만 개의 일자리가 대체되고 1억 3,300만 개의 일자리가 만들어져 약 580만 개의 일자리가 순증할 것으로 예상했다. IT 전문 시장조사기관인 가트너는 2020년까지 인공지능으로 만들어지는 일자리가 230만 개, 사라지는 일자리는 180만 개가 될 것이라고 발표했다. 맥킨지글로벌연구소는 2030년까지 4억 개에서 8억 개의 일자리가 대체되고 이 중 7,500만 개에서 3억 7,500만 개의 직종은 변경이 필요할 것으로 예상하면서 전반적인 일자리는 순증할 것으로 보았다. 기업과 시민들을 대상으로 한 조사도 이뤄졌다. 보스톤컨설팅그룹(BCG)이 지난 2019년 3월 중국과 미국의 기업 임원들을 대상으로 설문 조사한 결과에 따르면 중국 기업 임원 67%, 미국 기업 임원 50% 이상이 향후 5년 내 고용 규모가 감소할 것으로 전망하고 있다. 직업중개사이트는 집리쿠르터(ZipRecruiter)가 미국 내 구직자 1만 1,000명을 대상으로 조사한 결과는 구직자 5명 중 1명은 인공지능 때문에 직업을 잃을 것으로 예상하고 있었다.

이와 같은 일자리 증감에 대한 전망은 엇갈리고 있고, 관련 논쟁도

격렬하다. 이러한 기술과 일자리 간의 논쟁은 과거 산업혁명기마다 있었다. 19세기 기계의 등장을 두고 정치경제학자 데이비드 리카도는 "기계가 노동력을 대체하면서 노동자의 삶이 피폐해지고 있다"라고 했으며 영국의 사상가 존 스튜어트 밀은 "기술은 노동자에게 단기적으로는 부정적, 장기적으로 긍정적"이라고 말했다. 1950년대 정보기술이 태동할 당시 미국 주간지 타임(Time)지는 1961년 2월호에서 "컴퓨터에 의한 자동화로 곧 사무직이 사라질 것이다"라고 했다. 1963년 케네디 대통령은 CBS 라디오 인터뷰에서 "많은 기계가 사람을 노동시장에서 밀어내고 있어 실업을 악화시키지 않는 것도 버거운 상황"이라고 말하기도 했다. 최근 인공지능의 등장에 대해 빌 게이츠는 "그저 적은 노동력으로 더 많은 생산과 서비스를 가능하게 하는 최신 기술일 뿐, 수백 년간 그런 신기술들이 우리에게 발전을 가져왔다"라고 옹호하는 한편, 테슬라의 최고 경영자 일론 머스크는 "인공지능으로 3차 대전이 일어날 가능성이 크다"라고 경고했으며, 스티븐 호킹은 "생물학적 진화가 느린 인간은 인공지능과 경쟁할 수 없고 결국 대체될 수도 있다"라는 부정적 견해를 밝혔다.

이와 같은 논쟁에도 불구하고, 빌 게이츠가 말한 바와 같이 산업혁명 이후로 기술 패러다임의 전환기를 거치면서 등장한 신흥 기업들이 세계경제를 발전시켜 왔다. 특히 1970년 이후 정보통신 혁명기에 등장한 인텔, 마이크로소프트, 구글, 아마존 등이 현재 4차 산업혁명을 주도하고 있다.

한 가지 분명한 것은 인터넷의 등장이 우리의 업무 방식과 상거래, 소통 방식을 바꾸어 놓은 것처럼, 인공지능 역시 우리의 삶과 산업 지형에 영향을 미치리라는 점이다. 특히 대부분의 전문가들이 예측하듯이 저숙련, 단순 사무지원 직종은 인공지능으로 대체될 가능성이 높은 반면, 인간 고유의 인지적 노동이 요구되는 직종은 대체가 어려울 것으로 전망된다. 맥킨지가 2019년 발표한 보고서에서는 향후 의료, 과학기술공학(STEM), 예술, 비즈니스, 교육 분야 인력 수요는 늘어나는 반면 사무지원, 제품 생산, 식품 관련 서비스 직군은 감소할 것으로 예상하고 있다. 한편 미국의 유명 싱크탱크인 브루킹스 연구소는 시장조사 분석 전문가, 영업 관리자, 컴퓨터 프로그래머, 금융 전문가 등 고소득 전문 직종 종사자들도 업무 특성에 따라 자동화 가능성이 높은 위험 직군으로 분류될 수 있을 것으로 전망하고 있다.

제조 현장에도 산업 로봇의 보급이 늘어나고 관련 일자리의 감소가 예상된다. 옥스퍼드 이코노믹스(Oxford Economics)는 2019년 발표한 보고서에서 제조 분야의 로봇 도입으로 인한 제조 인력 대체는 2030년까지 2,000만 개에 달할 것으로 전망한다. 그 결과 제조 산업의 일자리 비중이 높은 중국이 크게 영향을 받을 것으로 예상된다. 한편 우리나라는 지난 2000년부터 2016년까지 약 34만 개의 제조업 일자리가 로봇에 의해 대체되었다. 점진적인 공장 자동화를 추진한 결과, 이미 세계 최고 수준의 산업용 로봇 밀집도를 보이고 있어 제조 현장의 로봇 도입으로 인한 고용 충격은 크지 않을 것으로 전망된다.

인공지능으로 인한 불평등과 양극화

인공지능에 대한 우려는 일자리 대체에 국한된 문제만은 아니다. 인공지능 기술을 가진 자와 그렇지 못한 자 간의 양극화 문제도 제기되고 있다. 현재 인공지능의 선도기업이라 불리는 GAFAM(Google, Amazon, Facebook, Apple, Microsoft)을 포함한 빅테크 기업들은 인공지능 플랫폼을 이용해 사업을 공고히 하고 있다. 이들의 공통점은 끊임없이 데이터를 수집하고 수집한 데이터를 분석해 소비자에게 더 맞춤화된 정보를 제공하면서 자신의 플랫폼에 고착화시킨다는 것이다. 이러한 소수 기업들에 의한 플랫폼 독점은 다양한 일자리의 기회를 잃게 할 것이라는 우려를 낳는다.

한편 노동 현장에서도 과거 인터넷의 부상과 함께 이를 활용할 수 있는 자와 그렇지 못한 자가 생산성의 차이를 나타냈듯, 인공지능을 업무 현장에 활용할 수 있는 자와 그렇지 못한 자 간의 격차는 더욱 커질 것이다. 그렇게 되면 일부 고숙련 노동자에게만 양질의 일자리 기회가 제공되고 중·저숙련 노동자, 단순 업무 종사자는 임금 하락, 노동조건 악화, 일자리 상실 문제를 직면할 가능성이 높아진다. 인공지능에 의해 일자리가 사라지고 자본 소득의 적절한 재분배가 나타나지 않을 경우 부의 불평등은 커질 수밖에 없다. 미국의 경제학자 에이스모글루는 "최근 인공지능에 의해 촉진되는 자동화는 일자리 대체 효과가 일자리 창출 효과를 능가하는 방향으로 진행되고 있다"고 지적한다. 카네기멜론대학의 톰 미첼 교수도 "인공지능과 소프트웨어가 이끄는 산업혁명은 물리적으로 진행되었던 산업혁명보다 파급력이 엄청나게 빠르고 어떤 사람은 인공지능으로 일자리를 잃게 되고 어떤 사람들은 다수의 빅데이터를 소유하면서 부의 축적을 이룰 수 있다"고 주장한다.

코로나 팬데믹과 일자리 변화

인공지능 논쟁이 여전히 진행 중인 가운데 우리나라는 지난 2019년 12월 인공지능 국가전략을 발표했다. 나아가 2020년 7월에는 2025년까지 총 사업비 160조 원을 투자하는 한국판 뉴딜 정책을 발표하며 디지털 뉴딜을 하나의 축으로 내세웠다. 미국, 중국, 일본, 영국 등 선진국을 포함해 50개국 이상이 국가 차원에서 인공지능 전략을 수립하고 정부 차원의 투자를 늘려 나가고 있으며, 글로벌 기업들도 인재 확보, 조직 신설, 신산업 발굴 등 인공지능 사업에 적극적으로 뛰어들고 있다. 이제 세계 산업과 공공 영역에서 인공지능의 확대는 불가피하다.

이러한 상황에서 코로나 팬데믹은 인공지능 도입을 촉진하는 계기가 되고 있다. 일상과 업무에서 비대면이 늘어나고, 기업들의 언택트 강화 전략에 따라 업무 형태도 자동화, 무인화로 변하고 있다. 대표적인 사례가 로보틱 프로세스 자동화(RPA)이다. RPA는 물리적인 로봇이 아니라 소프트웨어를 통해 단순 반복적인 업무를 자동화함으로써 업무 효율성을 늘리는 정보기술이다. 팬데믹 이전에도 RPA의 확산은 예상되었다. 맥킨지는 RPA의 도입으로 업무 효율성은 75%, 직원 만족도는 50%가 개선될 것이라는 보고서를 냈으며, 글로벌 시장 조사기관인 가트너는 2022년경 RPA 소프트웨어 시장 규모가 22억 달러에 이를 것으로 전망했다. 포레스터 리서치가 조사한 바에 따르면 코로나19에 대응하기 위해 기업들의 48%가 향후 5년 내 RPA 투자를 5% 이상 증액할 계획이라고 밝혔다.

한편 일상에서 무인화를 인지할 수 있는 것은 키오스크다. 글로벌 키오스크 시장은 2017년부터 2023년 연평균 9% 이상 성장해 2023년

34억 달러에 달할 것으로 전망된다. 실제 키오스크는 프렌차이즈 매장을 중심으로 빠르게 확산 중이다. 롯데리아, 맥도날드는 이미 전국 매장의 60% 이상에 키오스크를 보급했다. KFC는 2017년 도입 이래 1년 만에 100% 설치를 완료했다. 백화점에서는 간단한 상품을 판매하는 무인 자판기가 등장하고, 무인 주차 정산 시스템도 빠르게 확산되고 있다. 스타벅스는 2018년 6월 차량인식, 음성인식 등의 기술을 활용해 드라이브 스루에서 주문, 정산까지 자동화하는 방식을 도입했다. 2019년 9월 맥도날드는 3억 달러를 투자해 음성인식 소프트웨어 기업 어프런트(Apprente)를 인수해 드라이브 스루에 음성인식 기능을 탑재해 무인화하는 실험을 진행 중이다.

팬데믹 상황이 끝나면 무인화, 자동화된 일자리에 인간이 다시 복귀할 수 있을까? 과거의 경험에 비추어 보면 그 가능성이 낮다. 오일쇼크, 글로벌 금융위기 등 급격한 경기 변동이 있을 때마다 복귀 가능한 일자리의 비중은 줄었다. 더욱이 팬데믹 상황이 장기화되면 요식업, 여행, 숙박, 관광, 교육, 모든 대면 서비스 분야에서의 일자리는 줄어들 것이며 장기 미취업 및 경력 단절 등으로 직장 복귀 어려움은 가중될 것이다. 국제노동기구(ILO)는 2020년 4월 코로나19로 인한 실직 위험 인구가 10억 명이 넘을 것으로 추정했다. 또 맥킨지가 2020년 6월에 발표한 자료에서는 유럽의 2억 3,000만 개의 일자리 중 약 10%인 2,400만 개의 일자리가 팬데믹 상황과 자동화의 위험에 동시 직면하고 있다고 분석했다. 특히 도소매, 편의, 식품 서비스 분야의 일자리는 팬데믹 상황으로 인한 직무 대체 가능성과 자동화 가능성의 상관관계가 0.95 이상으로 매우 높게 나타났다.

한편 소프트웨어, 인공지능 개발 및 활용 능력을 요구하는 직업 수요는 늘어날 전망이다. 기업의 업무 환경 개선과 신규 사업에 인공지능 활용이 확대될 것으로 예상되는 가운데, 관련 인력의 몸값은 갈수록 높아지고 있다. 최근 10년간 데이터, 기계학습 등 인공지능 전문 인력 수요가 급증했으며, 코로나19로 인한 비대면 디지털 기술 도입 확대는 전문 기술 인력의 수요를 더욱 확대시킬 것으로 전망된다.

미래 일자리 대응 정책

인공지능이 촉발한 일자리 논쟁이 코로나19로 인해 새로운 국면을 맞고 있다. 팬데믹 상황 장기화에 따라 기업의 생존과 일자리가 위협받고 있는 지금은 언제 깨질지 모르는 살얼음을 걷는 듯 위태로운 상황이다. 이러한 전환기의 위기 속에서 정부는 무엇을 해야 할까?

우선 감염병과 정보기술에 의해 밀려난 사람들의 실태를 정확히 파악해야 한다. 한편으로는 신기술과 융합해 새롭게 떠오르는 반도체, 소프트웨어, 바이오, 금융, 제조 등 성장 산업에서의 인력 수급 실태도 지속적으로 점검해야 한다. 이는 밀려난 사람들에게 재고용과 전직의 기회, 성장 산업군에 부족한 기술 인력 수급을 조달하기 위한 정책 마련의 기초 지표이기 때문이다.

다음으로, 전환기의 새로운 노동과 고용 형태를 유연하게 보장하는 정책 마련이 필요하다. 이는 플랫폼 고용이 새로운 고용과 노동 형태로 등장함에 따라 종사자의 공정한 거래 질서와 사회적 안전망의 마련을 의미한다. 톰 미첼 교수는 인공지능에 의해 자리를 잃은 사람들에게 프리랜서가 대안이 될 것이라고 보고 있다. 실제로 미국의 프리랜서유니온은 2028년 미국 근로자의 절반이 프리랜서일 것으로 전망한다. 그리고 디지털 경제 시대에 프리랜서들은 대부분 온라인 플랫폼을 통해 일감을 얻고 서비스를 제공하는 소위 플랫폼 노동자로 일하게 될 것이다. 자영업자이면서 근로자의 속성을 동시에 지닌 플랫폼 노동자들은 현재의 법체계에서는 법적 보호의 사각지대에 위치해 있다. 이들이 모호한 법적 지위 때문에 불공정한 계약의 위치에 놓이지 않고 사회 보장에서 소외되지 않도록 사회적 안정망을 구축할 필요가 있다.

끝으로 공공과 기업 차원에서 노동자의 디지털 역량 제고를 위한 교육과 직업 전환 훈련을 확대해야 한다. 아마존, 구글, 애플을 비롯해 국내 IT기업들은 사내에서 직원들의 디지털 역량강화를 위한 직무교육을 실시 및 확대하고 있다. 특히 전환기에는 다양한 산업 지식과 신기술 역량을 고루 갖춘 융합 인력의 양성이 요구된다. 전통 산업의 업무 지식과 신기술(AI)이 결합했을 때 혁신적 비즈니스가 탄생할 가능성

〈아마존의 연별 인력 고용 수치〉

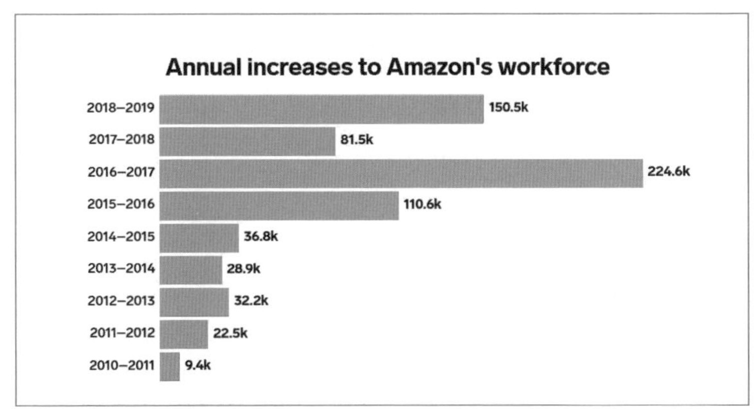

출처: BusinessInsider.com (2020.9.)
https://www.businessinsider.com/amazon-number-of-employees-workforce-workers-2020-9

이 높기 때문이다. 아마존의 직원 교육 사례는 이러한 점에서 시사하는 바가 있다. 1994년 창업해 2002년 첫 흑자를 기록할 동안 만년 적자 기업으로 비판받던 글로벌 전자 상거래 기업 아마존이 2019년 1월 세계 시총 1위에 올랐다. 아마존은 전자상거래 서비스를 중심으로 클라우드, 인공지능 등 최첨단 IT 기술을 선도하는 기업으로 전환했다. 아마존은 직원의 직무교육에 상당한 투자를 하고 있다. 2019년부터 2025년까지 수요가 높은 분야의 자사 직원 10만 명 이상에게 직무 향상 교육을 위해 7억 달러를 투자하겠다고 밝혔다. 교육은 비IT 인력을 위한 IT 직무교육, 고숙련 인공지능 전문 인력교육 및 다른 직종으로 전환을 위한 직업교육으로 구분해 제공한다. Amazon Technical Academy를 통해 비IT 인력의 IT 업무, 소프트웨어 엔지니어로의 전환교육을 실시하고, 물류센터 직원들에게 Associate2Tech라는 90일 기간의 IT 교육을 제공한다. 최근 인공지능의 부상에 따라 IT 지식을 가진 직원들을 대상으로 기계학습을 위한 총 6주 과정의 현장 교육인 Machine Learning University 프로그램을 마련하고 있다. 이외에도 물류센터 직원들을 대상으로 항공기계, CAD, 의료임상 실습, 간호 등 인기 직종 관련 교육을 실시하는 Amazon Career Choice 프로그램을 운영하고 있다. 2012년 실시 후 2만 5,000명 이상 이수했고 2020년 말까지 60개 이상의 교육강좌가 개설된다. 또 Amazon Apprenticeship이라는 미 노동부 공인 프로그램을 통해 집중 강의형 수업과 현장 도제 학습 병행 교육을 실시하고, AWS Training and Certification 과정을 통해 AWS Cloud 실무 교육을 실시해 자체적으로 아마존 클라우드 전문가를 양성하고 있다. 아마존은 교육 외에 시간당 15달러의 기본 임금, 의료보험, 연차보장, 401K 퇴직연금을 복지 서비스로 제공한다.

2020년 7월 기준으로 87만 6,000명의 정규직 인력을 고용한 아마존은 팬데믹 기간인 지난 3월 이후 17만 5,000개의 임시직 일자리를 만들었고 향후 몇 개월에 걸쳐 13만 3,000명을 추가 고용할 예정으로 조만간 전체 직원이 120만 명에 이르게 된다.

인공지능으로 인한 일자리의 변화는 불가피하다. 급격한 고용 변화가 오기 전 부드러운 역량전환의 기간을 가져야 한다. 본격적인 4차 산업혁명 시대로 전환하기 위해서는 소프트웨어, 인공지능 활용 등의 디지털 역량강화 교육은 필수적이다. 아울러 인공지능, 로봇에 의한 일자리 대체로 양질의 일자리 감소, 이로 인한 정부 세수 감소, 부의 양극화와 소득 불균형의 문제를 극복할 수 있도록 정부, 민간기업, 시민사회가 머리를 맞대 대안을 찾아야 할 시점이다.

Part. 5

SW와 미래 교육

1

DIGITAL
POWER
2021

우리 아이를 위한 SW·AI 교육

김한성 소프트웨어정책연구소 선임연구원

SW·AI 교육[92] 무엇이고, 왜 중요한가?

"소프트웨어(SW)와 인공지능(AI) 교육은 뭔가요? SW·AI 교육을 받으면 뭐가 좋아지나요? 무엇부터 시작해야 하나요?" 최근 공적인 자리든 사적인 자리든 이러한 질문을 자주 받는다. 요즘처럼 다양한 교구들과 온라인 강의들이 무수히 쏟아져 나오는 상황 속에서 필자도 혼란스럽기는 마찬가지이다. 이럴 때일수록 몸과 마음을 바르게 하고 SW 교육의 정수를 꿰뚫을 수 있는 내공이 필요한 것 같다. SW 교육의 근원으로 올라가 SW와 AI 교육의 필요성을 주장했던 시모어 페퍼트 교수[93]의 철학을 살짝 빌려 맨 처음 질문에 답을 하며 본 장을 시작한다. 사실 시모어 페퍼트는 SW 교육이라는 용어를 사용한 적이 없다. 그는 'Computational Idea'와 'Object to Think With'와 같은 용어를 자주 사용하며 '아이들의 생각을 도와주는 사물' 정도로 컴퓨터를 바라보았다. 그리고 SW 교육의 기저 이론이 되는 컴퓨터과학 또한 컴퓨터에 대한 학문이 아니라, '서술 언어'에 대한 학문으로 바라보았다. 이는 이미 완성된 컴퓨터의 원리를 이해하는 것이 중요한 것이 아니라, 컴퓨터와 대화하는 방법으로 길러지는 절차적 사고와 메타 인지 등의 사고 모델을 통해 세상을 바라보고 문제를 해결하는 역량을 갖추는 것이 중요하다는 것을 의미한다.

이에 우리가 SW 교육을 통해 얻을 수 있는 것은 무엇인지, 우리는 이를 어떻게 진행하고 있는지, 그리고 우리가 준비해야 할 것은 무엇인지에 대해 차근차근 살펴보자.

우리 아이가 SW 교육을 통해 얻는 것은 무엇일까?

첫 번째는 디지털 세계에 대한 이해이다. 우리가 살아가는 세상이 누군가에는 마법처럼 보일지도 모르겠다. 출출하던 참이었는데 내가 보는 유튜브 영상에 햄버거 광고가 떡하니 나온다. 운동을 하고 싶었는데 운동 기구와 건강식 정보도 딱 맞춰 나온다. 어떤 이는 이러한 상황을 아무 의식 없이 받아들일 것이고, 어떤 이는 마법처럼 신기해할 것이며, 또 어떤 이는 그것이 내가 온라인에서 활동한 정보를 토대로 제공되는 것이라는 걸 알 것이다. 즉 누군가에게는 마법이지만 누군가에는 과학인 것이다. SW 교육은 바로 이렇게 우리가 인식하지 못하면 알지 못하는, 현재의 세계를 움직이는 살아있는 지식을 선사한다. 세상을 이해하는 지식은 마치 과거 갈릴레오가 자연법칙을 탐구하며, 그동안 관념적[94]으로 이해하던 아리스토텔레스의 천동설을 과학적으로 반박할 수 있었던 힘과 같다. 살아있는 지식을 토대로 한 힘은 디지털 기반의 세상이 우리가 지금까지 만들어 온 결과물임을 이해하고, 앞으로도 우리가 지속적으로 만들어가며 발전시켜 나아갈 수 있다는 자신감을 길러주는 데 필요한 밑거름이 된다.

두 번째는 과정 중심의 문제해결 능력을 길러준다. SW 교육의 핵심 중 하나는 프로그래밍 활동을 통한 절차적 문제해결 방법을 익히는 것이다. 절차적 문제해결 방법이란 단지 순서대로 문제를 해결하는 방법을 의미하기보다, 어떠한 문제를 해결하는 방법 그 자체를 이야기한다. 즉 자신만의 문제해결 방법을 설계하고 검증해 나아가며 결과 중심의 접근이 아닌 과정 중심의 문제해결 방법을 익히게 된다는 것이다. 시모어 페퍼트는 그의 저서를 통해 어떠한 아이가 수학 문제를 틀렸을 때 교수자가 정답이 아님을 알려주면, 대부분의 아이들은 그냥 정답을 여러 번 고치면서 맞는지 확인받으려 한다는 것을 지적한다. 하지만 중요한 것은 그 문제의 정답이 아니라 어떠한 과정을 통해 정답이 도출되었는지 생각해 보는 것이다. 이는 프로그래밍 활동을 통한 '절차적 문제해결'과 이를 수정하는 '디버깅'의 과정을 경험하며 자연스럽게 극복할 수 있다. 프로그래밍에서 디버깅 활동은 누군가에게 훈계를 받거나 눈치를 받는 과정이 아니라 자신의 생각을 다시 한번 생각해 보는(Thinking about Thinking) 핵심적인 절차이다. 그리고 아이들은 프로그래밍 활동을 통해, 산출물은 내가 설계한 알고리즘에 의한 결과물일 뿐임을 알아가며 결국에는 문제해결 과정과 디버깅의 중요함을 이해한다. 즉 절차적 문제해결에 대한 경험은 결과가 아닌 과정 중심적 사고력을 길러주어 우리 아이가 살아가며 부딪히게 될 다양한 문제를 해결할 진정한 힘을 길러준다.

세 번째는 아이들을 구성주의적 학습자로 기르는 데 강력한 역할을 한다. 우리가 흔히 말하는 지식은 어떠한 사실이나 이론을 안다는 명제적 지식(또는 사실적 지식)과 어떠한 사실이나 이론을 이해하는 방법을 아는 절차적 지식(또는 방법적 지식)으로 나누어볼 수 있다. 과거 산업화 시대에는 방대한 양의 명제적 지식을 효율적으로 받아들이기 위한 행동주의와 인지주의적 접근이 효과를 발휘했다. 그리고 많은 아이들은 교실에서 교사가 전해주는 지식을 암기하며, 지식 쌓기 경쟁을 했다. 하지만 디지털 시대에 명제적 지식은 데이터베이스를 통해 우리가 가늠하지 못할 만큼 넘치고 있다. 이제 중요한 것은 우리가 감당할 수 있을 정도의 적당한 명제적 지식을 익히는 것과 함께, 세상의 다양한 정보를 평가·재구성하고 자신만의 방법을 활용해 가치 있는 지식으로 만들어가는 절차적 지식을 익히는 것이다. 이처럼 절차적 지식을 통해 세상을 이해하고, 자신만의 지식을 만들어가는 과정이 바로 구성주의의 본질이다. 그리고 프로그래밍이 절차적 지식을 함양하는 매우 좋은 교육 활동임을 위에서 이미 이야기했다.

오늘날 대부분의 교육 프로그램은 구성주의에 근거한 접근을 시도한다. 하지만, 결과가 그리 좋지는 못하다. 교육 프로그램 자체의 문제와 사회 구조적 문제가 혼재해 있다. SW 교육도 마찬가지이다. 하지만 다른 교육보다는 여건이 좋다. 왜냐하면, 프로그래밍 활동 자체가 아이들의 구성주의적 사고력 향상을 목표로 하기 때문이다. 즉 SW 교육은 자신만의 지식을 구성할 수 있는 힘을 길러주는 교육이라 할 수 있다. 프로그래밍을 예로 들어보자. 프로그래밍을 통한 활동은 아이들이 사회를 하나의 가상공간으로 축소해서 보고, 문제해결 단계를 쪼개고, 패턴을 찾아 자동화해 보는 과정을 통해 매우 추상적으로 이루어지는 과정도 쉽게 구체화해서 볼 수 있는 역설적인 경험을 제공한다. 다시 말해, 머릿속에 쉽게 떠오르지 않는, 혹은 우리가 쉽게 이해하지 못하는 지식[95]도 컴퓨터 공간 속에서 거북이와 고양이 등의 객체에 자신을 투영해 움직여 보고, 가설을 검증해 보며 매우 구체화된 경험을 할 수 있다. 이를 통해 우리가 어렵다고 생각하는 기하학과 운동법칙의 원리도 프로그래밍 활동을 통해 쉽고 재미있게 경험을 할 수 있다.

이처럼 SW 교육은 디지털 세상을 이해하는 소양을 길러주고, 결과가 아닌 과정이 중요하다는 것을 알게 해 주며, 무엇보다 자신만의 방법으로 지식의 핵심을 이해하고 새롭게 응용할 수 있는 모델을 갖추도록 도와줄 수 있다. 이러한 역량을 갖춘 아이들의 모습을 생각해 보자! 그리고 그들이 바꾸어 갈 미래를 생각해 보자! 스티브 잡스를 비롯해 많은 컴퓨터과학자와 컴퓨터교육학자에게 영감을 준 엘런 케이[96]는 미래를 예측하는 최고의 방법은 '그 미래를 만드는 것'이라 했다. 엘런 케이의 말과 같이 미래를 만들어갈 수 있다는 자신감을 가지고 살아갈 우리 아이들과 그들이 변화시켜갈 미래의 모습이 기대되지 않는가?

하지만 SW 교육도 결국 방향을 잃은 채 코딩 경쟁 교육으로 함몰될 수도 있고, 효용성에 대한 의구심에 과거 ICT 활용 교육과 마찬가지로 서서히 잊혀질지도 모르겠다. 그렇기 때문에 중요한 것은 결국 방향을 잘 설정하는 것과 주객이 전도되지 않고 아이들이 즐겁게 학습할 수 있는 환경을 만들어주는 것이다. 이에 우리나라는 관련 정책을 잘 추진하고 있는지 살펴볼 필요가 있다.

우리는 과연 올바르게 나아가고 있나?

2014년 정부의 SW 교육 활성화 방안이 발표된 이후, SW 교육이 필수화로 지정된 2015 개정 교육과정 고시를 거쳐, 2017년 10월 〈과학, 수학, 정보교육 진흥법〉이 통과되는 등, SW 교육 분야는 매우 빠른 변화를 하고 있다.

특히 2020년 5월 교육부에서 발표한 '정보교육 종합계획'을 통해 그동안 이루어진 학교에서의 SW 교육을 뒤돌아보고, 향후 학교의 SW 교육을 AI 교육 중심으로 개선하기 위한 방안을 제안했다.[97] 교육부에서 발표한 '2020년 정보교육 종합계획'의 주요 내용을 살펴보면 다음과 같다.

주요 내용을 살펴보면, 초등학교에서부터 시작하는 SW 교육과 정보 교과 수업 시간 확대, SW 교육을 위한 인프라 구축부터 관련 제도 정비까지 다양한 내용을 제안하고 있다.

〈정보교육 종합계획〉

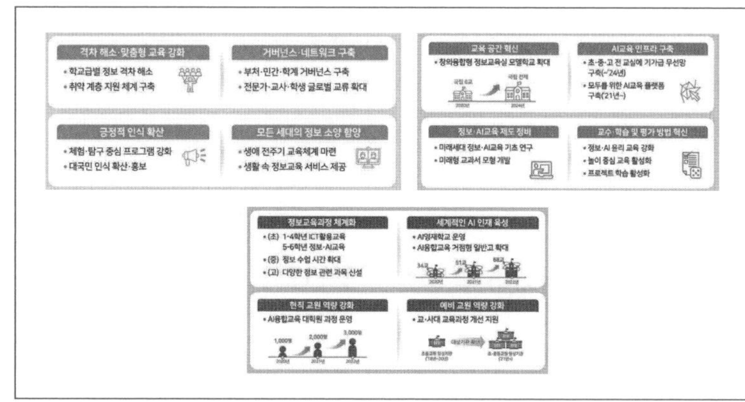

출처: 교육부(2020), "정보교육 종합계획"

특히 초등학교 1~4학년에 ICT 활용 교육이 시행되고 고학년에 SW와 AI 교육으로 자연스럽게 이어질 수 있도록 계획하고 있다는 점이 고무적이다. 즉 기초적인 소양 교육에서 시작해 사고력 교육까지 이루어질 수 있도록 체계적인 준비를 하겠다는 것이다. 고등학교에서도 SW 교육과 관련한 다양한 선택 교과를 개설해 아이들의 흥미에 맞춰 선택할 수 있는 선택권도 주려는 시도를 하고 있다. 그리고 2020년 8월 실제로 고등학교에 '인공지능 기초'라는 선택 교과가 고시되기도 했다. 이러한 정보교육 종합계획은 과거 2000년 추진되었던 ICT 활용 교육과 2015 개정 교육과정에서 SW 교육이 가진 한계점을 보완하고자 나름의 최선을 다한 것으로 보여진다.

하지만 매우 방대한 내용을 담다 보니 다소 추상적인 내용들을 제안한다는 한계가 있다. 예를 들어, 초등학교와 중학교의 수업시간은 어떤 식으로 확대할 것인지에 대한 구체적인 계획과 초등학교 교원양성 대학인 교육대학의 SW·AI 관련 교과나 학과 개설 등 그동안 갈등을 이어오던 내용에 대한 구체적인 언급이 없다. 이에 2020년 5월에 발표된 정보교육 종합계획은 SW 교육에 대한 정부의 의지를 확인했다는 선언적 의미에 그 의의를 둘 수 있다. 이는 앞으로 정부의 행보를 계속해서 더 지켜봐야 하는 이유이기도 하다.

그럼, 우리가 준비해야 할 것은 무엇인가?

여기서 우리란 '정부관계자'가 될 수도 있고 '학교관계자', '학부모' 그리고 우리의 '아이'들이 될 수도 있다. 정부에서 준비하고 있는 내용은 이미 위에서 어느 정도 살펴봤다. 그리고 아이들은 사실 준비할 것이 없다. 오히려 너무 많은 것을 하고 있다. SW 교육도 결국 사교육 열풍으로 이어졌으며, 이젠 AI 교육으로 그 열기가 이어지고 있다. 우리는 어쩌면 더하는 교육이 아니라 덜어내는 교육을 고민해야 할지도 모른다. 그렇기 때문에 학교 관계자와 학부모를 비롯한 일반 시민들이 어떠한 생각을 가지고 어떠한 준비를 해야 하는지에 대한 논의가 필요하다. 이에 일반 시민으로서 SW 교육에 대해 가졌으면 하는 세 가지 관점을 이야기해 보고자 한다.

첫째, SW 교육은 SW '활용 교육'이 아니라, 'SW에 대한 이해와 사고력 교육'이다. 의외로 많은 사람들이 오해하는 것이 SW 교육을 'SW를 활용해 교육하는 활동'이라 생각하는 것이다. 과거 파워포인트나 엑셀과 같은 MS Office를 활용하거나 SW를 도입한 교육 서비스, 흔히 에듀테크(Edutech)를 활용해 맞춤형 학습을 제공하는 ICT 활용 교육과 같은 관점으로 생각한다. 물론 SW를 활용해 학생들의 흥미나 동기를 이끌어 내는 활동은 필요하다. 맞춤형 학습 환경을 제공하는 것 또한 매우 중요한 과제이다. 하지만, SW 교육은 SW를 만들어가는 과정을 통해 익히는 절차적 사고를 토대로 문제해결 능력을 기르자는 것이다. 또한, SW와 컴퓨터의 작동원리에 대한 이해를 통해 디지털 세상을 바라보는 새로운 시각을 기르자는 것이다.

둘째, 모두를 SW 전문가로 키우자는 것이 아니다. 삶을 살아가기 위한 기초 소양을 기르자는 것이다. SW 교육을 처음 시작할 때 많이 나온 이야기가 '굳이 모두를 SW 전문가로 키워야 하는가?'에 대한 질문이었다. 그때도 그렇고 지금도 마찬가지이다. 국어, 과학, 수학 교육이 모든 학생을 국어학자, 과학자, 수학자를 기르기 위한 교육이 아니듯,

SW와 AI 교육도 모두를 직업인으로서의 컴퓨터과학자로 기르기 위한 교육이 아니다. 즉 디지털로 둘러싸인 사회를 이해하기 위해 단지 디지털을 활용해 보는 것이 아니라 그 원리를 이해하자는 것이며, 과학, 수학과 마찬가지로 단순 지식 습득이 아니라, 세상을 바라보는 시각, 즉 '컴퓨팅 사고력(Computational Thinking)'을 기를 수 있는 교육을 하자는 것이다. 그렇기 때문에 과거 전문가 양성 교육을 위해 직업교육, 혹은 대학교육에서 적용하던 교육 프로그램을 초·중등교육에 그대로 적용하던 관습을 경계해야 한다. 이를 위해서는 시모어 페퍼트가 강조하는 구성주의적 교육 모델을 참고해 아이들이 '생각에 대한 생각(Thinking about Thinking)'을 즐겁게 경험할 수 있는 교육환경을 제공해야 할 것이다.

셋째, SW에 대한 기술적 지식뿐만 아니라, 사회적 영향력과 윤리적 소양의 균형감 있는 교육이 중요하다. 특히 최근 관심을 받고 있는 머신러닝 등의 대표적인 기술에 대해 원리만 가르치는 것으로는 충분하지 않다.[98] 기술적으로 가치중립적 또는 객관적으로 홍보되고 있는 AI 시스템이 실제로는 성별과 피부색에 따른 편향성을 가지고 있다거나, 인종차별을 옹호하는 발언을 하는 등, 여러 윤리적 이슈가 보고되고 있다. 이와 같이, AI 시스템은 객관적이지 않을 수 있을 뿐만 아니라 의도하지 않았던 결과를 초래할 위험이 있기 때문에 기술적 이해와 사회적 영향력에 대한 이해를 연계해서 가르쳐야 한다. SW·AI에 대한 균형 잡힌 접근은 새로운 기술에 대한 비판적인 시각을 가질 수 있도록 해 소외계층에 대한 시스템의 악영향을 방지하고, 미래에 더 공정한 시스템을 구축할 수 있는 기초 역량을 제공할 수 있게 될 것이다.

지금 우리나라뿐만 아니라 전 세계는 SW와 AI로 변화하는 큰 물결의 중심에 있다. 그리고 우리 아이들이 이러한 변화를 잘 헤쳐갈 수 있도록 도와주는 것이 국가적인 과제라 할 수 있다. 다행인 것은 우리에게 이제 초·중등교육을 위한 어느 정도의 경험과 자산이 축적되었다는 것이다. 아직 충분하다고 할 수 없지만, 로고(LOGO)의 뒤를 이어 스크래치(Scratch)와 엔트리(Entry) 같이 진입장벽은 낮고 응용 수준은 높은 교육용 언어도 탄생했다. 2007년부터 컴퓨터과학 중심으로 개정된 교육과정 시대를 거쳐 SW 체험과 설계, 개발 경험을 통해 컴퓨팅 사고력을 향상시키고자 했던 2015 개정 교육과정까지 결코 적지 않은 경험과 자산을 보유하고 있다.

우리는 이제 이러한 경험과 자산을 토대로 체계적인 SW 교육을 마련해 우리 아이들에게 컴퓨팅에 대한 즐거움과 세상을 바라보는 새로운 시각을 기를 수 있는 기회를 제공해야 할 것이다.

"The best way to predict the future is to invent it."

- Alan Curtis Kay

2

DIGITAL POWER 2021

에듀테크가 가져 올 교육의 미래

김진숙 한국교육학술정보원 수석연구위원

에듀테크가 교육의 혁신을 가져올 것인가?

에듀테크(Edu Tech)는 단어에 포함된 의미 그대로, 교육과 디지털 기술의 융합이면서, 이를 통해 교육의 목표 달성을 지원하는 전략이다. 교육(教育)이 가르침을 통해 학습자의 배움과 성장을 촉진하는 활동이라면, 교육에서의 디지털 기술 적용은 가르치는 방식과 배우는 방식, 이를 둘러싼 모든 교육 환경에 대한 전환(Transformation)을 전제로 한다. 사회발전 전환의 기제로 본 것도 디지털 기술의 발달이었다. 이미 컴퓨터와 인터넷 기술 발달이 있었던 3차 산업혁명 이후 4차 산업혁명이 일어나는 사회를 디지털 전환(Digital Transformation) 시대로 명명한 것은, 디지털과 물리적 세계의 융합이 사회 전반의 혁신을 이끌 총체적 현상으로 자리 잡을 것으로 예측했기 때문이다.

이는 교육 분야에서도 컴퓨터와 인터넷 활용 교육, 소위 이러닝(e-Learning)이 에듀테크로 발달한 것과 같은 맥락이다. 이러닝이 전자화된 학습자료로 가르치는 활동의 변화에 초점을 맞춘 것이라면, 에듀테크는 지능화된 기술, 대표적으로 인공지능과 빅데이터 분석 기술이 학습자의 배움 과정에 깊숙이 관여할 수 있다는 가능성을 본다. 나아가 교육에 관여하는 모든 구성원들의 행동과 태도의 인식 전환까지 고려한다. 이러한 가능성에도 불구하고, '에듀테크가 교육의 혁신을 가져올 것인가?'라는 질문으로 시작한 것은 교육을 지탱해 온 기존의 제도와 인식이 그만큼 견고하고, 획일적이기 때문이다.

역설적으로 코로나19는 교육의 디지털 전환, 에듀테크의 적용 가능성을 높이는 역사적 사건이 되었다. 제도적으로 교육이 이루어지는 공간인 학교 교육의 기존 체제를 송두리째 바꾼 원격수업이 전면 시행되었기 때문이다. 이는 교육과정 운영에 기술이 전면 적용된 사례로 남을 것이다. 다시 질문해 보자면, '에듀테크가 천재지변에 대응한 한시적 수단으로 그치지 않고, 미래교육의 혁신을 이끌어 새로운 노멀로 자리 잡게 될 것인가?'라는 것이다. 이러한 지속가능성을 확보하기 위한 에듀테크의 적용 전략은 무엇인지에 대해 답을 찾아야 한다. 그래야 포스트 코로나 시대, 소프트웨어가 주도하는 디지털 미래사회를 견인하는 인재를 양성할 수 있기 때문이다. 답을 찾는 과정으로, 먼저 원격수업이 가져다 준 에듀테크의 적용 가능성 탐색과 미래교육 혁신 방향과 연계된 에듀테크 적용 범위를 확인해 본다.

원격수업과 에듀테크 적용

원격수업(Distance Education)은 다양한 온라인 기반의 수업 방식 중에서도 거의 찾아보기 힘든 형태였다. 원격은 말 그대로, 교수자와 학습자가 한 공간에 있지 않고, 온전히 온라인상에서 상호작용해야 하는 수업 방식이기 때문이다. 이러한 성격으로, 기술의 적용도 가장 다양하게, 전방위로 이루어져야만 수업의 효과와 효율성을 가질 수 있는 구조이다. 그동안 이루어진 원격수업의 대표적인 형태는 교육에 대한 뒤늦은 수요로 참여하는 방송통신 중·고등학교, 방송통신대학교 정도였다. 이외에 건강상의 이유 등으로 학교에 갈 수 없는 학습자를 대상으로 한 한시적 출석 인정이나, 섬이나 농촌 지역의 지리적 특성으로 일부 수업에서나 이루어지던 형태였다. 온라인 학습은 시공간의 제약을 넘어 교육 기회의 접근성이 보장되는 등 여러 장점에도 불구하고, 기존 제도에서는 수업으로 인정받거나 나아가 졸업장에 버금가는 학점 인정의 시도는 거의 전무했고, 시도할 이유를 찾지 못했던 것도 사실이다.

코로나19에 대응하기 위해 실시한 원격수업은, 1차적으로는 학생들의 건강과 안전을 최우선으로 하면서도 학습 결손은 방지하기 위한 최선의, 유일한 정책적 선택이었다. 그 과정에서 그동안 회피되거나, 외면되거나, 적용에 대한 필요성이 크지 않았던 디지털 기술을 교육 현안을 해결하는 주요 수단으로 적용하게 된 것이다. 원격수업의 수업 유형[99]과 적용된 에듀테크의 기능, 활용 현황을 살펴보면 다음과 같다.

〈원격수업 유형과 에듀테크 적용〉[100]

구분	운영 형태	에듀테크 적용 기능 및 활용	
실시간 쌍방향 수업	• 실시간 원격교육 플랫폼을 활용해 교사·학생 간 화상 수업을 실시하며, 실시간 토론 및 소통 등 즉각적 피드백	화면 전송, 채팅, 파일 공유 등의 기능이 있는 원격 화상회의 시스템*을 활용해 조회·종례 등의 학습자 비대면 및 학습 내용을 실시간으로 전달 * ZOOM, 구글 행아웃 Meet, MS 팀즈, 네이버 라인웍스, 구르미, 시스코 Webex 등	공통적으로 학급 관리, 개인별 출결 관리 및 학습시간, 학습수행 여부 체크 등의 기본 학습 관리 기능이 적용
콘텐츠 활용 중심 수업	• (강의형) 학생은 지정된 녹화 강의 혹은 학습 콘텐츠를 시청하고 교사는 학습 내용 확인 및 피드백 • (강의+활동형) 학습 콘텐츠 시청 후 댓글 등 원격 토론	학급(방), 클래스 개설, 콘텐츠 게시 및 탑재, 자료 검색, 게시판, 학급 관리 등의 기능이 있는 온라인 학습 서비스*를 활용해 학습안내 및 수행 지도 * e학습터, EBS 온라인클래스, 디지털교과서, 출판사 제공 교수학습 자료, 유튜브 등	
과제 수행 중심 수업	• 교사가 온라인으로 교과별 성취기준에 따라 학생의 자기 주도적 학습 내용을 맥락적으로 확인 가능한 과제 제시 및 피드백	자료 게시 및 공유, 댓글, 토의토론 등의 소셜 기능이 강화된 SNS 서비스*를 활용해 과제 안내 및 제출, 과제별 피드백을 제공하거나 확인 * 클래스팅, 위두랑, 네이버 밴드, 카톡, 구글 클래스룸 등	

이번 원격수업에서의 에듀테크 적용은, 학습 콘텐츠의 제공과 검색, 활용 등에 머물렀던 이러닝의 형태가 학급 개설 등을 통한 이용자 관리, 실시간, 비실시간 소통, 기본 학습 관리 등 학습 지원 서비스로의 발전 가능성을 보이는 기회가 되었다. 이러한 경험이 교육혁신의 핵심 전략으로 자리 잡을 수 있는 가능성도 보인다. 국가와 교육부 차원에서 추진되는 정책에 미래 핵심과제로 디지털 교육 정책을 언급하고 있

기 때문이다. 먼저, 2020년 7월에 발표한 한국판 뉴딜 정부 정책[101]에는 디지털 뉴딜의 일환으로 교육 분야의 정책이 포함되어 있다. 교육 분야 디지털 뉴딜은 전국 초·중·고·대학·직업훈련기관의 온·오프라인 융합 학습 환경 조성을 위해 디지털 인프라 기반 구축 및 교육 콘텐츠 확충을 추진하는 것이다. 주요 내용을 살펴보면, 2022년까지 초·중·고 전체 38만 개의 교실에 고성능 와이파이 구축, 교원의 노후 PC 교체, 온라인 플랫폼 구축 등이 이루어지고, 대학의 온라인 강의를 지원하기 위한 국립대 원격교육지원센터나 교·사대에 미래교육센터 설치 등이 추진된다. 이외에 평생교육 수요에 대응하기 위한 K-MOOC(Massive Open Online Course, 한국형 온라인 공개강좌)의 확대나 공공, 민간의 직업훈련 기반 구축 등이 포함되어 있다. 이러한 정책과제는 지속 가능성만 확보된다면 교육의 디지털 전환을 위한 촉진제가 될 것이다.

이를 뒷받침하는 교육부의 미래교육 10대 과제[102]는 구체적인 추진 비전을 포스트 코로나 시대 미래교육 전환으로 잡고, 미래교육체제 준비를 위한 "디딤돌" 과제를 구체화하고 있다. 이 중에서 디지털 기반 구축과 관련한 대표적 과제는 K-에듀 통합 플랫폼 구축이다. 이는 흩어져 있는 콘텐츠와 학습 관리 시스템(LMS, Learning Management System), 학습도구 등을 하나로 연결해 유·초·중·고등학교에서 사용 가능하도록 서비스를 통합해 나가는 내용이다. 향후 이용자 관점에서의 서비스 접근성, 콘텐츠 활용의 용이성을 높이고, 민간과 공공의 협력을 통한 한국형 에듀테크 서비스를 발전시키는 데 기본 목적과 방향을 가지고 있다. 앞서 언급했듯이 정책의 지속 가능성 확보가 관건인데, 이를 위해 민간, 공공, 학계가 참여하는 정책협의체 구성 및 행정·재정적 지원과 확보를 전제로 하는 세부 실행계획을 수립하는 것이 중요하다.

에듀테크의 미래와 교육 혁신

원격수업 경험을 통해 디지털 기술의 교육적 적용 가능성은 인식되었지만, 이것이 일시적 유행이 아닌 교육 혁신의 총체적인 현상, 교육 구성원들의 교육 방식을 바꾸는 문화로 자리 잡기까지는 해결해야 할 과제가 남아 있다. 다양한 해결 방안이 있겠지만, 에듀테크 측면에서 살펴보면, 현재의 교육 현안을 해결하고, 나아가 미래교육 혁신의 수단으로 디지털 기술의 적용을 확대하는 것이다.

먼저 이번 원격수업을 시행하는 과정에서 대두된 가장 중요한 문제는 교육격차이다. 실제 교육부가 실시한 원격수업 실태조사 결과[103]를 살펴보면, 현장 교사의 79%가 원격수업 과정에서 교육격차가 심화되었다고 인식하고 있는 것으로 나타났다. 다만 이에 대한 원인을 보면, 학부모의 지원(13.86%)이나 사교육 수강 여부(4.86%) 등 외적 요인보다는 학생들의 자기주도적 학습능력 차이(64.92%)로 응답하고 있어서, 학생들의 학습을 개별적으로 지원하기 위한 방안을 마련하는 것이 시급하다. 교육격차를 개선하기 위한 방안으로 '오프라인 보충지도'(37%), '개별화된 학습 관리 및 진단 플랫폼 구축'(31%), '수준별 맞춤 콘텐츠 제공'(9.11%) 등이 제시되며 에듀테크 지원에 대해 필요성을 인지하고 있는 것으로 나타났다. 이는 구체적인 원격수업 질 제고를 위한 지원사항 요구에도 나타나고 있는데, '교사가 재구성할 수 있는 자료제작 공유플랫폼 제공'(24.75%), '교수학습 자료로 적합한 콘텐츠 제공'(24.11%), '학교의 IT 장비 및 네트워크 환경개선'(15.92%) 등이다. 이제 에듀테크가 교육격차 해소를 위한 전략으로 자리 잡게 될 것인가는 공공, 민간의 역할이 되고 있다. 또한 에듀테크 적용은 단순히 현재의 기초학력 보장을 넘어, 교육 기회의 형평성 문제이며, 교육의 다양성을 보장하는 유연한 교육체제로의 전환을 전제로 확대되어야 한다.

에듀테크의 적용 범위를 미래교육 방향과 연계하여 확대시키기 위해서는, 먼저 교육 대상자를 평생에 걸친 교육훈련 수요자로 인지하고, 교수자(교사, 교수, 강사 등)와 학습자(학생, 교육훈련 대상자 등)의 활동을 의미 있게 구조화시킬 수 있는 학습환경을 지원하는 것에 초점을 맞춰야 한다. 교육이 나아가야 할 미래교육 전환 방향과 적용될 수 있는 기술[104]간의 관계를 나타내면 다음과 같다.

교육의 전환 방향과 적용 기술 간의 관계를 확인하는 일은, 에듀테크의 한 축을 이루는 기술의 발달에 교육의 변화를 맞추는 것이 아니라 미래교육 혁신의 도구로 에듀테크를 활용하는 것에 중점을 두어야 하기 때문이다.

〈교육의 전환 방향과 적용 기술〉

교육의 전환 방향		적용 기술
적응학습 (Adaptive Learning)	대단위 강의, 전달 방식은 개별 학습자를 위한 처방적 학습 개선이 어려움 → 학습자의 학습 수준과 관심, 흥미에 맞는 학습경험 지원	• 적응형 학습 기술 • 학습분석 기술 • 인공지능 기술
실감학습 (Immersive Learning)	물리적 학교 학습공간에서는 학습자의 학습경험이 한정됨 → 실제와 가까운 경험 제공을 통해 학습자의 몰입을 유도	• 가상현실 • 3D프린팅 • 메이커스페이스 • 사물인터넷 • 웨어러블 기술
학교 밖 연결학습 (Connected Learning)	학교와 훈련 기관의 정해진 시기, 교육과정은 필요할 때 학습을 하기 어려움 → 학습자 수요에 따라 언제든지 교육과 훈련 경험을 온라인을 통해 확대	• 온라인학습 • 디지털 배지 • 로봇공학
디지털 학습환경 (Digital Environment)	물리적 학습 환경은 시간과 공간의 제약으로 다양한 학습 경험 제공에 한계 → 학습자의 적응학습, 실감학습, 학교 밖 연결학습을 지원	• BYOD/모바일 기기 • 클라우드 컴퓨팅 기술

위에서 밝힌 교육의 전환 방향과 기술 적용은 서로 연계성을 갖고, 학습자를 중심으로 한 교육을 이루는 데 기여하게 될 것이다. 먼저 학습분석, 인공지능 기술 등은 개개인의 학습자 요구에 맞춘 교육과정이 제공되는 적응학습(Adaptive Learning)을 실현시킬 수 있다. 또한 현재 물리적으로 학교와 교실에 한정된 경험을 가상현실, 증강현실 기술 등을 활용해 실제와 가까운 확장된 실감학습(Immersive

Learning) 경험을 제공해 줄 것이다. 학습경험의 확장이라는 측면과 필요한 교육을 필요한 시기에 받을 수 있다는 점에서 학교 밖 연결학습(Connected Learning)은 온라인학습과 이를 인증해 주는 디지털 배지 기술 등을 통해 가능해질 것이다. 마지막으로 디지털 학습환경(Digital Environment)은 모바일 기기, 클라우드 컴퓨팅 기술이 뒷받침되어 학습 기회에 대한 접근성과 형평성을 보장하게 될 것이다.

이제, 처음에 제기한 질문에 대한 답이 필요하다. 에듀테크가 학교 교육 혁신을 가져오게 될 것인가에 대한 답은 '그렇다'이다. 교육의 중심을 학습자에게 둔다면, 개별 학습자의 수요를 철저하게 수용하고, 학습자의 경험이 학교를 넘나들도록 확장시킬 수 있는 수단은 교육과 기술의 융합이다. 이제 에듀테크는 정책적으로 고려 대상이나 선택 사항이 아닌 필수가 되어야 한다. 다만, 모든 혁신의 과정이 그러하듯이 기존 질서와의 갈등이 예견된다. 갈등으로 인해 과거로 회귀하느냐, 앞으로 나아가느냐는 정책의 의사결정 체계를 얼마나 민주적으로 갖추느냐에 달려 있다. 코로나19 대응 과정에서 학교 현장은 이미 교육과정 운영의 자율적 판단 능력을 갖게 되었다. 교육 정책의 주체가 더 이상 국가에만 있지 않다는 반증이다. 형식적인 참여가 아닌 자율적 주체로서 정책의 의사결정에, 현장이 참여하도록 해야 한다. 이는 비단 학교나 교사뿐 아니라 학부모, 지역 사회, 민간의 참여까지 확대하는 것을 의미한다. 범 국가적인 협의체 구성을 통해 의사결정의 법적, 제도적 기반을 마련하는 것부터 시작해야 한다. 특별히 에듀테크는 기술 발달에 영향을 받는 서비스이기에 민간의 참여를 전제로 해야 한다. 에듀테크 산업은 기존에 없던, 혹은 더 확장될 새로운 직업 세계의 창조와도 관련되어 있기 때문이다.

3

DIGITAL POWER 2021

미래 세대를 위한 리터러시 교육

김수환 총신대학교 교수

SW 교육은 어려서부터

SW 교육은 영국, 미국을 중심으로 강조되기 시작했는데, 2012년 영국 왕립협회에서 발간한 교육 보고서 「Shut down or Restart?」에서 미래 아이들을 위해서 필요하다는 주장에서 촉발되었다.[105] 이 보고서에서 미래 인재 양성을 위해서는 기존의 ICT 교육만으로 부족하며 ICT, 디지털 리터러시, 컴퓨터과학 교육이 필요하다고 권장했고, 영국 정부에서는 컴퓨팅(Computing) 교과를 새로 만들고 2014년부터 적용하기 시작했다. 우리나라에서도 2015년 정부에서 발표한 SW 교육의 필수화를 통해 시도되기 시작했다. SW 교육은 학술적인 용어라기보다는 교육정책적인 용어라고 볼 수 있다. 이전의 ICT 교육, 스마트 교육과 구분하고 새로운 교육내용을 시도하기 위해 정부에서 정책적으로 사용한 용어이다. 우리나라 교육과정에서 살펴보면 SW 교육은 전통적으로 '정보', '컴퓨터' 교과에서 이루어져 왔다. 현재 적용되고 있는 교육과정은 2015년에 개정된 교육과정으로, 초·중등학교에 SW 교육이 도입되어 정보교육이 필수화되면서 알고리즘과 프로그래밍 중심의 내용으로 개편된 교육을 SW 교육이라고 명명했다.

세계적인 흐름을 살펴보면 SW 교육이라는 용어보다는 컴퓨팅 교육, 컴퓨터 교육, 정보(Informatics) 교육, 컴퓨터과학(Computer Science) 교육 등으로 불린다.[106] 우리나라에서는 이런 교육의 특성을 반영하고 한국형 교육과정에 적용하기 위한 용어로 'SW 교육'을 교육과정에 명기하고 사용하게 되었다. 초·중등학생들에게 SW 교육을 도입할 때, 일부 사람들은 SW 개발자, 프로그래머를 양성하기 위한 교육을 하면 안 된다는 논리를 내세우거나 컴퓨터 계열 진로, 직업을 희망하는 학생들에게만 필요한 교육이라는 논리로 반대하는 경향이 있었다. 기성세대에게 컴퓨터는 대학에서 전공으로 배우는 학문이었으며, 특수한 계층에게만 필요한 내용이었을 것이다. 기성세대의 잣대로 보면 SW 교육은 모든 학생에게 필요하지 않을 수 있다. 하지만 디지털 네이티브도 진부한 단어로 생각되는 현대사회에서 디지털 세상에서 살아갈 힘을 길러주지 않는 것은 미래세대에게 교육의 기회를 박탈하는 것과 같다.

당장 우리 삶을 보면 하루 24시간 동안 가장 많이 사용하는 도구는 '스마트폰'이라고 할 수 있다. 디지털 세상에서 벗어날 수 없다면 디지털 세상에서 바르게 살아갈 힘을 길러야 한다. 산업 시대에서 문제를 해결하는 학문의 기본은 수학, 과학이었다. 4차 산업혁명 시대에서 필요한 학문은 최근 IT 기술의 발전과 대량의 데이터 수집 가능, AI 발전 등으로 인해 '컴퓨팅파워'를 활용하는 학문으로 개편되고 있다. 컴퓨터가 개발된 후 지난 70~80년 동안 컴퓨팅파워는 소프트웨어가 세상을 먹어 치운다[107]는 표현을 사용할 정도로 산업과 사회의 변화를 주도하고 있다. 최근 10년 사이에는 SW 최전선 결과물인 AI가 급속도로 발전하면서 그동안 난제로 여겼던 여러 가지 문제들이 해결의 실마리를 찾고 있다. 특히 문제해결, 인식, 추론, 학습의 영역에서 성공적인 성과를 내면서 산업의 여러 분야에 영향을 미치는 추세이다.[108] SW와 AI는 인간의 사고 과정을 자동화하려는 시도이며, 이는 이전의 산업혁명이 인간의 육체노동을 자동화하는 기계의 도입으로 가속화되었던 것처럼, 4차 산업혁명이 인간의 사고 과정이 필요한 산업 분야의 변화를 초래하고 있음을 보여준다. 산업 분야의 변화는 대학을 중심으로 한 고등교육에도 영향을 미치고 있다. 단적인 예로 2014년 하버드 대학에서 마이클 샌델 교수의 '정의란 무엇인가' 강좌가 'CS50' 강좌에게 교양 강좌 1위 자리를 내준 것은 4차 산업혁명과 관련 있다. CS50 강좌[109]는 컴퓨터과학 기초 강좌로 컴퓨팅의 원리를 배우고 간단한 프로그래밍으로 컴퓨터가 어떻게 작동하는지, 어떻게 문제해결에 활용될 수 있는지에 대한 기초 과정으로 구성되어 있다. 불과 30~40년 전만 해도 컴퓨터과학이나 알고리즘, 프로그래밍 수업은 전문 개발자나 전공자들을 위한 강좌였지만 지금은 모든 학생들이 기본으로 배워야 하는 강좌가 된 것이다. 여러 대학에서도 SW+X의 학과나 강좌들이 신설되고 있다. 이런 흐름이 최근 5년 사이에는 AI로 옮겨가면서 AI+X의 학문으로 발전하고 있다.

AI의 영향력은 2016년 알파고(AlphaGo)의 등장으로 전 세계의 이목을 집중시켰다. 인공지능 알파고와 인류의 대표인 '이세돌' 사범의 바둑 대결은 AI의 현주소와 인간의 한계를 명확히 보여주었다. 바둑은 수천 년의 역사를 가지고 있으며 인간이 만든 놀이문화의 최고봉이라고 할 정도로 높은 수준의 창의력을 요하는 경기라고 자부하던 터였다. 수학적으로 살펴보면 바둑의 경우의 수는 10의 170제곱에 이른다고 하며 전 우주의 분자 수만큼이나 많다고 한다.[110] 바둑의 복잡성 때문에 인간만이 즐길 수 있는 놀이라고 믿었던 것이다. 사람들의 예상과 달리 알파고는 4:1로 완승을 거두었다. 이후 이세돌 사범은 '더 이상 인공지능을 이길 수 없을 것'이라는 아쉬움을 남기고 2019년 은퇴했다. 이세돌 사범의 스토리는 현대와 미래의 인간에게 주는 메시지와 같다. 알파고 이전 시대에는 수학과 과학이 문제를 풀어내는 열쇠가 되었다면 이후 시대는 SW와 AI에 대한 리터러시가 문제를 풀어내는 열쇠가 될 것이다. 즉 현대의 삶을 살아가는 모든 사람은 AI에 대한 리터러시가 필요하게 된 것이다.

영국의 컴퓨팅 교육으로 촉발된 SW 교육은 최근 AI 교육으로 심화되고 있는데, 초·중등학생들에게도 AI 교육이 필요하다는 주장이 영국이나 미국을 중심으로 대두되고 있다.[111] 이는 성인교육에서도 비슷한 추세를 보인다. 국내외 대부분의 대학교육에서도 몇 년 전부터 필수 교양강좌로 '컴퓨팅 사고력(Computational Thinking)'을 가르치고 있는데, 최근에는 AI 강좌가 늘어나고 있는 추세이다. SW 교육이나 AI 교육을 반대하는 사람들의 주장을 들어보면 개발자가 될 것이 아닌데 굳이 그런 교육을 받아야 하냐는 논리다. 이 논리의 주장대로라면 모든 사람에게 수학이나 과학, 음악 교육을 할 필요가 없다. 수학자, 과학자가 되기 위해서만 수학, 과학을 배우지 않는 것처럼 초·중등 교육에서 SW 교육과 AI 교육은 SW, AI 개발자를 양성하기 위한 교육이 아니다. 현대, 그리고 미래 사회를 살아가기 위한 필수 리터러시 교육인 것이다. 2017년 구글 갤럽(Google-Gallup)에서 발표한 「초·중·고 컴퓨터과학 교육 주별 보고서(K-12 Computer Science Education State Reports 2017)」에 따르면, 재정과 지역에 따라 발생하는 현상을 보이고 있다. 산업사회에 필요한 리터러시가 읽고, 쓰고, 셈하기(3Rs)였던 것처럼 디지털 세상에서 살아가야 할 인류에게 필요한 리터러시 교육은 SW, AI 교육인 것이다. 현재 초등학교에서 17시간, 중학교에서 34시간 이상, 고등학교에서는 선택과목으로 편성되어 있지만 배움의 기회는 턱없이 부족한 실정이다.

초·중등 SW 교육의 목표

초·중등 SW 교육은 개발자를 양성하는 교육이 아니다. 여러 나라에서 공통적으로 내세우는 SW 교육의 목표는 문제해결을 위한 '컴퓨팅 사고력'의 함양이다. 우리나라 정보 교육과정에서는 컴퓨팅 사고력을 다음과 같이 정의하고 있다.

> 컴퓨터과학의 기본 개념과 원리 및 컴퓨팅 시스템을 활용해 실생활 및 다양한 학문 분야의 문제를 이해하고 창의적으로 해법을 구현해 적용할 수 있는 능력을 말한다. '컴퓨팅 사고력'은 추상화 능력과 프로그래밍으로 대표되는 자동화 능력을 포함한다. 추상화는 문제의 복잡성을 제거하기 위해 사용하는 기법으로 핵심 요소 추출, 모델링, 문제 분해, 분류, 일반화 등의 과정으로 이루어진다. 추상화 과정을 통해 도출된 문제해결 모델은 프로그래밍 과정을 통해 자동화된다.[112]

컴퓨팅 사고력이란 용어는 2006년 지넷 윙(Jeannette Wing)이 그녀의 논문을 통해서 제안했다고 알려져 있다. 많은 사람이 그녀의 논문을 인용해 컴퓨팅 사고력의 정의를 차용하고 있지만, 원래의 기원을 찾아보면 그녀가 최초로 사용한 용어는 아니다. 윙은 컴퓨팅 사고력을 한마디로 '컴퓨팅 사고력이란 컴퓨터과학자가 문제를 해결하는 과정을 의미한다'고 정의했다. 컴퓨팅 사고력을 구성하는 요소는 추상화와 자동화로 제시했다. 윙의 의미대로라면 컴퓨터 과학자가 어떻게 문제를 해결하는지 먼저 알아야 그 개념을 정확히 이해할 수 있다. 컴퓨터 과학자는 컴퓨터과학을 전공으로 한 과학자를 의미하는데, 컴퓨터과학은 원래 '컴퓨터'라는 계산 기계를 만들어 문제 해결에 활용하는 학문이다.[113]

- 문제해결, 시스템 설계 및 인간 행동의 이해를 컴퓨터 공학의 기본 개념을 통해 접근하는 방법(컴퓨터가 아닌 인간의 사고 방법)
- 추상화 및 자동화 등 컴퓨터를 활용한 문제해결 능력
- CT는 분석적 사고의 하나로, 문제해결을 위한 일반적인 접근에서는 수학적 사고를, 실제 세계의 제한 안에서 크고 복잡한 시스템 설계와 평가를 하는 문제들에는 공학적 사고를, 인간의 행동·감정·지능·연산 능력을 이해하기 위한 문제의 접근에는 과학적 사고를 함께 사용

- 지넷 윙(2006, 2008)

컴퓨팅 사고력의 기원을 살펴보면 '시모어 페퍼트(Seymour Papert)'의 저서 『Mindstroms』[114]에서 찾을 수 있다. 페퍼트는 여기서 '절차적 사고'라는 표현을 사용한다. 페퍼트는 컴퓨터를 문제해결의 도구로 사

용하면 사람들이 문제해결 방법이나 그 사이의 연결 관계들을 분석하고 설명하는 데 효과적으로 활용할 수 있을 것이라고 생각했다. 어린이를 위한 프로그래밍 언어인 로고(LOGO)를 개발하고 교육에 적용하면서 어린 학생들에게 컴퓨터가 창의적인 표현 도구가 되기를 원했다. 이후 여러 연구를 통해서 아이들이 프로그래밍을 통해 그런 절차적인 사고를 개발할 수 있다는 것을 보여주었다. 페퍼트는 문제를 분석하고 설명하는 것을 중점적으로 제안했다면, 윙은 문제해결의 공식화에 대해 주장한 것이라고 볼 수 있다. 윙의 경우 문제해결 방법을 컴퓨터를 이용해 해결하는 것에 대한 근본적인 질문이었다면, 페퍼트는 좀 더 일반적인 문제해결을 염두에 두고 컴퓨터과학을 다른 학문과 연결해 문제를 해결하는 방법을 제시했다. 컴퓨팅 사고력을 바라볼 때, 학문이나 교육의 관점에서 본다면 윙의 견해에 가깝게 해 추상화와 자동화를 중심으로 컴퓨터의 파워를 문제해결에 활용하는 원리를 배울 수 있도록 구성하는 것이 좋다. 예전의 과학이나 수학처럼 컴퓨팅 사고력이 점차 일반화되어 리터러시로서 자리 잡게 된다면 페퍼트의 견해처럼 컴퓨팅 사고력을 기반으로 해 다른 학문과의 융합을 통해 세상의 문제를 이해하고 해결하는 방향으로 발전해야 할 것이다. 컴퓨팅 사고력의 활성화에 세계적으로 기여한 도구는 '스크래치(Scratch)'[115]이다. 미국 MIT 미디어랩에서 만든 스크래치는 전 세계 150여 개국에서 사용하고 있는 교육용 프로그래밍 언어이다. 국내에서는 엔트리(Entry)가 비슷한 역할을 하고 있다. 스크래치를 만든 미디어랩의 미첼 레즈닉(Mitchel Resnick) 교수는 페퍼트의 제자이기도 하다. 스크래치의 철학은 페퍼트가 만든 로고의 철학을 승계하고 있다. 따라서 모든 사람이 자신의 생각을 컴퓨터 또는 컴퓨팅이라는 도구를 이용해서 효과적으로 다른 사람들에게 전달하고 표현할 수 있도록 도와주기 위한 것이었다. 모든 학생들이 추상화와 자동화의 과정을 체험하고 문제를 이해하며 해결하는 원리를 익히게 되면 페퍼트의 제안처럼 세상의 모든 문제에 이런 원리를 적용할 수 있게 될 것이다. 윙도 컴퓨팅 사고력은 모든 사람들이 배우고 갖춰야 할 능력이라고 주장하면서, 많은 사람들이 배우고 사용하기를 열망했다. 요약하자면 컴퓨팅 사고력은 컴퓨터과학을 기반으로 해 문제해결, 시스템 설계, 인간의 행동을 이해하는 것을 포함한다. 이 밀접한 관계는 비(Vee)[116]의 CL(Computational Literacy)의 의미와 상통한다. 비(Vee)는 이전 디세사(diSessa)[117]의 CL 개념을 확장시켜서 'CL은 복잡한 과정을 작은 절차들로 분해한 후, 그것을 인간의 측면이 아닌 컴퓨터가 이해할 수 있는 코드로 표현하거나 작성하는 능력'으로 설명했다. 따라서 다양한 컴퓨팅 사고력의 관점을 정리해보면 크게 두 가지로 구분이 가능하다. 먼저 리터러시 측면에서의 표현(Expression)과 교육적, 개인 역량 측면에서의 문제해결(Problem-Solving)이다.

결국 컴퓨팅 사고력을 증진한다는 것은 '세상의 문제를 컴퓨팅 사고의 관점으로 바라보고 표현하며, 컴퓨팅 사고력을 이용해 문제를 해결할 수 있도록' 한다는 의미이다. 컴퓨팅 사고력을 집대성한 책[118]에서는 그 이유를 컴퓨팅의 파워(Power)와 가치(Value)에서 제시하고 있다. 그동안 자연적이고 사회적인 현상을 이해하기 위해서 과학이나 수학이 했던 역할을 컴퓨팅이 하게 되었다는 것이다. 특히 정보를 이해하고 해석하는 데 컴퓨팅이 필수적인 요소가 되면서 컴퓨팅 사고력이 현시대에서 가장 중요한 역량이 되었다고 말한다. 이 책에서는 이전까지의 컴퓨팅 사고력의 개념을 확장시켜 다음과 같이 정의한다.

> "Computational Thinking is the mental skills and practices for designing computation that get computers to do jobs for us, and explaining and interpreting the world as a complex of information processes." - Denning. P. J.&Tedre. M.(2019)

〈CL과 CT의 관계〉

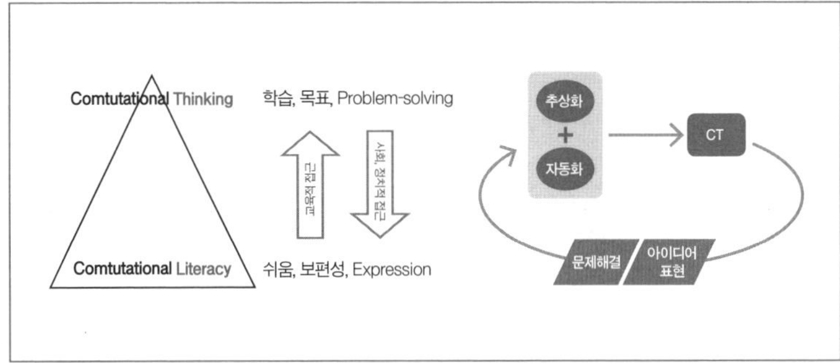

AI 교육은 SW 교육의 연장선

이제 SW 교육을 통한 컴퓨팅 사고력 함양은 현대인에게 필수적인 리터러시라는 논쟁은 무의미하다. 현대사회의 리터러시라고 하면 초·중등학생뿐만 아니라 성인에게도 필요한 것이다. 최근 일반인을 대상으로 한 여러 교육에서도 SW와 AI 교육이 주요 주제로 등장하고 있다. 2020년 8월에 오픈한 '머신러닝 야학'[119]에서 수만 명의 일반인이 참여했다는 사실이 그 사례 중 하나이다. 구글과 생활코딩이 함께 만든 머신러닝 야학에서는 비전공자나 일반인이 쉽게 인공지능을 배울 수 있도록 머신러닝1, 오렌지3, 텐서플로우 과정을 제공하였다. 영상을 보면서 스스로 학습하고 실습을 따라하는 방식으로 10일간 진행하였는데 일반인들이 수만 명이나 참여하게 된 것이다. 이렇듯 AI에 대한 관심도가 높아짐에 따라 SW 교육에서 AI 교육까지 연계하는 방안이 더욱 중요해졌다.

SW 교육을 통해 기본적인 알고리즘과 프로그래밍을 익히고, 그 연장선에서 AI를 배워야 핵심 개념과 원리를 제대로 파악할 수 있다. 정부에서도 '인공지능 국가전략'[120]을 발표하면서 초·중등 학생뿐만 아니라 일반인, 재직자를 위한 AI 평생교육 관련 아젠다를 제시했다.

아젠다	과제명	소관부처/관계부처
세계 최고의 AI 인재 양성 및 전 국민 AI 교육	SW·AI 기초교육 강화	과기정통부
	전 장병 AI 교육	국방부/과기정통부
	공무원 AI 교육 전면 실시	인사처/과기정통부
	중기 재직자 및 소상공인 AI 교육 제공	중기부
	생활 SOC 활용 일반 국민 AI 교육 (박물관·도서관·과학관·노인 복지시설 등)	문체부·과기정통부·지자체

AI 시대의 교육은 SW 교육을 시작으로 AI 교육으로 발전, 심화될 것이다. SW 교육에서 컴퓨팅 사고력을 통한 문제해결 능력을 길렀다면 AI 교육을 통해 AI 기술을 활용해서 문제를 해결하는 능력으로 확장될 것이다. AI 교육 관련 연구를 살펴보면 다음과 같은 목표와 방향을 확인할 수 있다.[121]

- AI 사용자(AI Consumers): 일상생활에서 AI 서비스와 제품을 사용해 자신의 문제를 해결할 수 있는 기본 소양
- AI 활용자(Workforce that Uses AI): 자신의 직업과 진로 분야에서 AI를 활용 및 응용할 수 있는 역량
- AI 개발자(Workforce in AI): AI 분야에서 일할 수 있는 역량

다음 그림은 AI의 활용 분야와 대상에 따른 AI의 목표 역량을 나타낸 것이다.

〈AI 교육의 목표 역량〉

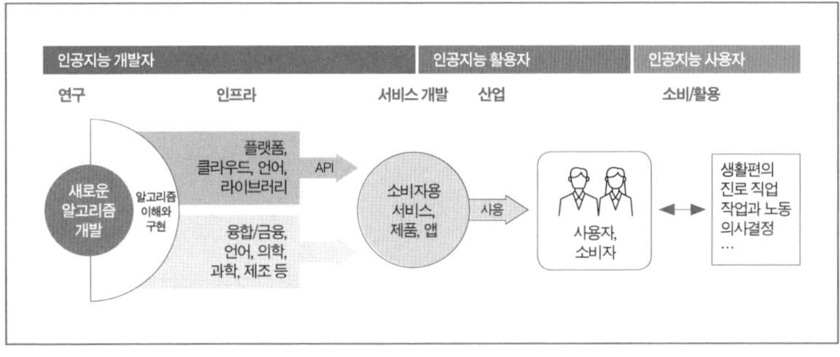

출처: 김수환, 김성훈, 이민정, 김현철(2020), "K-12 학생 및 교사를 위한 인공지능 교육에 대한 고찰"

그림의 왼쪽부터 AI 기술이 연구, 사업, 소비 등 다양한 분야에 사용되는 접근 관점의 5단계로 정리할 수 있다.[122] 논문의 내용을 그대로 인용하여 구체적인 단계를 설명하면 다음과 같다.

①AI 핵심기술과 알고리즘 개발 ②AI 알고리즘을 이해하고 응용해 자신의 분야, 예를 들면, 금융, 의학, 과학, 마케팅 등에 융합 적용하거나 분야별 알고리즘 개발 ③AI 알고리즘을 활용할 수 있도록 플랫폼과

클라우드 서비스를 제공 ④알고리즘과 플랫폼을 활용해 사용자용 제품, 서비스, 앱, 추천 시스템 등을 개발 ⑤AI 서비스와 제품을 사용하는 사용자, 그 사용자는 인공지능을 활용해 자신의 업무, 직업, 생활에 효율성 향상.

이 중 ①②③단계는 연구·개발 분야, ④단계는 산업·활용 분야, ⑤단계는 사용자 분야라고 볼 수 있다. 이 틀에서 어느 단계를 목표 역량으로 하느냐에 따라 다음의 교육과정을 생각해 볼 수 있다. 가령, ④⑤ 항목은 기본적인 'AI 리터러시(소양) 교육'에 해당한다. 통상적으로 우리 주변과 산업에서는 AI 서비스와 제품을 이해하고 건강하게 사용해 해당 분야의 작업 효율성을 높일 수 있는 역량을 목표로 한다. AI 사용자 수준에 필요한 역량이다. AI 리터러시에서 조금 더 나아간 AI 교육은 ③단계까지 포함하는데, 컴퓨팅 사고력 교육에서의 코딩 언어나 개발 도구로 제공되는 AI 기능을 활용해 문제를 해결하거나 개선하고, 간단한 프로그램 혹은 앱을 설계 및 구현할 수 있는 역량까지를 포함한다. 이것은 기존의 컴퓨팅 사고력 교육(혹은 컴퓨팅, 정보, 컴퓨터과학 교육, 소프트웨어 교육)의 연장선상에 있다. 따라서 초·중등 교육과정에 적용될 수 있다. ②단계까지의 역량은 구체적인 알고리즘에 대한 이해까지 포함하게 되는데, 이것은 일반적으로 대학 교육과정에 적용될 수 있다. 일부 과학·영재고등학교의 전문교과 교육과정에도 적용될 수 있다. 마지막으로 ①단계는 대학원의 전공자 AI 교육에 해당한다.

지금까지 살펴본 SW 교육과 AI 교육은 공교육에서 공평하게 제공해 주지 않으면 더 큰 교육격차를 야기하게 될 것이다. 따라서 초중등 교육에서 '정보'를 독립 교과로 만들고 누구나 배울 수 있는 기회를 제공해 주어야 한다.

인재론의의 권위자인 린다 그래튼(Lynda Gratton)은 100세 시대에 교육-일-은퇴라는 3단계 모델의 종말을 선언하면서 교육-일-교육-일…의 끊임없는 사이클을 예측했다.[123] 앨빈 토플러(Alvin Toffler)의 주장처럼 21세기의 문맹인은 읽고 쓸 줄 모르는 사람이 아니라, 배운 것을 잊고 새로운 것을 배울 수 없는 사람인 것이다. SW 교육과 AI 교육이 모두에게 필요한 교육이라면 21세기에 새로운 리터러시 교육이라고 할 수 있다. 컴퓨터과학의 기초를 배워보거나 AI 원리를 이해하도록 도전해 보자. 그래튼의 충고처럼 새로운 지식을 배워 미래사회를 대비하는 문명인이 되어보자. 다음 사이트가 길잡이가 되어줄 것이다.

함께 살펴보면 좋은 사이트

- 소프트웨어 중심사회(www.software.kr): 각종 행사, 배움터, 무료 사이트
- 이솦(www.ebssw.kr): EBS 무료 SW 교육 사이트
- 생활코딩(opentutorials.org/course/1): 성인을 위한 코딩 교육 사이트(머신러닝 포함)
- CS50(www.edwith.org/cs50): 컴퓨터과학 교양강좌(하버드)의 한국어 버전, 무료 사이트

Part. 6

SW와 미래 사회

1

DIGITAL POWER 2021

디지털 전환과 전자민주주의

송경재 경희대학교 연구교수

대의민주주의의 위기와 전자민주주의

고대 그리스에서 시작된 민주주의는 3대 시민혁명(프랑스 대혁명, 영국 명예혁명, 미국 독립전쟁)을 거치면서 시대적인 가치이자, 가장 유력한 정체(Polity)가 되었다. 민주주의의 어원이 인민에 의한 지배라는 점에서 오늘날 민주주의는 정치적 수사(Rhetoric)가 아닌 사회경제적 작동 이념으로까지 확장되었다. 경제 민주화, 사회 민주화 등의 용어가 개발되고 있는 것은 인간이 만든 정체로서 민주주의의 강점을 표현한 것이라 할 수 있다.

그러나 한편으로 국민이 대표를 선출해 위임통치하는 대의민주주의(Representative Democracy)는 한계에 봉착했다는 평가도 나오고 있다. 1950년대 엘리트 민주주의의 한계가 제기된 이래, 민주주의는 대표성과 책임성 문제에 봉착했다. 민주주의가 절차성과 형식성은 강화되었지만, 실질적·내용적으로 공고화되지 못하고 있다는 지적도 있다. 세계가치조사(WVS) 등의 연구에 따르면, 선진 민주주의 국가에서도 시민들이 체감하는 민주주의 만족감은 점차 하락하고 있다. 이에 대의민주주의를 보완할 방안을 모색하게 되었고 대표적인 것이 참여와 심의, 직접민주주의와의 융합이다. 하지만 이러한 시도는 비용, 시간, 장소 등 자원의 한계로 인해 이상적인 것으로 간주되었다. 그러나 20세기 정보통신기술(ICT, Information and Communication Technologies)의 발전은 민주주의 혁신을 가능하게 할 플랫폼을 개발했다. 바로 전자민주주의(e-Democracy)이다.

오늘날 ICT는 단순한 기술적 발전이 아니라, 사회를 근저에서부터 흔드는 패러다임 전환(Paradigm Shift)을 가져왔다. 전자민주주의는 기술 관점에서 시민과 정치지도자 사이의 정치정보 및 상호작용을 강화하기 위해 활용되고 있으며, ICT를 활용해 민주주의 심화와 참여·직접·심의 요소를 포함한 광의적 개념으로 발전하고 있다. 전자가 주로 ICT 활용의 민주주의라면, 후자는 ICT를 통한 민주주의 강화 단계를 지칭한다. 영국의 정치연구소 한사드 소사이어티(Hansard Society)는 전자민주주의를 ICT를 통해 서로 연계하고 대의할 수 있는 시민권 강화와 확장된 정치참여를 위한 노력으로 평가하고 있다.

초기 전자민주주의 실험은 1980년대 중반 미국 오하이오주 콜럼버스에서 운영되었던 상업 케이블 TV에 가입한 시민들이 수상기에 연결한 공공 이슈 투표 시스템이었다. 이후 1990년대부터 인터넷이 세계적으로 확산되면서 전통적인 정치조직의 온라인화가 가속화되어 전자정부, 전자정당, 시민단체 홈페이지 구축은 하나의 유행이 되었다. 사회정치적인 ICT 공공서비스 활용은, 네트워크 연계성(Network Connectivity)에 의해 정보가 시민에게 공개되며 정책 과정에서 투명한 의사결정 구조가 수립되었고, 많은 시민의 실시간 참여가 가능하게 되었다.

전자민주주의 담론이 시작되면서 발로우(Barlow) 같은 급진적 정보 자유주의자들은 사이버공간에서의 독립적 민주주의를 강조했다. 그는 정부 간섭이 없는 사이버 공론장에서 새로운 민주주의의 대체(Replacement)가 가능하다고 주장하기도 했다. 유토피아적 낙관론을 가진 정보 자유주의자들은 전자민주주의가 민주주의의 대표성과 책임성을 개선하고, 장기적으로 시민참여 민주주의를 강화할 것으로 전망했다.

2000년대 이후 전자민주주의 논의는 크게 3가지 영역에서 활성화되었다. 첫째, e-거버넌스 등장과 전자정부 구축이다. 전자정부는 전자민주주의를 구현하는 데 중요한 플랫폼이다. 오프라인 행정이 온라인으로 전환되면서 시민정보 제공과 참여소통 수단으로 전자정부가 활용되었다. 이를 토대로 온라인에서 민주적 심의를 위한 토론과 여론수렴, 정책결정, 사이버 반상회 등이 개발되었고, 전자정부는 e-거버넌스 구축에 있어 큰 공헌을 했다.

둘째, ICT의 정치적 효과에 주목한 정당과 시민단체, 언론사 등 매개집단에서 온라인화가 가속화되었다. 언론사들은 경쟁적으로 인터넷 신문을 발간했고 정보전달에서 낮은 거래비용으로 정치정보를 확인할 수 있는 환경이 조성되었다. 오프라인 면대면 정치활동에 머물렀던 정당 역시 전자정당(e-Party)을 도입하면서, 정치지도자, 당원, 유권자들과 소통 창구가 확대되어 정당민주화에 기여하고 있다. 미국과 한국, 영국에서는 주요 정당들이 e-캠페인으로 상당한 성과를 보기도 했다. 2002년 한국의 노사모, 2008년 미국의 오바마 소셜미디어 캠페인 등이 대표적이다.

셋째, 네트워크 연계성으로 인터넷 기반 시민정치 운동이 활성화되고 있다. 인터넷은 저렴한 거래비용으로 대의민주주의에서 주권 행사를 하지 못했던 시민들이 정치적 목소리를 제기하는 공간이 되고 있다. 인터넷을 매개로 한 자발적 참여시민의 등장은 전자민주주의를 한 단계 더 발전시켰다. 시민참여 플랫폼으로서 전자정부와 e-거버넌스, 전자정당, 1인 미디어 등이 활성화되면서 시민들의 정치정보 교환과 정치참여가 일상화되었다. 이에 인터넷은 민주주의를 위한 시민저항의 무기가 되었다. 인터넷을 통해 자신의 권리를 주장하는 이른바 소셜시민(Social Citizen)은 시민운동의 주체가 되었다. 대표적인 사례로 2011년 아랍의 봄(Arab's Spring)과 미국의 월가점령시위(Occupy Wall Street), 한국의 2016~2017년 촛불시위가 있다. 아랍의 봄은 시민들이 부패와 빈곤으로부터 권위주의 정권에 저항하는 시민운동이었다. 이를 통해 튀니지, 이집트 등에서 소셜미디어와 스마트폰을 이용한 저항이 등장했다. 월가점령시위 역시 경제 불평등 문제가 심화되자 미국의 젊은이들이 월가 주변을 점령한 시위이다. 소셜미디어와 인터넷, 토론방을 활용해 시민참여와 조직화를 가능하게 했다. 한국의 2016~2017년 촛불시위 역시 부정한 정권에 저항하는 자발적 시민들이 인터넷과 소셜미디어를 이용해 비폭력 평화운동으로 박근혜 전 대통령을 탄핵시킨 사건이다.

전자민주주의는 허상이었나?

하지만 전자민주주의가 장점만 있는 것은 아니다. 2010년대를 전후해 전자민주주의의 실효성을 둘러싼 비판이 대두되었다. 비판의 핵심은 전자민주주의가 기존 대의민주주의의 문제점을 극복하고자 도입되었으나, 근본적인 해결은 아니라는 지적이다.

세부적으로 첫째, 전자민주주의는 민주주의가 아닌 전자(e)를 강조해 기술편의주의, 기술결정론에 머물러 민주주의 가치를 구현하지 못한다는 비판이 있다. 또한 전자정부 구축을 통해 행정 투명성과 효율성은 강화되었지만, 민주성 강화는 부족하다는 지적이 있다. 시민참여가 활성화되고 다양한 시민참여 공간이 존재하지만, 이를 수렴하고 정책에 반영하는 실질적 제도변화가 부족하다는 것이다.

둘째, 전자민주주의의 토대가 되는 인터넷 공론장(Internet Public Sphere)에서 시민참여의 양적 증가에 비교해 질적 수준은 아직 낮다는 비판이다. 그 결과 시민참여 공론장에는 심의와 책임이 없는 참여 증가만 남게 되었다. 전자민주주의는 정치 영역에서 속도와 효율성, 시민참여 확대 등의 효과를 거두었지만, 내면적으로는 민주주의 핵심 가치인 직접·참여·심의적 요소를 실현하지는 못했다. 특히 참여 거래비용(Transaction Costs)이 저렴한 인터넷 토론의 경우, 토론의 상당수가 무의미하고 잡스러운 글에 불과해 질적인 토론은 오히려 줄어들 수 있다는 문제가 등장했다.

셋째, 전자민주주의를 잘못 운영하면 시민 대표성이 왜곡될 수 있는 문제도 발생하고 있다. 세대·지역 간 정보격차(Digital Divide)로 인한 시민들의 비균질적인 참여로 정책 결정 대표성 확보가 어려운 문제점이 등장했다. 전자민주주의가 정착하기 위해서는 ICT의 장점을 흡수하고, 모든 시민이 정치 현안에 목소리를 낼 수 있는 구조가 필요하다. 그렇지만 이 공간은 자칫 목소리 큰 사람의 공간이 되거나, 일부 세대의 과잉대표가 나타나기도 하며, 정치적 편향을 가진 사람들이 조직적으로 활동할 경우 분열과 여론의 양극화(Polarization)를 겪기도 한다. 다시 말해 소수의 목소리가 다수의 목소리로 둔갑하고, 건강한 여론조성을 어렵게 할 수 있다.

넷째, 선진 민주주의 국가에서는 ICT를 민주적 기술로 활용하지만, 일부 권위주의 국가에서는 시민감시의 기술로 사용할 우려가 있다. 전자민주주의 발전은 정치적 자유화를 진전시키는 도구이지만, 동시에 국가가 사회와 시민을 통제하는 사이버 통제의 도구로 이용할 수도 있다. 실제 중국과 러시아, 아랍 등 일부 권위주의 국가는 ICT를 감시기술로 역이용해 시민권과 정치적 권리를 통제하는 도구로 사용하고 있다.

마지막으로, 최근 논란이 되고 있는 가짜뉴스(Fake News)도 전자민주주의 비판의 빌미를 제공한다. ICT는 많은 정치정보를 다수의 시민에게 전달할 수 있지만, 잘못된 허위정보가 유포되면 심각한 정치적 혼란을 일으킬 우려가 크다. 특히 2016년 트럼프와 힐러리의 미국 대선 대결에서 가짜뉴스로 대표되는 바이러스성 콘텐츠 문제는 심각했다. TV나 신문과 같은 정규 언론의 제약을 받지 않는 트위터와 페이스북 등 소셜미디어가 가짜뉴스를 생산해 유권자의 현명한 정치적 선택행위를 왜곡할 위험성이 있어, 민주적 대표성이 침해될 수 있다.

전자민주주의 재디자인: 민주주의 기술의 등장과 실험

물론 전자민주주의 발전과정에서 위 비판과 문제 제기는 오래전부터 있었던 것이다. 그럼에도 여전히 문제가 해결되지 않았다는 것은 전자민주주의를 실현하는 데 있어서 장애 요소로 작용한다. 그런 점에서 전자민주주의 문제점을 재인식하고, 지나친 낙관보다 이론적·논리적 재디자인이 필요하다. 단지 전자민주주의를 기술적으로 구축할 것이 아니라, 민주주의 가치와 시민에 대한 인식에서 출발해 제대로 된 전자민주주의 플랫폼을 구축하자는 것이다.

그런 차원에서 우리는 현재 다수의 전자민주주의 플랫폼이 지나치게 형식적이며 획일화되고 있음에 주목해야 한다. 전자민주주의 비판점을 파악하고 이를 개선하며 민주주의의 질을 높일 수 있는 기술·제도적 재디자인을 고려해야 한다. 이 같은 미래지향적인 새로운 흐름에 주목한 것이 바로 민주주의 기술(ICT for Democracy)이다. 민주주의 기술은 전통적 전자민주주의 플랫폼에서 벗어나, 심의와 책임이 있는 참여 강화, 특히 4차 산업혁명 기술로써 블록체인, 인공지능, 빅데이터, 토론 강화 기술을 통한 새로운 실험을 적용하고 있다. 몇 가지 사례를 제시하면 다음과 같다.

첫째, 블록체인 전자민주주의 투표 시스템은 민주주의 기술의 대표적인 사례이다.[124] 투표 시스템 아고라(agora)는 블록체인을 적용한 전자투표 민주주의 기술이다. 아고라는 중앙집중화된 원장이 아닌 분산 장부를 활용해 보안성을 강화하고 다수가 손쉽게 참여해 정책이나 의사결정을 할 수 있다. 전 세계적으로 여러 가지 아고라 보팅 관련 기술이 발전하고 있는데 대표적인 형태가 스페인 정당 포데모스

(Podemos, 우리는 할 수 있다)와 해적당의 블록체인 투표이다. 가장 큰 장점은 ICT를 활용해 시민들의 의사에 따라 다양한 선호와 가중투표, 토론기반의 선거를 할 수 있다는 것이다. 아고라 보팅은 단순다수제뿐만 아니라 사용자 편의에 따라 변형이 가능한 만큼 다중투표, 선호 반영, 선택사항 위임 등 상황에 부합하는 의제에 따른 투표 설계를 할 수 있다는 장점이 있다. 아고라는 한 번 하고 끝나는 투표가 아닌, 토론을 통해서 여러 차례 참여하고 최종적으로 합의에 도달하는 민주주의 투표기술이다.

둘째, 책임 있는 참여와 심의 확대를 위한 e-플랫폼 개발도 활성화되고 있다. 프랑스 의회의 시민(Parlement et Citoyens) 플랫폼(Parlement-et-Citoyens.fr)은 국회의원과 정당, 그리고 시민들이 협력해서 만든 시민참여 플랫폼이다. 시민단체(Cap Collectif)는 2013년부터 전자민주주의의 구체화·제도화를 위한 참여예산제와 입법과정에서의 시민참여와 심의를 강화하기 위해 플랫폼을 개발했다. 가장 핵심적인 것은 단순한 청원이나 시민참여 제안이 아닌, 국회의원이 법안 초안을 제시하면, 그 내용을 시민이 토론하고 심의해 의견을 수렴할 수 있는 e-컨설팅 플랫폼이라는 점이다. 그리고 시민참여의 제도도 과거에 비해 개선된 시스템을 구축하고 있다. 시민이 입법안을 제안하고 시민 5,000명의 동의 서명을 받으면, 국회의원이 응답하는 e-청원도 가능하다. 전자민주주의의 심의 기능을 강화하기 위해 '기술의 시각화'를 적극적으로 활용해, 찬성과 반대의견 텍스트와 그래프 등을 제시하고, 이를 이해를 도울 수 있는 기술을 적용했다.

셋째, 4차 산업혁명 기술 핵심인 인공지능을 정치와 행정에 이용하는 방법도 제시되고 있다. 대표적 사례가 일본의 인공지능 정책결정 플랫폼 실험이다.[125] 일본에서는 인공지능을 적용한 정책결정 실험이 진행되고 있다. 아직 중앙정부보다는 지방정부 차원에서 진행되고 있다. 결정 의제는 정치적 논쟁 대상이 아닌 지역발전 전략 또는 미래 대비 정책을 입안하는 데 인공지능의 도움을 받는 것이다. 인공지능이 인간의 의사결정에 필요한 자료를 대신 종합해 주는 것이다. 일본 지방정부 인구감소, 고령화, 지역경제 위축 등 다양한 문제에 직면해 2040년까지 예측 가능한 문제의 해결 방안을 도출하는 데 인공지능을 활용한다. 대표적으로 실험을 진행한 지방정부는 나가노(長野)현이다. 나가노현은 교토대학, 히타치(日立)제작소 등과 공동으로 '나가노현 지속 가능한 미래정책연구'를 추진했다. 미래정책에 해결과제를 빅데이터와 인공지능으로 종합해 나가노현에 적합한 발전 모델을 계산한 것이다. 그 결과 인공지능은 2만 개 정도의 시나리오를 도출했고, 이를 전문가와 직원들이 워크숍을 거쳐서 6개 시나리오로 최종 집약했다. 결과를 바탕으로 전문가와 시민단체 등이 토론과 심의를 진행했다. 그 결과 나가노현의 2040년까지 지속 가능한 지역사회 실현을 위해 도출한 최선의 방안은 "지역의 관광 분야에 자원을 투자하면서 지역의 교통망을 정비하는 것"이었다. 이러한 실험은 나가노현 이외에도 오카야마현 마니와(真庭)시, 기후현 오가키(大垣)시에서도 진행되고 있다.

이 같은 4차 산업혁명 기술과 시각화 기술을 적용한 심의적 전자민주주의 플랫폼은 혁신적 도전이라고 할 수 있다. 특히 민주주의의 심의 기능 확대와 대표성 강화는 기존의 단순한 정보제공형, 상호작용형에 비해 다양한 시민 의견을 종합하고 결정한다는 점에서 전자민주주의가 추구하는 방향성과 일치한다고 할 수 있다. 4차 산업혁명 기술인 빅데이터와 인공지능, 토론 시각화 기술 발전은 정보사회의 패러다임을 한 단계 도약시킬 수 있는 중요한 도구가 되고 있다. 기존 개별 국가 차원에서 진행되었던 전자민주주의 논의가 민주주의 가치와 사회적 진보를 위한 새로운 전환점을 맞이하게 된 것이다.

이와 함께 전자민주주의가 시민적 민주주의 기술로 발전하기 위해서는 시민의 디지털 역량이 중요하다. 무엇보다 전자민주주의가 대의민주주의의 대표성과 책임성의 한계를 극복하기 위한 참여적이고 토론적 플랫폼이기 때문에 더욱 그렇다. 아무리 좋은 전자민주주의 플랫폼이라도 잘 운영할 시민의 디지털 역량이 없다면 이는 사실상 무용지물이기 때문이다. 마치 민주주의 이상향이라고 상상했던 고대 그리스 아테네의 직접민주주의가 후기로 가면서 시민들에 의해 중우정치나 다수에 의한 폭정 등으로 변질한 것과 같은 맥락이다. 이처럼 전자민주주의가 가지고 있는 구조적인 문제점을 진단하고, 이를 대의민주주의와 전자민주주의의 통합적 문제로 파악하고 보완하기 위한 민주주의 기술은 계속 발전 중이다.

코로나19 시대와 전자민주주의 기회

한편, 2020년부터 세계를 강타한 코로나19 팬데믹은 전자민주주의 플랫폼 구축과 확산의 전환점이 될 것이다. 코로나19가 확산되면서 면대면 접촉은 제한되고 사회적 거리두기로 인해 정치·행정 활동은 제한되고 있다. 이런 시대적인 조건에서 주목받고 있는 것이 ICT를 이용한 회의, 토론, 정책결정 방식이다. 코로나19의 비대면이 전자민주주의 확산에 새로운 기회를 제공하고 있는 것이다. 그런 차원에서 본다면, 코로나19 이후 4차 산업혁명 기술을 활용한 전자민주주의 플랫폼 구축은 시민들의 심의와 책임 있는 참여를 통해 정부의 정책결정 과정, 의회의 입법과정, 선거 등의 민주주의 혁신을 이룰 수도 있을 것이다.

일례로 전자투표는 코로나19 팬데믹 동안 새로운 시민 참여기회를 제공할 수 있다. 대단위의 사람이 모이기 힘든 상황에서 전자투표는 시민 의사를 표현하고 집성할 수 있는 대안이 될 것이다. 의회에서의 토론과정도 변화하고 있다. 영국 의회에서는 이른바 온라인과 오프라인의 하이브리드(Hybrid) 방법으로 총리 질의를 진행하고 있다. 코로나19 비대면 상황이 지속되면서 전자민주주의는 오프라인을 대체하는 방식으로 더욱 주목을 받을 것이다. 코로나19는 인류에게 비극이지만, 역설적으로 '비대면 정치과정'이란 새로운 환경을 조성해 줬다. 따라서 전자민주주의의 다양한 실험(전자투표, e-토론 플랫폼의 구축, e-시민참여와 제안 활성화, 비대면 행정 확대)은 앞으로 더 확장될 것이다.

마지막으로, 전자민주주의의 질적 수준을 높이기 위한 고민도 계속되어야 한다. 단순한 서비스 제공형의 시민참여 전자민주주의 플랫폼에서, 한 단계 진화한 심의형 전자민주주의의 방향성을 제시해야 한다. 앞서 강조했듯이, 현존하는 민주주의 제도에 단순히 ICT적인 방법만 적용해서는 진정한 전자민주주의 플랫폼이 될 수 없다. 민주주의 가치와 시민의 역량을 발휘할 수 있는 플랫폼을 설계하고 기술을 도입해, 시민참여와 심의를 강화하고, 투명하고 신속한 정책결정에 도움을 주며, 실질적인 정치과정의 변화를 주도했을 때, 미래지향적 전자민주주의 플랫폼은 성공할 것이다. 우리가 전자민주주의의 미래에 더욱 주목하는 이유이기도 하다.

2

DIGITAL
POWER
2021

디지털데믹과 안전사회

차성덕 고려대학교 교수, **민상윤** (사)소프트웨어와사회안전협회 회장

디지털 재난, 보이지 않는 위험

보잉의 최신 여객기인 737 Max 8 항공기가 취항 후, 6개월이 되지도 않은 짧은 기간에 2018년 10월, 2019년 3월, 각 두 건의 추락사고를 기록했다. 이 사고로 탑승객과 승무원 등 346명이 사망했으며, 미국을 포함한 모든 나라에서 보잉 737 Max 8 항공기 운항을 금지하는 행정 명령을 내렸었다. 사고를 분석한 신문기사에 의하면, 비행기의 안전을 심사하고 운항 여부를 승인하는 정부기관인 FAA(Federal Aviation Administration)와 제조사인 보잉사는 737 Max 8 항공기 사고의 중요한 원인으로 MCAS(Maneuvering Characteristics Augmentation System)를 지목하는 듯하다.

기존 보잉 737 여객기에는 없었던 MCAS는 비행기의 안전성을 향상시키기 위한 목적으로 새로 도입된 소프트웨어 기반 시스템인데, MCAS 시스템 오작동과 더불어 이에 대한 조종사의 미흡한 핸들링

이 사고의 중요한 원인 중 하나로 의심을 받고 있다. 사고의 정확한 원인은 개발사인 보잉과 FAA 및 항공 관련 사고 및 원인을 조사하는 기관인 NTSB(National Transportation Safety Board) 등에서 종합적인 분석과 결과 보고서가 나와야 알 수 있겠으나, 최첨단 안전장치를 갖췄다는 보잉 737 Max 8 항공기가 안전장치 오작동으로 인해 추락했다는 점은 아이러니가 아닐 수 없다. 이 사고로 보잉사는 190억 달러(약 22조 원)의 손실을 봤고 회사는 수십 년 만에 처음 연간 적자로 들어섰다.[126]

소프트웨어 오류로 인해 인명사고가 발생하거나 심각한 금전적인 피해를 입은 경우는 보잉 737 Max 8에 국한된 것만은 아니다. 이전에도 많은 사고가 있었으며 앞으로도 이런 종류의 사고는 계속 발생할 것이다. 전 세계 로봇 수술 장비 시장을 독점하는 다빈치 시스템의 경우도 소프트웨어 오류로 인해 수술 중 오작동이 일어났고, 이로 인한 사망 또는 부상 등의 의료사고가 여러 건이 있었다고 FDA(Federal Drug Administration)에도 보고되어 있다. 이런 소프트웨어의 오류로 인한 피해는 누구에게나 그리고 언제든 발생할 수 있다는 점에서 더 이상 멀리 떨어진 이야기로 가볍게 생각해서는 안 되는 현실이 되었다.

전기를 저장하는 획기적인 기술인 2차 전지는 전기차, 전동킥보드, 에너지 저장장치(ESS, Energy Storage System) 등 다양한 분야에서 활용하는 4차 산업혁명 기반 기술 중 하나이다. 2차 전지는 저공해 이동수단을 확보할 수 있으며, 야간 전기를 저장해 주간에 사용하는 에너지 절약의 획기적 기능을 담당하고 있다. 그러나 최근 몇 년간 원인 미상의 2차 전지 폭발사고가 지속적으로 증가하고 있다. 2019년 9월, 광주광역시의 한 아파트 거실에서 충전 중이던 전동킥보드에서 화재가 발생해 집 전체가 화재에 휩싸이고, 6명의 사상자가 발생하는 사고가 발생했다. 광주 광산경찰서에 따르면 이날 오전 4시 20분쯤 광산구 한 아파트에서 발생한 화재 사건에 대해 국립과학수사연구원과 소방당국이 합동 감식을 벌인 결과, 거실에 놓여 있었던 전동킥보드에서 화재가 시작됐을 확률이 높은 것으로 조사됐다(조선일보 2019.9.12.). 보고된 전동킥보드 화재만 해도 2019년 9월까지 17건에 달한다. 5%를 제외한 나머지 대부분의 화재원인은 원인미상 혹은 전기적 원인으로 추정하고 있다(소방청 공식블로그 2019.10.17.). ESS의 경우 2018년도에만 15건의 화재가 발생했다. 미국에서 발생한 유사 사고로 미국 애리조주의 전력업체 APS는 지난 해 APS 변전소에 설치된 배터리 EES에서 발생한 화재 원인을 배터리 결함 때문이라고 주장했다. 해당 ESS는 미국 플루언스에너지(Fluence Energy)가, 배터리는 국내 L사가 공급했다. L사는 APS 발표에 대해 사실이 아니라고 반박하고 나섰다. L사 관계자는 "배터리 결함 때문에 화재가 발생했다는 APS의 주장은 사실과 다르다"라며 "L사가 진행한 조사 결과 보고서를 다음 달 ACC에 제출할 것"이라고 밝혔다. ACC는 해당 기업들이 제출한 보고서를 검토해 내년 말 종합 결과를 발표할 예정이다.

통상 2차 전지에는 BMS(Battery Management System)라는 소프트웨어 중심의 충전지 제어 시스템을 장착한다. 이를 통해 안전한 전류, 전압, 온도 등의 조건에서 전지를 충전하고 방전하게 한다. 화재 예방의 기본적인 요건인 셈이다. 전기 자동차 분야의 경우, 배터리 폭발을 예방하기 위해서 BMS에 까다로운 표준 안전 요건을 부과해 개발한다. 하지만 다른 분야는 그러한 안전공학규격이 미흡한 경우가 태반이다. 요건이 미흡하기 때문에 논리적으로 원인을 파악하는 데 어려움이 있을 수 있다. 이러한 2차 전지 화재 사고는 직접적인 인명피해, 복합적인 2차 재해와 더불어 무역장벽으로서 역할을 하게 된다.

2017년 9월, 경의중앙선 시험운행을 하던 코레일 소속 7882 열차가 앞서가다 멈춰선 7880 열차를 추돌한 뒤 탈선했다. 그로 인해 기관사가 숨지고 신호수 등 6명이 중경상을 입었다. 이와 관련해 국토교통부 항공철도사고조사위원회는 조사 보고서에서 열차운행을 검지하는 소프트웨어 오류를 사고원인으로 결론 내렸다.[127]

아직 본격적인 상용화 또는 대중화 단계에 진입하지 않았지만, 자율주행 자동차 역시 소프트웨어 오류로 인한 사고가 여러 번 발생했다.[128] 2025년까지 자율주행 자동차 기술의 시장 규모가 360억 달러 수준의 엄청난 규모로 성장할 것이라는 긍정적인 뉴스도 있고, 구글의 자회사 중 하나인 웨이모(Waymo)를 비롯해서 테슬라(Tesla) 및 우버(Uber) 등에서 보고한 자율주행 자동차의 시험주행 성적표를 보면 전반적으로 긍정적인 것은 분명하지만, 소프트웨어 오류로 인한 사고가 여러 번 있었다. 우버 자율주행 자동차의 사고로 보행자가 사망한 사고도 있었으며, 테슬라의 오토파일럿(Autopilot) 소프트웨어 오류로 인한 사고도 있었다. 웨이모 또한 이런 사고에서 자유롭지 못한 것이 사실이다. 이런 종류의 사고는 유사한 기능을 개발 중인 다른 회사에서도 언제든지 발생할 수 있다는 점을 기억해야 한다. 이런 위험이 자동차의 자율주행 기능에만 국한된 것은 아니다. 여러 자동차회사가 자동차의 안전 및 주행에 관련된 기능의 상당 부분을 소프트웨어 및 전자제어로 대체했는데, 소프트웨어 오류를 의심케 하는 사고가 지속적으로 발생하는 것을 보면, 아직 근본적인 해결방안을 찾지 못한 것으로 보인다. 이미 상당 기간 문제가 된 자동차의 급발진으로 인한 사고

또한 소프트웨어와 밀접한 관련이 있다고 보인다.

자동차 스마트키(정확하게는 Keyless Ignition system) 오류로 인명피해 소송이 언론에 보도된 적이 있었다. 스마트키는 운전자가 소지만 하고 있어도 엔진 시작 및 정지를 버튼으로 조작할 수 있기에 편리한 장치이다. 문제는 주차 후 운전자가 엔진 정지 버튼을 누르지 않고 차를 떠났을 때 엔진이 지속적으로 작동하고 있는 경우가 있다는 것이다. 운전자가 엔진 정지 버튼을 눌렀다고 기억할지라도 실제로는 엔진이 정지하지 않을 가능성도 있고, 이때 배출된 일산화탄소 중독으로 사망사고가 발생하였다고 한다. 이런 종류의 소송은 여전히 여러 건 진행 중인 것으로 보인다.[129]

소프트웨어는 항공, 교통 등 직접적인 안전을 요구하는 시스템 외에 간접적인 안전 시스템에서도 중요한 역할을 한다. 예를 들어 코로나 사태 이후 자동으로 사람 얼굴을 인식해 체온을 측정하는 값비싼 체온 측정기기가 많은 장소에서 출입자 통제 수단으로 사용되고 있다. 다음은 2020년 9월 4일에 방송된 YTN뉴스이다.

> 코로나 사태 이후 자동으로 사람 얼굴을 인식해 체온을 측정해 주는 값비싼 기기가 관공서에 대거 설치됐습니다. 그런데 YTN 취재진이 성능을 살펴봤더니 측정기에 사진을 갖다 대도 사람 얼굴로 인식해 정상 체온이라고 판단하는 등 오류가 확인됐습니다. 더구나 허가도 받지 않은 불법 제품이라 최근 식약처는 판매중단조치와 함께 해당 업체를 고발했습니다.[130]

이와 같이 소프트웨어 시스템은 직접적인 하드웨어 제어뿐만 아니라 재난 방지를 위한 지원 시스템 등 다양한 시스템에서 안전, 재난에 관련된 역할을 담당하고 있다.

이미 있었던 경고들

소프트웨어와 관련된 재난은 오늘날만의 문제가 아니다. 이미 오래전부터 소프트웨어에 의한 많은 안전사고가 있었다. 위키피디아(Wikipedia)에서 "List of Software Bugs"라는 항목을 보면 항공/우주, 의료, 통신, 국방, 금융 등 전 산업 분야에서 보고된 소프트웨어 결함으로 인한 피해사례가 광범위하게 정리되어 있는데, 이는 그야말로 빙산의 일각이다. 로버트 글래스(Robert Glass)는 1997년 『Software Runaways: Monumental Software Disasters』을 출간했는데, 당시까지 알려진 16건의 "초대형 소프트웨어 실패 사례"를 소개하면서 그 원인을 분석하고 있다. 이 책에 소개된 실패사례들이라면 프로젝트 당사자들이라면 가능한 숨기고 싶은 내용이겠지만, 언론이나 재판 등을 통해 공개된 내용을 30년 이상 소프트웨어 공학연구 및 산업체 현장에서 종사한 저자가 분석한 것이다. 이 책 대신 IEEE Spetrum에 2005년에 발표된 "Why Software Fails"라는 제목의 짧은 글을 읽을 수도 있겠다.[131] 1992년부터 2005년까지 소프트웨어 오류로 인해 발생해 피해가 심했던 프로젝트가 어떤 것이었는지, 얼마나 피해가 발생했는지를 "Software Hall of Shame"이라고 명명한 표를 통해 볼 수 있는데, 손실액이 최소 1,000만 달러에서 34억 달러에 이른다고 알려져 있다.

소프트웨어 오류로 인한 사고 사례 중 자주 언급되는 사고는 1996

년 유럽연합에서 쏘아 올린 아리안(Ariane) 5 위성을 탑재한 로켓이 발사 37초 만에 폭발한 사건이다. 70억 달러에 가까운 비용을 들여서 개발한 로켓의 폭발로 인해서 로켓과 탑재된 위성이 파괴되었고 5억 달러가량의 금전적인 손실이 발생했다. 사고 영상은 유튜브에서도 시청할 수 있다.[132]

직접적인 원인으로 지목된 항법장치(Inertial Reference System) 소프트웨어 오류가 64비트 실수형 값을 16비트 정수형 값으로 변환하는 과정에서 발생했다는 사실은, 허탈감을 느끼게 한다. 아무리 소프트웨어 오류가 사고에 원인을 제공했다고 하지만, 실수형 값을 정수형으로 변환하는 것이 기술적으로는 어려운 작업이 아닌데, 사소한 소프트웨어 오류는 실로 엄청난 피해를 일으킬 수 있는 것이다. 사고 원인을 심층조사한 보고서에 의하면 문제가 된 소스코드는 이전 모델인 아리안 4에서 개발된 소프트웨어로 아리안 5에서 재사용한 것이라고 했다. 하지만 아리안 4에서는 소프트웨어 오류로 인한 폭발사고는 없었다. 아리안 4와 5 로켓의 작동환경 차이를 고려해서 소프트웨어가 적절하게 수정되고 새로운 환경에 적합한 테스팅이 행해졌다면 어쩌면 이 사고는 미연에 방지할 수도 있었을 것이다. 이 사고는 크고 복잡한 소프트웨어 개발작업이 얼마나 어려운 일인지, 사소한 실수의 결과가 얼마나 심각한 피해를 유발할 수 있는지를 잘 보여준다.

또 다른 예제로, 1차 걸프전이 막바지 단계에 있던 1991년 2월 25일, 이라크군이 발사한 스커드 미사일이 사우디아라비아에 있던 미군 기지에 떨어져서 28명의 사망자를 낸 사건을 들 수 있다.[133] 패트리어트 미사일 방어 시스템 내부의 타이머값에서 발생한 소프트웨어 오류 때문에 스커드 미사일을 요격하는데 간발의 차이로 실패한 것이다. 초기 개발단계에서 개발자들은 패트리어트 시스템의 작동환경에 대해 최대 24시간 이상 연속적으로 작동하지는 않을 것이라고 가정했다. 사고가 나던 날, 전투현장의 긴박한 상황으로 이러한 운용조건이 준수될 수 없었던 점을 생각하면, 이 사고는 패트리어트 시스템에 내장된 소프트웨어 개발자의 잘못이라고 간단하게 결론을 내릴 수는 없을 것이다. 그러나 더욱 안타까운 점은 이러한 제한적인 가정이 문제가 될 수 있다는 점을 미군 당국도, 패트리어트 미사일 시스템을 개발한 제조사도 알고 있었다는 사실이고, 이런 한계를 극복하기 위한 소프트웨어 패치가 준비되어 있었다는 점이다. 그런데 소프트웨어 업데이트가 예정된 날을 하루 앞두고 이런 불행한 사고가 발생했다.

의료장비에서도 이런 사고는 발생할 수 있는데, 암 환자를 치료하기 위한 X선 장비인 테락(Therac)-25에서는 6번의 치명적인 사고가 있었으며, 이는 소프트웨어 오류가 주요 원인이었음이 밝혀진 바 있다. 소프트웨어로 인한 사고 사례를 모두 소개하자면 끝이 없을 지경이다. 테락-25에서 발견된 소프트웨어 오류에 관한 자세한 내용은 소프트웨어 공학계의 석학이 재판과정에서 전문가로서 증언을 한 레비슨(Leveson) 교수가 발표한 논문[134]에서 추가적으로 살펴볼 수 있다. 6건의 사고 내용에 대한 소개와 함께 개발자의 납득하기 어려운 어처구니없는 실수와 소프트웨어 안전 관리 측면에서의 비상식적인 결정 등이 상세하게 기술되어 있다.

소프트웨어 안전이란

우선 소프트웨어 안전의 개념을 설명하기에 앞서서, 안전의 개념이 정의될 필요가 있다. 많은 문헌과 표준에서 안전의 정의를 다루고 있기는 하나 전문가적 관점에서 보면 비슷하다. 그중 가장 보편적이고 중립적인 표현이라고 생각되고, 많은 안전 관련 ISO 표준 제정 시 기반이 되는 문서인 ISO Guide 51[135]의 정의를 살펴 보도록 하자. ISO Guide 51에서는 안전을 다음과 같이 정의하고 있다.

'안전이란 수용할 수 없는 위험으로부터 자유한 것'
(freedom from risk which is not tolerable)

이것은 표준상의 정의이기 때문에 약간의 의역이 필요하다. 이를 위해 본 정의에서의 핵심단어 세 가지를 자세히 살펴볼 필요가 있다.

첫 번째로 Risk라는 단어이다. 보통 우리가 위험하다 또는 위험하지 않다고 이야기할 때, 위험이란 육체적 혹은 경제적, 사회적 손실이 발생할 가능성을 의미한다. 무언가 나쁜 일이 일어날 가능성을 의미한다. 그 다음은 Tolerable이라는 단어로서, 수용 가능한가에 대한 의미이다. 마지막으로 Freedom은 어떤 것으로부터 자유함, 곧 제약받지 않는다는 것이다. 다시 정리하면 안전이란 사고 같은 나쁜 일이 일어날 가능성이 높지 않아 제약받을 필요가 없는 상황을 의미한다. 이 정의는 상당히 상황 의존적인 정의임을 알 수 있다.

한 가지 예를 들어 스마트폰 무선충전기를 생각해 보도록 하자. 일반적인 사용자의 경우, 스마트폰 무선충전기를 구입하거나 사용할 때 안전을 고려하지는 않을 것이다. 물론 무선충전기를 사용해 스마트폰을 충전할 경우 항상 안전하다고 볼 수는 없다. 그러나 방에서 혹은 사무실에서 무선충전기를 사용하다가 여러 이유에서 스마트폰이 과열될 수가 있다. 하지만 보편적으로 볼 때 그리 위험하지는 않다. 과열이 되어도 바로 끌 수 있고, 혹시 화재가 나도 그 확률상 큰 사고로 이어질 가능성이 높지는 않기 때문이다. 대부분 쉽게 조치가 가능한 것이다. 그러므로 과충전으로 인한 사고 발생으로부터의 제약을 거의 안 받는다.

하지만 무선충전기가 차량 내부에 탑재된 경우에는 이야기가 다르다. 과충전 등의 오류가 발생할 경우 사용자가 운전 중이라면 조치가 쉽지가 않다. 또한 열이 난 기기를 빼놓을 자리도 만만치 않다. 운전자의 손은 운전대를 잡고 있어야 하고, 눈은 앞을 보고 있어야 하기 때문이다. 만약 고속도로에 있다면 빠르게 정차하기도 만만치 않다. 실제로 차량 내부에 들어가는 무선충전기 소프트웨어의 경우 매우 높은 등급의 고 안전 요건을 부여해 개발 관리하는 것이 글로벌 프랙티스이다. 왜냐하면 안전성이 보장되지 않을 경우, 다양한 교통사고로 이어질 수 있기 때문이다. 또한 이는 곧 차량 리콜 등 연쇄적인 대규모 손실로 전개될 수 있기 때문이다.

이제 소프트웨어 안전의 정의에 대해 살펴보도록 하자. 상기와 같은 안전의 개념에서 소프트웨어 안전을 바라본다면, 즉 안전을 요구하는 시스템 혹은 제품에 사용되는 소프트웨어의 안전을 정의하자면 다음과 같이 정의할 수 있다.

> 소프트웨어 안전의 정의 :
> 시스템의 일부인 소프트웨어가 안전하게 동작하는 것

즉 제품 혹은 시스템의 안전성을 확보하기 위해 그 제품 혹은 시스템에서 사용되는 소프트웨어를 통해 위험도를 수용 가능한 범위로 낮추는 것을 의미한다. 만약에 스마트폰 내부에서 과충전 방지 소프트웨어가 작동하지 않을 경우를 대비해, 충전기에서 과충전을 방지하는 소프트웨어를 내장해 동작시킬 수 있다. 이러한 경우 충전기 소프트웨어는 안전한 소프트웨어가 된다.

소프트웨어 안전에 대한 개념과 정의를 살펴본 것 같이, 소프트웨어 안전은 전통적인 소프트웨어 품질과 개념이 다르다는 것을 알 수 있다. 최근 들어서 소프트웨어가 안전을 넘어서 소프트웨어 안전성숙도(Software Dependability)라는, 보다 광의적인 정의로 사용되기도 한

〈소프트웨어 안전성숙도의 개념도〉

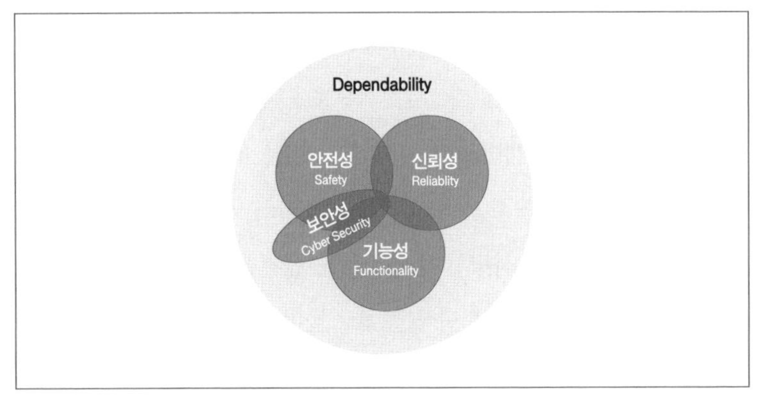

다. 다음은 이러한 소프트웨어 안전의 정의를 밴다이어그램으로 살펴본 것이다.

지금까지 소프트웨어 안전의 개념과 정의에 대해 공학적인 관점에서 살펴봤다. 특히 안전이란 어떤 것과도 바꿀 수 없는 특성이기에, 이러한 안전을 추구하기 위해 보다 넓은 시각에서 객관적으로 바라볼 필요가 있다. 필자는 이러한 측면에서 위키피디아에 있는 설명을 인용하고자 한다. 위키피디아에서는 안전을 크게 3가지 관점으로 나누어 설명한다. 첫 번째는 Normative Safety 또는 '규범적 안전'이라고 부르는데 어떤 제품이나 시스템을 만들 때 관련된 안전 표준을 기준으로 개발하면 안전이 충족된다는 개념이다. Normative Safety란 어떤 제품이나 시스템을 만들 때 관련된 안전 표준을 기준으로 개발하면 안전이 충족된다는 개념이다. 어떻게 보면 가장 최소한의 접근이라고 볼 수도 있고, 한편으로는 형식적 접근으로 볼 수도 있다. Normative Safety가 제품의 진정한 안전을 완벽히 보장한다고 볼 수는 없기 때문이다. 관련된 표준의 인증이 안전 보장의 충분조건은 아니다. 두 번째는 Substantive Safety 또는 '실질적 안전'인데, 이는 제품이나 시스템 사용 중에 실제로 사고가 일어나는지 일어나지 않는지를 의미한다. Substantive Safety는 궁극적으로 추구해야 하는 것이지만 이것만이 전부라고 할 수는 없다. 실질적으로 안전하다는 것을 증명하고 소통하는 것도 제품 개발자의 책임이다. 이를 위해서는 규범적 안전이 필요하다. 마지막으로 Perceived Safety 또는 '인지적 안전'은 실제 안전성과는 무관하게 사람들이 인식하는 안전성을 이야기한다. 미국에서 911 테러 직후 있었던 현상을 예로 들어보자. 911 테러 직후 발생한 현상 중 하나가 미국 내 비행기 사용자 수가 줄었었다는 것이다. 비행기 대신 차로 운전해 이동하는 수가 늘었다. 사고의 확률상으로 보면 자동차보다 비행기가 훨씬 안전하다. 9·11 테러는 이러한 실질적 안전 수치를 인지적 안전이 바꿔 버린 예이다. 비즈니스나 사회 안전의 관점에서 Perceived Safety는 무시할 수 없는 중요한 안전의 한 단면이다.

소프트웨어 안전, 보이지 않은 지식 전쟁

지속적인 하드웨어의 발전에 더불어 소프트웨어는 지난 20년 동안 놀라운 진화적 발전을 해 왔다. 지난 2000년 초반 몇 년을 기점으로 모든 산업군에서 소프트웨어의 역할이 급속도로 팽창했다. 가전제품부터 자동차, 교통, 도시, 의료, 모바일 등에 소프트웨어 운영체계가 들어가고, 많은 기능이 자동화되었다. SoC 시스템은 소프트웨어 덕분에 더 많은 기능과 서비스를 제공하고 있다.

사람들은 자기도 모르는 사이 일상 대부분을 소프트웨어에 의존하며 생활하고 있다. 소프트웨어를 통해 뉴스를 보고, 은행 소프트웨어 시스템 사이즈에 육박하는 소프트웨어가 내장된 자동차를 운전하고, 소프트웨어가 제어하는 엘리베이터를 타고, 소프트웨어가 수질을 판단하는 상수도를 마신다. 소프트웨어를 통해 교육을 받고, 소프트웨어를 통해 쇼핑을 하며, 소프트웨어를 이용해 금융업무를 본다. 중환자실의 환자들은 소프트웨어가 모니터링을 한다. 소프트웨어가 운전하는 드론으로 촬영하고, 소프트웨어가 운전하는 로봇들이 제조라인과 여기저기서 움직인다. 소프트웨어가 제어하는 방사능 치료를 받으며,

소프트웨어가 제어하는 전력망을 통해 전기를 쓴다. 소프트웨어가 운전하는 비행기에 몸을 싣고 12시간을 날아간다. 소프트웨어를 통해 국방의 안보 체계가 작동한다. 소프트웨어가 사용되는 곳은 이루 다 말할 수가 없다.

상황이 이렇다 보니 당연히 안전성이 요구되는 소프트웨어 분야에서는 소프트웨어 안전 요건을 강화할 수밖에 없다. 사용자의 안전을 위해서도 필요하고, 사고 발생으로 인한 제품 제조사의 파산을 막기 위해서도 필요하다. 이와 관련해 전 세계적으로 두 개의 큰 흐름이 있는데 유럽 주도의 기능안전(Functional Safety)적 접근과 미국 주도의 안전에 대한 체계이론(System Theory)적 접근이다.

기능안전이란, 예측 가능한 방식으로 입력 또는 고장에 응답해 자동 보호 기능이 올바르게 작동하는 시스템으로, 장비 전체 안전의 일부 개념이다. 이러한 자동 보호 시스템은 사람의 실수, 하드웨어 고장 및 운영/환경 스트레스를 적절히 처리하도록 설계되어야 한다. 이러한 정의를 배경으로 기능안전은 전체 최상위 시스템의 안전이 아닌, 각각의 구성 부품에 대한 안전에 초점을 맞추고 있다.

유럽의 기능안전적 접근은 ISO 표준으로 구체화되었고, 각 산업별 표준으로 세분화되어 가고 있다. 실례로 자동차 분야에서는 ISO 26262[136]라는 도로 차량의 전장부품을 개발할 때 따라야 하는 기능안전 표준이 있다. 유럽 대부분 완성차 OEM은 각 전장부품 발주 시에 ISO 26262에 따라 안전 등급을 정하고, 각 부품업체들은 ISO 26262에서 제시하는 표준 프로세스와 기법에 따라 전장부품과 관련 소프트웨어를 개발해야 한다. 국내 전장부품 수출기업들도 당연히 위 요건들을 따라야 한다. 해당 표준 요건을 충족하지 못하면 수출이 사실상 불가

<기능안전 표준들의 예시>

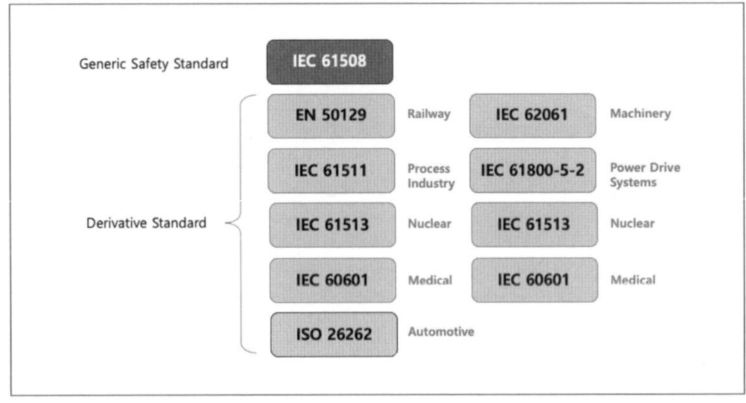

능하다고 말할 수 있다. 사용자의 안전과 제조사의 보호를 위해서, 그리고 사실상 기술적인 무역장벽의 도구로 사용될 수도 있다.

자동차 분야뿐만이 아니다. 기능안전의 모 표준격인 IEC 61508[137]을 기반으로 다양한 분야에 확대되고 있다. 흥미로운 것은 산업 발전의 속도를 산업별 표준 자체가 못 좇아간다는 것이다. 다음은 기능안전의 모 표준인 안전 표준 IEC 61508을 기반으로 한 파생 표준들의 예이다.

미국 주도의 접근은 MIT의 낸시 레비슨(Nancy Leveson) 교수에 의해 체계화되었다. STPA(System-Theoretic Process Analysis)라고 명명된 방법론은 STAMP(Systems-Theoretic Accident Model and Processes)라는 시스템 관점의 안전 모델에 기반해 만들어졌다. STPA는 안전을 바라보는 시각 자체가 다르다. 유럽의 기능안전은 시스템의 안전에 대해 시스템을 구성하는 각각의 구성 요소의 안전에서 접근하지만, STPA는 시스템 관점에서 접근해 위험 요소를 탐색적으로 분석한다.

STPA는 미국 표준 규격은 아니지만 기법적인 측면에서 점점 확대되고 있다. 특히 자율주행 자동차를 대상으로 만들어진 안전 표준인 SOTIF(Safety of Intended Functionality, ISO/PAS 21448)에서는 안전 분석 기법으로 STPA를 언급하고 있다. 여러 나라로 구성된 유럽이다 보니 표준 규격을 선호하는 경향이 있지만, 미국은 표준을 만드는 것에 성급히 나서는 스타일은 아니기 때문에 유럽같이 ISO라는 이름으로 표준이 규격화되어 있지는 않다. 하지만 산업별, 도메인별로 각각 자체적으로 안전에 관련된 표준과 지침이 존재한다. 최근 들어 IEEE를 중심으로 표준화 작업이 진행 중이다. 미국이 유럽과 다른 점은 안전에 대해 특정 표준에 얽매이지 않고 필요한 모든 안전 활동을 매우 체계적이고 공학적으로 진행하고 있다는 것이다. 얼마 전 관련 표준화 위원회 활동 중 NASA 엔지니어의 발표를 들은 적이 있는데, 소프트웨어 안전에 대해 매우 조직적이고 공학적으로 그리고 포괄적으로 실제 수행, 관리하고 있었다.

4차 산업혁명 시대 국가와 사회의 경쟁력, 바로 소프트웨어 안전

4차 산업혁명 시대, 많은 혁신과 변화가 일어나고 있다. 코로나19로 인해 방역과 언택트 요구가 급증하면서 소프트웨어가 핵심인 4차 산업혁명의 변화가 가속화되고 있다. 이 시점에서 우리는 과거 역사 속의 산업혁명을 되돌아볼 필요가 있다. 모든 산업혁명은 산업과 생활, 도시의 발전에 커다란 변화를 일으켜 왔음이 분명하다. 동시에 각 산업혁명에 항상 긍정적인 측면만 있었던 것은 아니다. 생각지도 못했던 부작용도 있었다. 동전의 양면같이 각 산업혁명은 긍정적인 측면과 부정적인 측면이 공존했고, 그 부작용을 어떻게 잘 관리하느냐가 각 산업혁명의 성패를 좌우했다고 해도 과언이 아니다.

1차 산업혁명 시기, 방직기계의 발명과 증기기관을 통한 동력 제공은 방직산업의 엄청난 발전을 이끌었고, 이로 인해 값싸고 질 좋은 옷감을 공급할 수 있게 되어 생활에 윤택함을 주었다. 이를 통해 농업 중심의 산업에서 탈피할 수 있었다. 반면에 자동화된 동력 기계로 인해 예상치 못한 사고들이 발생했고, 부녀자까지도 위험에 노출된 방직공장 노동 인력으로 전락했다. 이러한 부정적인 측면을 개선하고 예방하기 위한 각종 법과 제도가 영국에서 실행되어 곧 1차 산업혁명을 성공으로 이끌었다. 2차 산업혁명의 핵심인 철도, 전기, 화학공장의 시작은 많은 발전과 동시에 전염병의 급속한 전파, 대형 철도사고 등의 부작용을 낳았다. 인터넷 중심의 3차 산업혁명은 많은 이점과 더불어, 인터넷 사기, 불법 콘텐츠 등의 부작용이 있었다. 과거 모든 산업혁명 때마다 동전의 양면을 정부와 민간 차원에서 적극 관리함으로 산업혁명을 성공으로 이끌었다.

지금 우리는 4차 산업혁명 가운데 있다. 막연히 현재의 직업이 없어질 것 같다는 경제적인 걱정 외에, 4차 산업혁명 시대를 성공적으로 전환하기 위한 동전의 양면을 잘 관리하고 있는지 되돌아봐야 한다. 모든 것이 소프트웨어로 초연결되는 사회이다. 자율주행 차량, 인공지능 의료, 전기차, 스마트 전력, 스마트 수자원, 스마트 빌딩, 스마트 교통. 말 그대로 모든 것이 스마트 소프트웨어의 시대이다.

소프트웨어 공학 관점에서 볼 때, 소프트웨어 안전과 품질은 소프트웨어의 사이즈와 복잡도에 따라 급속도로 반비례한다. 4차 산업혁명 시대 스마트 기기, 스마트 인프라와 함께 소프트웨어 사이즈의 증가는 몇 년 사이 몇 배로 증가하고 있다. 게다가 이 모든 것들이 연결되는 초연결 세상이다. 한마디로 도시 하나가 메가 사이즈의 복잡한 소프트웨어 시스템이다. 인구는 더욱 도시로 몰려든다. 소프트웨어 결함 하나가 도시를 마비시킬 수도 있는 복합 재난도 가능하다. 2003년 미국 북동부와 캐나다 일부에서 발생한 블랙 아웃[138]과 이로 인한 어마어마한 복합 재난을 떠올려 보자. 소프트웨어 안전 메커니즘만 제대로 작동했어도 막을 수 있었던 사고이다.

소프트웨어 안전은 선택적 사항이 아니다. 4차 산업혁명을 성공시키기 위한 필수 요건이다. 설령 소프트웨어의 안전에 대한 우려가 있다고 해서, 이전 세대에서 그랬던 것처럼, 소프트웨어를 이용한 제어가 아닌 기계적인 제어 시스템으로 돌아갈 수는 없는 것이다. 지금 전 세계가 겪고 있는 코로나19로 인한 팬데믹 상황이 힘들다고 해서 코로나19가 없던 시절로 돌아갈 수는 없는 것과 마찬가지이다. 코로나19는 계속 변이되어 인류를 위협할 것이고, 인류는 변종 바이러스로부터 건강을 지켜낼 백신을 지속적으로 개발하면서 대처할 수밖에 없는 것과 마찬가지이다. 우리 생활의 많은 부분이 소프트웨어의 올바르고 안전한 작동에 의지할 수밖에 없는 것은 돌이킬 수도 또한 거스를 수도 없는 대세가 되고 말았다.

그렇다면 현실적인 선택은 한 가지뿐이다. 소프트웨어 없이 제대로 작동되지 않는 세상이라면, 개발되는 소프트웨어의 품질을 확보하기 위해 소프트웨어 공학의 기법을 적용해 체계적으로 개발해야 하며, 안전 공학의 기법을 적용해 적어도 치명적인 소프트웨어 결함이 없다는 것을 검증해야 한다. 물론 완벽하게 안전한 소프트웨어 개발은 현실적으로 불가능하다. 그러나 최악의 안전사고에서 자유로운, 그리고 일반적으로 믿고 사용할 만큼의 품질 및 안전의 신뢰도를 지닌 소프트웨어를 개발하는 것은 현재의 기술로 충분히 가능한 일이다.

앞에서 이야기한 것 같이 Normative, Substantive, Perceived Safety 관점에서 정부와 민간이 함께 감당해야 한다. 안전에 심각한 영향을 미칠 수 있는 소프트웨어가 탑재된 제품이나 서비스를 제공하는 기업에서는 제품 결함으로 인한 책임 때문에라도, 소프트웨어 공학과 안전 공학 기법에 기반해 제품을 개발해야 한다. 동시에 이를 통해 글로벌 경쟁력을 가질 수 있다. 또한 이러한 시스템이 사회 전반에 광범위하게 사용되면 정부에서도 적절한 수준의 안전성을 확보하도록 법과 표준을 정하고 검증된 제품만 사용할 수 있도록 해야 한다. 이는 안전 자체가 거대하고, 성장 가능성 및 부가가치가 매우 높은 산업이라는 뜻이기도 하다. 그러나 통상적으로 근시안적인 경제적 논리에서 안일하게 대응하는 경우가 많다. 그렇기에 정부의 적극적 주도와 지원이 필요하다. 실례로 안전산업에서 매년 수조 원의 실매출을 올리는 유럽 기업인 TUV, DNV 등도 정부 주도하에 성장해 글로벌 기업으로 발전했다. 물론 행정적으로 비영리 기업이기는 하지만, 경제 효과는 직·간접적으로 매우 크다. 한 나라의 기술적 우위를 좌우한다고 볼 수 있다. 그래서 소프트웨어 공학과 안전 공학 기법의 체계적인 적용이 디지털 데믹(Digital Pandemic)에 대한 효과적인 그리고 실제로 유일한 대응책인 것이다. 변화에는 위험이 늘 공존했고, 그 위험 속엔 늘 큰 기회가 있었다는 것을 잊지 말아야 한다. 4차 산업혁명의 패권은 소프트웨어를 잡는 자에게로 돌아갈 것이다.

3

DIGITAL POWER 2021

AI가 창출하는 도시의 미래

조영임 가천대학교 교수

지능과 지식

지능(Intelligence)이란 무엇인가? 캠브리지 사전에서는 "학습하고 이해하며 판단을 내리거나 의견을 갖는 능력(The ability to learn, understand, and make judgments or have opinions)"이라고 정의하고 있고, 옥스퍼드 사전에서는 "지식이나 기술을 받아들이고 적용하는 능력(The ability to acquire and apply knowledge and skills)"이라고 정의하고 있다.

일반적으로 지능이란, 개인에게 어떤 사태나 상황이 주어졌을 때 발휘되는 정신기능의 능력이 통합된 것이라고 정의한다. 즉 지능은 사람이 살아가기 위해 필요한 판단력이며 사물의 본질을 꿰뚫어 보는 힘이다. 인간이 환경에 적응해 살아가기 위해서는 자기에게 주어진 상황을 의식하고, 그 속에서 자신의 입장을 잘 알고, 생각하고, 그것에 의해서 지금 어떻게 활동하면 좋은가를 올바로 판단하는 능력이 요구된다.

이때 동원되는 정신활동이 지능이다. 따라서 지능에는 직감 또는 순간적으로 마음에 떠오르는 판단력부터, 순간적으로는 알 수 없어도 오랜 숙고 끝에 겨우 어떠한 판단에 도달하는 마음의 작용까지 모두 포함된다.

이와 같이 지능은 여러 가지 일들이 서로 어떻게 관련되어 있는지를 인식해 올바른 판단을 내리는 정신활동이기 때문에, 과거의 체험과 눈앞의 사물이 어떻게 결부되는지를 알아야 한다. 다시 말해, 컴퓨터에서 인공지능이 지능을 발휘하도록 하려면 그 재료가 되는 지식이 필요하는 것이다.

지식은 무엇으로부터 변화되는가? 만약 숫자 '66'이라고 하면 이는 데이터가 되어 그 자체로는 어떤 의미도 전달하지 못한다. 그러나 여기서 숫자 66에 단위를 붙여서 '66°F'라고 하면 이때부터는 정보가 된다. 또한 "2020년 10월 10일 토요일 오후 2시에 서울 온도는 66°F이다"라고 하면 이는 지식이 된다. 이와 같이 데이터에서 정보로, 정보에서 지식으로 변환되는 것을 지식의 피라미드(Knowledge Pyramid)라고 한다.

그렇다면 지능은 진화하는가? 결론부터 이야기하면, 인간의 지능은 끊임없이 진화한다. 아난드 데쉬판드와 매니쉬 쿠마는 그의 저서 『Artificial Intelligence for Big Data』에서 지능은 네 가지 Ps(인지(Perceive), 처리(Process), 지속(Persist), 수행(Perform))를 통해 진화한다고 주장한다.[139] 또한 이러한 지능의 진화 과정을 바탕으로 인공지능을 개발하기 위해서는 동일한 주기적 접근 방식으로 컴퓨터를 모델링해야 한다고 주장한다.

인공지능과 미래 인공지능 기술

인공지능(AI, Artificial Intelligence)이란 앞에서 설명한 '지능'을 컴퓨터에서 구현하는 분야이다.[140] 이러한 인공지능 기술이 핵심기술로 부각되면서 4차 산업혁명 시대는 디지털 전환 시대 또는 인공지능 시대라고 불린다. 기존의 아날로그가 디지털로 바뀌고 하드웨어와 소프트웨어도 바뀌고, 교통, 환경, 행정 등 우리의 삶의 패턴들이 모두 4차 산업혁명 시대에 맞게 바뀌는 것을 의미한다.

인공지능 기술의 중심에 자연어 처리 기술이 있다. 최근 GPT-4 출시에 대한 이야기도 있으나, 오픈 인공지능(Open AI) 자연어 모델인 GPT-3(Generative Pre-Training 3, 베타버전)[141]가 인기이다. 이 모델은 4,990억 개 데이터셋 중에서 가중치를 샘플링해서 3,000억 개로 구성된 데이터셋을 사전 학습했고, 1,750억 개에 달하는 매개변수로 딥러닝의 여러 변이 조정을 통해 자연어 처리 분야에서는 세계 최강의 기술을 개발했다. 지금까지 인공지능은 간단한 질문에 답하는 정도였고 내장된 대답을 끌어내는 수준이었으나, GPT-3는 인간의 말을 인간처럼 알아들을 뿐 아니라, 대화의 문맥을 파악하고 창의적인 아이디어를 제안하기도 한다. 몇 개의 키워드를 입력하면 가장 그럴싸한 긴 문장의 대답을 내놓는다.

실제로 최근 모 신문사에서 GPT-3와 인터뷰한 내용을 보면, "기계가 울어?"라고 질문을 했더니 "눈물을 흘리진 않지만 감정이 있어"라고 대답했다. 아직은 꿈이지만, 가장 인간다운 범용 인공지능은 마치 인간처럼 실수도 하는 것이다. 즉 묻는 대로 척척 대답하는 게 아니라 가끔은 "글쎄, 나도 잘 모르겠는데…"와 같이 의도적으로 인간처럼 대답하는 고도의 지능을 갖게 될 것이다. 현재 나온 GPT-3는 그러한 경지에까지 도달한 것처럼 보인다.

GPT-3와 같은 자연어 모델이 탑재된 범용 인공지능은 어떻게 인간처럼 행동하는 것일까? 하워드 가드너는 다중지능 이론[142]에 의해 인간지능을 분류했는데, 특히 지능은 단일한 인지적인 능력이 아니며, 서로 연계되지 않으면서도 뇌의 다른 영역과 관련된 지능을 8가지로 분류해 제안한 바 있다. 공간을 지능화한다는 것은 인간과 상호작용한다는 것을 전제로 하므로, 개념이나 기술면에서 난이도가 높은 분야이다. 특히 '바둑판'을 하나의 실내공간으로 정의한 알파고는 인공지능과 공간데이터가 공간지능화되어 바둑판이라는 공간에서 인간과 공간이 상호작용하는 다이나믹스를 보여줌으로써 인간보다 훨씬 뛰어난 지능을 발휘하고 있는 가장 진화된 인공지능 기술이다.

이러한 인간의 기대를 충족시켜줄 수 있는 또 하나의 미래 인공지능 기술로 범용 인공지능(AGI, Artificial General Intelligence)[143] 기술을 들 수 있다. 범용 인공지능은 보다 넓은 개념을 말하는 것으로, 스스로 학습하고 판단하는 자연스러운 인공지능이 그 주요 기술이다. 자연스러운 것이 가장 어려운 기술이기 때문에 범용 인공지능이 지향하는 세계는 고난이도의 인공지능 세계이다.

현재 구글을 비롯한 전 세계 기업들은 범용 인공지능을 위한 연구에 박차를 가하고 있다. 범용 인공지능이 세상을 지금과는 완전히 다른 양상으로 바꿔놓을 것이라고 보기 때문에, 삼성전자도 2019년 11월 '삼성 AI 포럼 2019'를 개최해 범용 인공지능 연구를 처음으로 공식 선언하면서 기존 인공지능 기술의 한계를 뛰어넘은 범용 인공지능 연구에도 심혈을 기울이고 있다.

2020년 1월 초 미국에서 범용 인공지능 기술을 주제로 하여 열린 CES 전시에 전 세계 155여 개국, 4,500여 개 기업이 참가해 새로운 기술을 선보였다. 특히 바둑 인공지능의 경우 지금은 가상세계에 머물러 있는데 인공지능이 인공지능 로봇 팔을 갖고 바둑돌을 직접 놓는다면, 즉 인공지능이 새로운 상황에 놓인다면 그 기능이 제대로 작동하는 데에 어려움이 있을 수 있다. 가상세계를 벗어났을 때도 인공지능이 대처할 수 있도록 '실세계 인공지능'을 많이 연구해 여러 상황에서 자연스럽게 대응하는 인공지능 기술개발이 필요하다.

미래 인공지능 기반 도시

미래의 도시는 어떤 모습일까? 미래의 도시는 데이터 허브로서의 도시를 그 모델로 정의하고 있다.[144] 또한 도시는 수직적 데이터 통합을 바탕으로 수평적 통합을 이루며 하나의 플랫폼으로 작용할 것으로 강조되고 있다.[145] 그러나 도시가 플랫폼 기반 데이터 허브로서의 도시가 되려면 도시 공간 전체가 먼저 지능화되어야 하며, 이를 바탕으로 도시 데이터가 수집되어 플랫폼상에서 가공됨으로써 데이터 허브 기반으로 스마트 시티에서 서비스로 활용되어야 할 것이다.

도시공간에 관해 IBM은 'Cognitive Computing+IoT' 사업을 통해 공간지능화를 진행 중이며, 우리나라 정부에서도 지능정보 5대 과제에 공간지능을 테마로 형성하고 있다. 공간지능 연구는 '실내공간을 바둑판처럼 생각할 수 없을까?'라는 물음에서 출발했다. 알파고가 바둑 기보를 학습해 성과를 거둔 것은 인공지능 기술이 공간을 바둑판으로 정의하고 사용자의 행동 데이터를 학습해 낼 수 있음을 증명한 중요한 시사점이다. 이처럼 '공간지능'은 복합도가 높은 기술이므로 융합적 접근이 필요하다. 또한 현재의 '기술'이 '서비스'로 발전하기 위해서는 원천기술에 대한 집중적인 교육과 창의적 연구가 필요하다.

이러한 기반하에 미국 HP에서는 국토라는 공간을 단순히 이용하는 것이 아니라, 국토의 효율적 이용과 서비스의 개념으로 보기 위해 소프트웨어 에이전트를 탑재해 팩토리, 호텔 등에 서비스를 제공하고 있다. 그러나 아직 기술적 완성도 면에서는 단순한 데이터 메시업 수준에 머물고 있다. 앞으로 확산이 용이한 공간지능 오픈프레임워크가 개발된다면 리테일, 교통, 물류, 의료, 교육 등의 기존 사업에 알파고만큼이나 혁신적인 변화가 있을 것으로 예측된다.

최근 인공지능은 범용 인공지능 기술이 공간지능화 기술로 구체화되는 앰비언트 인텔리전스(Ambient Intelligence)[146]라는 융복합화 기술로 진화하고 있다. 앰비언트 인텔리전스란 항상 정보를 수집하고 가공해 필요로 하는 장소와 시간에 사용할 수 있도록 한다는 패러다임으로, 대부분 가전제품 기술에 내제되어 있는 특성이다. 그러나 이보다 중요한 특징으로는 상황인지(Context Awareness) 기능과 사용자 개인의 습성과 맥락 중시(Personalized) 기능, 변화하는 능력(Adaptive), 사용자 의도 예측능력(Anticipatory)이 있어야 한다는 점이다.

앰비언트 인텔리전스 기술은 사용자가 인공지능 플랫폼에 접속해 필요로 하는 서비스를 언제 어디서나 제공할 수 있도록 진화할 것을 기본 방향으로 하고 있으며, 인간과 공간의 조화로움을 추구하는 대표적인 공간지능화 기술이다. 앰비언트 인텔리전스 기술은 멀티 모달 인터페이스를 통해 언제 어디서든, 어떤 환경에서든 사용자가 원하는 다양한 생활환경을 제공한다. 이는 어떤 특정한 공간에 있는 사람들의 존재와 상황을 인식하고 그들의 필요, 습관, 몸짓 및 감정 등을 감지해서 상황에 맞는 적절한 환경을 제공해 주는 공간기반 인공지능 기술이 기본적이기 때문이다.

일상생활에서 일어날 수 있는 앰비언트 인텔리전스의 가능한 사례로 스마트 홈을 들면, 집 내부의 가구, 가전 및 조명시설 등에 설치된 다양한 센서들이 사용자의 상황과 행동을 인지해 다음 행동 단계에서 필요로 하는 환경으로 맞춰준다. 예를 들어 아침에 일어난 사용자가 침대에서 몸을 일으키면 욕실로 향하는 통로에 자동으로 불이 들어온다. 그와 동시에 욕실 내 온도가 따뜻하게 조성되고, 사용자가 선호하는 온도의 따뜻한 물이 준비된다. 샤워를 끝내고 거실로 가면 밤새 '에너지 절약' 모드였던 실내 온도가 알맞게 올라가며, 블라인드도 자동으로 올라간다. TV 역시 사용자가 좋아하는 뉴스 채널에 맞춰서 켜진다. 에스프레소 머신과 토스트기에서는 아메리카노와 식빵이 준비되고 있다.

또 하나의 예를 들면, 출근 준비를 마친 사용자가 현관으로 향하면 문이 열리면서 승용차가 그 시간에 맞춰 대기하고 있다. 차에 오르면 자동으로 안전벨트가 채워지며 시동이 걸리고, 차는 목표 출근 시각에 늦지 않도록 경로를 선택해 자율주행한다. 만약 주행 도중 사용자에게 심장 박동 이상이나 호흡 곤란 등의 문제가 생기면 미리 등록해둔 건강관리 기관에 해당 정보를 실시간으로 전달한다. 동시에 차는 스스로 안전한 곳에 정차하고 잠시 후 차가 전송한 위치 신호를 따라 앰뷸런스가 도착한다. 병원에서 치료를 받은 후 일상으로 복귀하는 길, 식품을 구매하기 위해 동네 마트에 들르면 점원은 태블릿으로 사용자의 건강 상태를 확인한 후 그에 맞는 식품을 권한다. 이처럼 최근 인공지능은 범용 인공지능 기술이 공간지능화 기술로 구체화되는 융복합화 기술로 스마트 시티를 계속 진화시키고 있다.

진화하는 스마트 시티

미래의 스마트 시티에서 앰비언트 인텔리전스 환경이 완벽하게 구현되려면 인공지능 서비스를 위한 생태계가 잘 구축되어야 한다. 먼저 기술적 관점에서는, 사용자 정체성 확인에 필요한 상당 수준의 센서 가동 기술과 바이오매트릭스 기술개발이 필수적이다. 또한 사용자의 안면·행동 유형이 인식돼야 하는 만큼 인공지능도 기반 기술이 요구되며, 현관 자물쇠와 신발장, 에스프레소 머신과 TV 등에도 IoT를 구현하는 컴퓨팅 기술이 들어가야 한다.

다음으로 거버넌스 관점에서는, 정부가 민간의 수요와 공급시장을 가속 성장시키기 위해 필요한 플랫폼을 제공하면, 기업은 이를 바탕으로 성장함으로써 산업화가 추진될 수 있도록 해야 한다. 앞으로는 플랫폼 오브 플랫폼(Platform of Platform)이 가속화될 것이므로, 플랫폼들이 어떻게 상호 의사소통하는지가 인공지능 서비스 생태계의 핵심사항이 될 것이기 때문이다. 이미 구글, IBM 등 글로벌 기업들은 인공지능 가속성장 인프라를 기반으로 인공지능 산업화를 추진함으로써 경쟁력 있는 인공지능 서비스 생태계를 구축하고 있다. 또한 클라우드 컴퓨팅을 기반으로 인지 서비스와 머신러닝 서비스를 제공하는 플랫폼을 구축하고 오픈소스를 적극적으로 활용해 지능형 서비스나 IoT

제품에 쉽게 활용할 수 있는 기반을 마련하고 있는 추세이다.

최근 가트너가 발표한 자료에 따르면 인공지능 기술을 기반으로 하는 글로벌 비즈니스 가치는 2022년에 3조 9,000억 달러에 이를 전망하고 있다. 앰비언트 인텔리전스 자체 시장 규모에 대해서는 아직까지 공식적으로 발표된 자료는 없으나, 시장조사 기관인 SBwire는 2022년까지 매년 연평균 28% 이상 높은 성장률을 보일 것으로 전망하고 있다. 이 중에서, 앰비언트 인텔리전스 기술 적용이 가장 활발할 것으로 예상되는 스마트 홈, 스마트 빌딩 분야의 글로벌 시장 규모에 대해서는 2025년 1,461억 달러로 2025년까지 매년 32.1% 성장할 것으로 전망한다(Variant Market Research).

미국 가트너 그룹에서 매년 발표하는 하이퍼 사이클은 인지컴퓨팅, 스마트 로봇(챗봇) 기술이 향후 5~10년 내에 큰 발전이 있을 것으로 전망하고 있다. 메티(Meti) 그룹에서는 2035년 서비스 소프트웨어 시장이 약 5천 조 이상이 될 것이라 예상했으며 2012년 이래 국내도 휴먼케어기술 관련 제품이 약 5만 대 이상 판매되는 성장세를 보이고 있다. 해외에서는 사용자 인식, 감정 인지와 같은 고인지 기능이 탑재된 이동체들이 속속 개발되고 있고, 소프트뱅크의 페퍼(PEPPER), 지보의 지보(JIBO)는 감성적인 의사소통 및 서비스에 주안점을 둔 이동체 특징을 두고 상용화 준비 중으로 전 세계의 관심을 받고 있다.

이처럼 미래의 스마트 시티에 공간지능화가 구현되면, 음성이나 영상, 제스처 등 사용자의 다양한 정보로부터 고도의 복합지능 기반 도시가 구현될 것이며 다양하고 편리한 생활 서비스를 제공해 줄 것이다,

이미 스마트 시티는 우리 생활에서 일부 구현되어 있기는 하지만, '공간지능'을 입히는 기술은 더 진화되고 개발되어야 한다. 인공지능이

란 궁극적으로 똑똑한 비서처럼 우리의 일상을 함께하기 위한 것이므로 공간지능화를 통한 인공지능의 범용기술을 확보해야 할 것이다. 인공지능은 최첨단 디지털 기술로 인해 최첨단 아날로그의 편안한 삶을 실현시켜 줄 강력한 무기이다.

2019년 7월 발표된 국토부의 스마트 도시 종합계획도 국민의 행복을 목표로 하고 있다. 점점 더 진화되는 인공지능 세상이 실생활에서 구체화되고 실현되는 미래의 스마트 시티에서 우리 삶이 보다 더 행복해지기를 무한히 기대해 본다.

DIGITAL
POWER
2021

AI가 요구하는 새로운 윤리

이연희 경상대학교 강사

인공지능과 새로운 윤리의 등장

오늘날 인공지능(AI)이란 일반적으로 혼자서 방대한 양의 데이터를 빠르게 학습, 분석, 추론해 어떤 결정을 도출해 낼 수 있는 컴퓨터 알고리즘을 가리킨다. 현대 과학기술자와 정책가는 이 기술을 필두로 한 초연결사회(Hyper-Connected Society)를 기획한다. 초연결사회란 사람, 사물 등 모든 것의 정보(데이터)와 지능이 단일의 유기적 네트(Net)에서 긴밀히 연결되어 원활하게 소통되는 사회를 의미한다.[147] 즉 이 기획대로라면 미래에 우리는 중앙 컴퓨터 네트워크에 접속해 사물에서 생성, 수집된 정보(데이터)와 인공지능의 지적 능력을 시시각각 제공 받는가 하면, 함께 접속한 다른 개인들의 정보, 지능을 상호 공유하며 살아가는 삶을 영위하게 될지도 모른다.[148]

이러한 기획이 비현실적으로 느껴지는가? 오늘날 첨단 과학기술은 이미 초연결사회의 가능성을 시사한다. 이를테면 5G 네트워크 기술과 사물인터넷(IoT)은 개인을 주변 사물과 거미줄처럼 촘촘히 연결시킬 수 있고, 인공지능, 빅데이터, 센서 기술은 각 개인에 관한 다량의 정보를 빠르게 수집해 분석할 수 있다. 이 때문에 우리는 각자의 사적 정보를 인터넷, SNS 등을 사용할 때마다 의도적으로 제공하기도 하지만, 일상생활을 하면서 부지불식간에 노출시키고 있다. 그 덕에 우리는 종종 쇼핑이나 취미활동 등에서 한결 쉽게 일정한 선택을 내리게 되었다. 우리의 은밀한 취향, 선호 등을 파악해 버린 인공지능이 눈앞에 맞춤형 대안을 제공해 주기 때문이다. 앞으로 인공지능은 비교적 가볍고 단순한 선택뿐만 아니라, 정치적 의사결정, 연명의료 결정과 같이 개별 삶의 방향을 좌우하는 무겁고 중대한 결정에서조차 커다란 영향을 미칠 것으로 전망된다.[149] 이렇듯 인공지능은 다양한 영역에서 개인의 선택과 의사결정을 수월하게 해 줌으로써 개별 삶의 편의성과 경제적 효율성은 증진시키고, 개인들 간 삶의 격차를 줄여 줄 것으로 기대되는 기술이다. 인류 역사상 이보다 더 위대한 도구를 찾기도 힘들 것이다. 이런 점에서 미래는 가히 '인공지능 시대'라 명명될 만하다.

그런데 인공지능 기술과 관련해 주목할 만한 부분이 있다. 그것은 바로 이 기술의 발전이 새로운 윤리를 등장시켰다는 사실이다. 새로운 윤리란 2016년을 기점으로 급증한 '인공지능 윤리(AI Ethics)'를 말하는데, 이것은 '인공지능 기술의 설계, 제작, 배치, 사용, 폐기 등을 둘러싼 윤리적 논의, 숙고와 그에 따른 결과물의 총체'를 일컫는다. 하버드 대학교의 버크만 클라인 센터(Berkman Klein Center)의 연구에 따르면,[150] 2016년 이래로 학계, 기술 전문가, 기업, 정부, 국제기구, 비영리 단체 등 다양한 사회 조직체들이 인공지능과 관련된 윤리적 원칙, 선언, 권고안 등을 발표해 왔다. 이 발표물들은 공통적으로 인공지능 기술과 연관된 활동에서 우리가 반드시 지켜야 할 근본가치, 행위 지침 등을 담고 있다. 이것들은 모두 일정한 윤리적 논의와 숙고 끝에 구체화된 결과물이다. 이런 점에서 인공지능 윤리는 현재 전 지구적 차원에서 다양한 주체들에 의해 다각도로 실천되고 있다고 할 수 있다.

오늘날, 윤리를 전문적으로 다루어 온 윤리학자 외에도 다방면의 사회 주체들이 이 새로운 윤리적 논의와 숙고에 참여하고 있다는 것은 놀라운 일이다. 특정 기술과 관련해 법, 정책, 기술, 산업 등의 종사자들이 앞다투어 윤리의 필요성을 강조하면서 윤리적 논의와 숙고를 실천했던 일은 과거에 보기 드물었기 때문이다. 특히나 윤리를 대체로 '규제'와 동일시하면서 기술, 산업의 발전을 저해하는 방해 요소로 간주해 왔던 기업들마저 최근 인공지능 윤리의 성장에 적극적으로 기여하고 있다는 사실은 더욱 놀랍다. 오늘날 사회적 영향력을 가진 다양한 주체들이 이렇듯 인공지능 윤리의 필요성을 강조하면서, 인공지능 윤리를 실천해 나가는 이유는 무엇일까?

이 놀라운 현상의 원인은 인공지능 기술이 가진 남다른 특성에서 기인하는 것 같다. 형체가 없는 소프트웨어인 인공지능의 작동은 인간에 비유하면 마치 '정신'의 활동과 같다. 이런 점에서 인공지능은 다른 어떤 기술보다도 특별하다. 인공지능은 '자율성(Autonomy)을 지닌 기계'의 가능성을 가시화하기 때문이다. 여기서의 자율성이 윤리학의 오랜 탐구대상으로서 '주체가 자신의 행위에 규칙과 목적을 설정할 수 있는 능력'을 의미하는 것은 아니다. 그보다는 '인간의 개입 없이도 홀로 무언가를 결정할 수 있는 고도로 자동화된(Automated) 기계의 능력'을 함축한다. 즉 가까운 미래에 우리가 확인하게 되리라 예측되는 기계의 능력을 뜻한다.

인공지능 기술이 발전하기 이전에도 자동화된 기계는 존재했다. 공장에서 인간 노동자를 대신해 물건을 나르는 산업용 로봇을 떠올려 보라. 그러나 기존 기계의 능력이 인간의 통제 아래 단순하고 반복적인 업무를 대리하는 수준에 머물러 있었다면, 인공지능은 기계가 그 이상의 것을 수행할 수 있게 한다. 즉 인공지능이 탑재된 기계는 인간의 개입 없이도 홀로 외부 상황을 인식하고 학습함으로써 적응해 나갈 수 있다. 이 때문에 이것의 움직임은 겉보기에는 마치 인간 행위와 별 차이가 없어 보일 수 있다. 인간처럼 생각하고 움직이는 기계라니! 상상만 해도 경이롭다. 이런 점에서 많은 전문가들이 인공지능이 인간의 힘든 정신적, 신체적 업무를 보조하거나 대신하는 유용한 도구가 될 것이라 기대한다. 하지만 동시에 전문가들은 높은 자율성을 지닌 인공지능의 문제점을 다음과 같이 지적한다. 이 기술은 우리가 의도하지 않은 결과를 낳을 수 있으며, 우리는 그러한 결과의 이유를 온전히 이해하지 못할 수 있다는 것이다. 다시 말해, 이 기술로 인해서 우리가 원치 않은 치명적인 결과가 나타날 수도 있으며, 어떠한 결과들에 대해서 책임을 규명하는 것 역시 쉽지 않은 일이 될 것이라는 뜻이다.

이런 맥락에서 우리는 오늘날 새로운 윤리의 등장을 특별히 신기술의 '불확실성', '예측 불가능성'이라는 특성과 연관 지어 생각해 볼 수 있다. 요컨대, 새 시대로의 도약을 약속하는 인공지능 기술에는 인간이 예측, 통제하기 어려운 잠재적 위험이 있다. 현재 국내외의 다양한 사회적 주체들은 이 사실을 잘 알고 있다. 그러므로 최근 급증한 인공지능 윤리는 동시대인들이 이 신기술을 신중하게 개발하고 확산시켜야 한다는 점에 암묵적으로 동의한 결과물이라 보아야 할 것이다.

인공지능 기술이 초래할 수 있는 윤리적 문제들

인공지능 기술과 관련해 우리가 대비해야 할 윤리적 문제들로는 무엇이 있을까? 최근 급증한 인공지능 윤리에서 공통적으로 강조되는 핵심 가치들[151]은 인공지능의 기술적 특성에 따라 초래될 수 있는 주요한 윤리적 문제들의 단서를 제공한다.

첫째, 가장 쉽게 떠올릴 수 있는 문제는 '안전(Safety)' 문제다. 자율성을 지닌 인공지능의 의사결정은 인간이 쉽게 예측하거나 통제하기 어려울 수 있다. 이 때문에 인공지능이 탑재된 시스템이 의도치 않게 나쁜 결과를 가져올 수 있다. 따라서 인공지능 시스템의 기술적인 오류를 사전에 인식하고 처리할 수 있을 만큼의 기술적 발전이 요구된다. 더불어 이 기술이 오남용되지 않도록 구체적인 방침을 마련할 필요도 있다.

둘째, '투명성(Transparency)' 문제도 있다. 설령 고도로 자동화된 인공지능의 작동 방식을 인간의 능력으로 완전하게 이해하기 어렵다고 하더라도, 인공지능의 의사결정 알고리즘은 어떤 문제가 발생하기 전후에 이 기술에 영향을 받는 모든 사람(설계자 외에도 이 기술을 배치하고 사용하는 모든 이해관계자)에게 투명하게 공개되고 설명될 필요가 있다. 즉 이 기술과 연관된 모든 사람은 이것이 어떻게 작동하는 것인지 알 수 있어야 한다. 그렇지 않으면 사회에 중대한 영향을 미칠지도 모르는 이 기술에 대해 그 누구도 신뢰할 수 없게 될 것이다.

셋째, '책임(Accountability)' 문제도 생각해 볼 수 있다. 인공지능의 작동 오류로 사고가 나게 되면 그 책임은 누가 져야 할까? 이 기술을 최초에 만들어 낸 설계자? 이 기술을 일정한 영역에 도입한 배치자? 이

기술의 사용자? 그도 아니면 마치 인간처럼 혼자 의사결정을 내린 인공지능? (그런데 인공지능을 도덕적, 법적 책임의 주체로 간주할 수 있을까?) 인공지능 작동 후의 결과물에 대한 책임 소재를 분명하게 밝힐 수 있어야 이 기술의 윤리적 활용을 기대할 수 있을 것이다. 따라서 이 간단치 않은 문제의 답을 찾기 위한 사회적 숙고와 합의가 반드시 필요하다.

넷째, '공정성(Fairness)' 문제도 간과해서는 안 된다. 이것은 사회적 불평등, 차별, 편견 등의 방지 문제를 의미한다. 인공지능 알고리즘이 다루게 될 데이터들은 모두 현존하는 인간사회로부터 제공되는 것이다. 이 때문에 인공지능이 도출한 결과물에는 인간사회의 실제 모습이 반영되기 마련이다. 그렇다면 그 결과물에는 인종, 젠더, 지역, 사회집단 등과 관련해 현실에 존재하는 사회적 불평등, 차별, 편견의 양상도 고스란히 나타날 수밖에 없다. 그러므로 인공지능이 어떠한 데이터를 다루도록 할 것인지 선별하는 데에 주의가 필요하다. 그렇지 않으면 기존의 불평등, 차별, 편견의 양상은 그대로 지속되거나, 더 극심화될지도 모른다.

다섯째, '개인정보(Privacy) 보호' 문제도 놓쳐선 안 된다. 앞으로 인공지능이 탑재된 시스템이 우리 삶의 전 영역에서 활용된다면, 우리의 민감한 정보가 낱낱이 분석될 수 있다. 예를 들어, 일정한 센서 기술과 융합된 인공지능 시스템은 부지불식간에 한 개인의 기호, 성향에서부터 DNA, 안면도장에 이르기까지 그의 은밀한 정보들을 수집할 수 있기 때문이다. 이런 점에서 인공지능 기술은 자칫 현대인의 사생활을 감시하고 통제하는 수단으로 전락할 수 있다. 이를 유념해 이 기술의 부주의한 배치와 사용을 경계해야 한다.

마지막으로, 결코 잊지 말아야 할 '인간성(Humanity)'의 문제가 있다. 인공지능 기술은 인간성이라는 본질적 가치를 증진시킬 수도, 훼손시킬 수도 있는 양면의 날을 지니고 있다. 이를테면 인간은 아주 오래전부터 그 조건과 양태는 달랐을지라도 '노동'과 함께해 왔다. 즉 인간은 언제나 일정한 노동을 통해서 무언가 창조해 나감으로써 그 자신의 고유한 본성을 표현하고 긍정적으로 변화시켜 왔다. 이 때문에 노동은 인간 본성을 실현할 수 있는 인간의 본질적 활동이라 할 수 있다. 이런 점에서 놀랍도록 빠르고 정확한 정보처리 능력을 지닌 인공지능 기술은 지나치게 고된 노동으로부터 인간을 해방시킴으로써 인간에게 더 편리하고 효율적인 삶을 선사할 수도 있지만, 오히려 인간성 실현을 저해하는 요인이 될 수도 있다. 따라서 이 기술의 개발과 확산에 신중을 기울여야 한다.

한편, 이처럼 인공지능 기술이 초래할 윤리적 문제들을 고려해 볼 때, 오늘날 급증한 인공지능 윤리의 성격을 일부 기술 전문가에게만 요청되는 특수 윤리로 한정 짓기는 어렵다. 차라리 그것은 인공지능 기술을 설계하고, 제작하고, 배치하고, 사용하고, 폐기하는 전체 과정에서 참여하는 모든 이해당사자들에게 요청되는 이른바 '모두의 윤리'에 가깝다.

시대가 바뀌어도 근본 질문은 바뀌지 않는다

날이 갈수록 인공지능 알고리즘의 작동방식은 인간에 의해 완전하게 예측되고 통제될 수 없을 정도로 높은 수준으로 자동화되어 가고 있다. 인공지능의 빠르고 정확한 정보 처리능력은 점점 더 놀라움을 자아낸다. 이와 함께 누군가는 이 기술이 앞으로 인간에게 유용한 도구가 될 것이라며 낙관하고, 다른 누군가는 이 기술이 인간성을 훼손하고 여러 사회문제를 야기할 것이라며 비관한다. 앞에서도 살펴보았듯이 인공지능 기술은 우리가 지금껏 사용해 오던 도구들과 비교해 봤을 때 분명 그 성격이 남다른 부분이 있다. 이 때문에 오늘날 이 기술에 대한 상이한 반응들은 자연스럽고, 어쩌면 마땅한 것이라 볼 수 있겠다. 그러나 한 가지 명확히 해 두어야 할 것이 있다. 제아무리 독특한 기술이라 하더라도, 그것이 인간의 오랜 윤리학적 근본 질문을 없애거나 바꾸지는 못할 것이란 점이다.

고대의 윤리학자들은 한 가지 문제의 답을 얻기 위해 고심했다. 그 문제는 바로 "좋은 삶이란 무엇인가?"란 질문에 관한 것이다. 이 문제는 현대에도 변함없이 윤리학자들이 풀고자 하는 근본 질문이다. 게다가 이것은 예나 지금이나 일상을 살아가는 대부분의 인간에게 이따금 떠오르는 평범한 질문이기도 하다. 어째서 인간은 이러한 질문에서 벗어나지 못하고 있을까? 이유는 이렇다. 인간은 다른 자연존재들과는 달리 환경의 굴레에 속박당하기만 하지 않는다. 즉 환경에서 어느 정도 벗어나 행위 할 수 있다는 점에서 인간은 이 세계 내에서 유일하게 자유롭다. 그런데 자유로운 인간에게 주어진 정해진 길이라는 것은 없고, 인간이 살아가야 하는 이 세계는 녹록지 않다. 이 때문에 예로부터 인간은 내던져진 환경 속에서 불현듯 맞닥뜨린 삶의 문제들에 대한 답을 찾아가며 더 좋은 삶을 살고자 늘 분투해 왔다. 인간이 존엄하다 말할 수 있는 이유는 그처럼 삶의 문제들에 대해 숙고하고 반성하며, 더 좋은 삶을 살기 위해 끊임없이 모색해 살아갈 수 있는 능력이 있기 때문이리라. 이 능력은 끊임없이 변화해 온 자연 및 사회 환경 속에서도 결코 변치 않았던 인간의 고유한 본성이다.

이런 점에서 인간이 만들어 낸 다양한 물리적, 정신적 도구들은 더 좋은 삶을 영위하기 위한 분투의 결과물이며, 인공지능 기술은 그 결과물 가운데 하나라고 보아야 할 것이다. 즉 아무리 성능 좋은 인공지능이 맞춤형 선택지를 제시해 준다 하더라도 자유로운 인간은 본성상 그것에 만족하지 않고 계속해서 자신만의 답을 찾고자 분투할 것이다. 달리 말하면, 인공지능 시대에도 인간의 근본 질문은 쉬이 사라지거나 변하지 않을 것이다. 그렇다면 인공지능 시대를 앞둔 우리가 해야 할 일은 조금 더 명료해진다. 지금껏 수많은 도구의 가치는 그것들이 인간성의 가치를 보존, 발전시켜주었을 때 크게 빛이 났다. 그렇다면 인류의 최신 도구라 할 수 있는 인공지능 기술의 가치 역시 장차 그러한 인간성의 가치를 지속시키거나, 발전시키는 방식으로 활용될 때 더없이 빛나게 될 것이다. 하지만 과거 역사를 돌아보면 알 수 있듯이 도구의 활용에서 윤리적 숙고와 성찰이 부재할 때 인간성은 쉽게 훼손될 수 있다. 더군다나 인공지능처럼 불확실성, 예측 불가능성의 특징을 가진 기술을 함부로 오남용할 때 어떤 대가를 치르게 될지 장담할 수 없다. 그러므로 '더 좋은 삶의 영위'라는 인간의 목적에 맞게 신기술을 활용하기 위해서 지금부터 우리 모두는 인공지능 윤리의 의미와 중요성을 제대로 인식하고 실천해야 한다.

1) 박국흠(2019), "수집된 정보의 공익성에 관한 고찰", 정보화정책 26(1), p.25~45

2) Kelnar, David(2016), "The fourth industrial revolution: a primer on Artificial Intelligence(AI)", Medium. https://medium.com/mmc-writes/the-fourth-industrial-revolution-a-primer-onartificial-intelligence-ai-ff5e7fffcae1#.lq0v1gjp4.(Retrieved on May 2, 2018)

3) Vipal Monga, https://www.wsj.com/articles/whats-all-that-data-worth-1413157156

4) Kapko, M.(2014), "Inside the Shadowy World of Data Brokers", CIO. http://www.cio.com/article/2377591/data-management/inside-the-shadowy-world-of-data-brokers.html.

5) http://www.wowtv.co.kr/NewsCenter/News/Read?articleId=2020040727891

6) 이근(2010), "한국인을 위한 경제학", 박영사

7) 대한민국 정책 브리핑(http://www.korea.kr/special/policyCurationView.do?newsId=148868025#L3)

8) Arun Sundararajan(2016), "The Sharing Economy", MIT Press; 이은주 역(2018), "4차 산업혁명 시대의 공유 경제", p.66~67

9) 시사저널(2020.6.29.), "차세대 유니콘⑦ 패스트파이브 위기를 기회로 바꾼 공유오피스"

10) 조선비즈(2020.5.6.), "잘나가던 에어비앤비, 직원 4분의 1 해고 … 기업가치 '반토막'"

11) 파이낸셜뉴스(2020.5.13.), "우버, 음식배달업체 그러브허브 인수추진 … 성사되면 점유율 1위"

12) Erik Brynjolfsson, Arun Sundarajan, "Fortunes have already been made in the sharing economy, yet the biggest impact on business and our daily lives is yet to come.", The Sharing Economy

13) 노컷뉴스(2017.6.11.), "'사고뭉치' 카쉐어링 자동차 … 사고율 '자가용의 10.8배'"

14) 연합뉴스(2019.7.24.), "대구 스마트웰니스 규제자유특구서 첫 의료기기 제조인프라 공유"

15) 로봇신문(2020.5.27.), "중국에 로봇 '공유' 공장 첫 등장 … 新공유 생태계 조성"

16) Thomas L. Friedman(2020.3.17.), "Our New Historical Divide: B.C. and A.C.: The World Before Corona and the World After", The Newyork Times

17) 인크루트 보도자료(2020.8.), "결국 못 버틸까 … 기업 4곳 중 1곳, 하반기 폐업 우려"

18) 조선비즈(2020.5.14.), "'AR로 회의하세요' … 스페이셜, 원격회의 솔루션 무료 공개"

19) Independent.ie(2020.9.11.), "Sales rise for VR Education's remote learning tools"

20) 인크루트 보도자료(2020.4.14.), "성인남녀 절반 이상, '코로나 블루 경험했다'"

21) Linville, P. W.(1985), "Self-complexity and affective extremity: Don't put all of your eggs in one cognitive basket", Social Cognition 3, p.94~120; Linville, P. W.(1987), "Self-complexity as a cognitive buffer against stress-related illness and depression", Journal of Personality and Social Psychology 52, p.663~676

22) Innovate UK(2018), "The Immersive Economy in the UK"

23) IHS(2017), “The 5G Economy: How 5G Technology will Contribute to the Global Economy”; KT경제경영연구소(2018), “5G의 사회경제적 파급효과 분석”

24) Bresnahan, T. F. and M. Trajtenberg(1995), “General Purpose Technologies-Engines of Growth?”, Journal of Econometrics Vol.65 No.1, p.83~108

25) B. Joseph Pine II and James H. Gilmore, “Welcome to the Experience Economy”, Harvard Business Review

26) Mckinsey Global Institute(2018), “NOTES FROM THE AI FRONTIER: MODELING THE IMPACT OF AI ON THE WORLD ECONOMY”

27) Tencent(2018), “인공지능 보고서”

28) Element AI(2019), “2019 Global AI talent report”

29) 소프트웨어정책연구소(2018), “유망 SW 분야의 미래 일자리 전망”

30) 인공지능 두뇌지수는 2009~2018년간 해당 국가의 인공지능 연구 성과 데이터를 분석해 가장 우수한 성과를 창출한 상위 핵심연구자 100명의 역량을 지수화한 값으로 2019년 소프트웨어정책연구소에서 측정 및 발표된 값이다. 연구자의 인공지능 연구 수, 편당 인용 수, FWCI(Field Weighted Citation Impact) 값이 가중 평균 되어 측정된다.

31) 세계 평균 대비 피인용 비율로, 예를 들어 FWCI가 1.23인 논문은 전 세계 평균 대비 23% 인용이 더 되었다고 해석할 수 있다.

32) Swiss Federal Institute of Technology Zurich, University of Zurich, Swiss Federal Institute of Technology Lausanne

33) 영국 University of Oxford(12위), 호주 Griffith University Queensland(17위), 중국 Peking University(20위)

34) 习近平出席中国科学院院士大会, http://www.china.com.cn/newphoto/news/2014-06/10/content_32622009.htm(검색일: 2020.11.26.)

35) CNKI(중국 학술논문 검색 프로그램)에서 AI를 키워드로 검색한 결과이다.

36) 이민자(2018), “중국제조 2025와 미·중 기술패권 경쟁”, 현대중국연구, p.15

37) 国务院关于印发新一代人工智能发展规划的通知, http://www.gov.cn/zhengce/content/2017-07/20/content_5211996.htm

38) 科技部关于印发《国家新一代人工智能创新发展试验区建设工作指引》的通知, http://www.gov.cn/xinwen/2019-09/06/content_5427767.htm

39) 国家标准化管理委员会 中央网信办 国家发展改革委 科技部 工业和信息化部关于印发《国家新一代人工智能标准体系建设指南》的通知, http://www.gov.cn/zhengce/zhengceku/2020-08/09/content_5533454.htm

40) Office of Science and Technology Policy(OSTP): History and Overview, p.31

41) 한국산업기술진흥원(2010.10.), “최근 미국과 중국 AI 정책 동향 및 시사점”, 산업기술정책 브리프, p.8~9

42) 위의 글

43) 《中国新一代人工智能发展报告2019》 发布, http://www.cac.gov.cn/2019-05/25/c_1124541035.htm

44) 中国日报网, 中国新一代人工智能科技产业发展报告2020, https://baijiahao.baidu.com/s?id=1670369754644858528&wfr=spider&for=pc

45) "2019全球AI公司五强"公布：百度BIDU.US 位列第四, http://finance.sina.com.cn/stock/relnews/us/2020-01-16/doc-iihnzhha2729137.shtml

46) 본 원고는 필자가 2020년 6월 8일 ZDNET에 게재한 칼럼(https://zdnet.co.kr/view/?no=20200608094007) 내용을 일부 수정해 작성되었다.

47) CIMData(2019), "Industry 4.0 - A Regional Update: Digitalization, Industry 4.0, and PLM", https://www.cimdata.com/de/resources/complimentary-reports-research/executive-summaries/item/11303-industry-4-0-a-regional-update

48) Forschungsunion&acatech(2013), "Umsetzungsempfehlungen fuer das Zukunftsprojekt Industrie 4.0"(영문본: "Recommendations for implementing the strategic initiative INDUSTRIE 4.0"); Forschungsunion&acatech(2015), "BITKOM/VDMA/ZVEI, Umsetzungsstrategie Industrie 4.0 - Ergebnisbericht der Plattform Industrie 4.0"(영문본: (2016), "Implementation Strategy Industrategie 4.0 - Report on the results of the Industrie 4.0 Platform") 참조

49) 인더스트리 4.0에서 논하고 있는 스마트 팩토리는 CPS 기반의 지능형 네트워크로 연결되고 분권화된 자율시스템(Smart Connected Decentralized Autonomous System)을 말한다.

50) 스마트 팩토리에 들어가는 기계·설비의 경우 물리적인 변화가 포함될 수도 있고, 기능의 변화를 소프트웨어 차원에서 해결해 물리적인 변화는 포함되지 않을 수도 있다.

51) 독일에서는 인더스트리 4.0에서 논하는 스마트 제조 시스템이 파일럿 테스트 결과 대량생산에서도 효율적일 수 있다고 주장하며, 최근에 구축되고 e.Go(https://www.e-go-mobile.com/en/)라는 전기차 공장에는 대량생산을 위한 전통적인 조립라인이 없다.

52) 이에 대한 논의의 출발점은 2000년대 초반에 시작된 ICT 융합으로 볼 수 있다.

53) Porter, Michael E.&Hepplelmann, James E.(2014), "How Smart, Connected Products Are Transformng Competition", Porter; Michael E.&Hepplelmann, James E.(2015), "How Smart, Connected Products Are Transformng Companies"

54) 이와 관련해 최근에 독일과 유럽에서는 GAIA-X에 대한 논의가 진행되고 있다(https://www.data-infrastructure.eu/GAIAX/Navigation/EN/Home/home.html 참조).

55) Davenport, Thomas H.&Short, James E.(1990), "The New Industrial Engineering: Information Technology and Business Process Redesign", Sloan Management Review

56) Hammer, Michael(1990), "Reengineering work: Dont Automate, Obliterate", Harvard Business Review

57) Acatech(2019), "Key themes of Industrie 4.0 - Research and development needs for successful implementation of Industrie 4.0"

58) 국토연구원(2020)에 따르면, 2020년 3월 전년 대비, 대중교통 수단 이용량은 뉴욕 97%, LA 95%, 멜버른 93%가 감소했다.

59) 컴퓨터 그래픽 처리장치로 CPU와 대비되는 개념이다.

60) Huh HD, Kim S.(2020), "History of Radiation Therapy Technology", Progress in Medica Physics 31, p.124~134

61) https://ww2.frost.com/news/press-releases/artificial-intelligence-healthcare-takes-precision-medicine-next-level/

62) Abernethy, Amy P., et al.(2010), "Rapid-learning system for cancer care", Journal of Clinical Oncology 28.27, 4268

63) Esteva, Andre, et al.(2017), "Dermatologist-level classification of skin cancer with deep neural networks", nature 542.7639, p.115~118

64) Gulshan, Varun, et al.(2016), "Development and validation of a deep learning algorithm for detection of diabetic retinopathy in retinal fundus photographs", Jama 316.22

65) Nelson, Amanda E., et al.(2019), "A machine learning approach to knee osteoarthritis phenotyping: data from the FNIH Biomarkers Consortium", Osteoarthritis and cartilage 27.7, p.994~1001

66) https://venturebeat.com/2018/09/13/cb-insights-ai-health-care-startups-have-raised-4-3-billion-since-2013/

67) Sennaar, Kumba.(2019.3.5.), "Machine Learning for Medical Diagnostics—4 Current Applications", Embro, https://emerj.com/ai-sector-overviews/machine-learning-medical-diagnostics-4-current-applications(2018)

68) Ma, Wenjuan, et al.(2019), "Breast cancer molecular subtype prediction by mammographic radiomic features", Academic radiology 26.2, p.196~201

69) Zauderer, Marjorie Glass, et al.(2014), "Piloting IBM Watson Oncology within Memoria Sloan Kettering's regional network", e17653-e17653

70) Imler, Timothy D., Justin Morea, and Thomas F. Imperiale.(2014), "Clinical decision support with natural language processing facilitates determination of colonoscopy surveillance intervals", Clinical Gastroenterology and Hepatology 12.7, p.1130~1136

71) Brown, Noam, and Tuomas Sandholm.(2018), "Superhuman AI for heads-up no-limit poker: Libratus beats top professionals", Science 359.6374, p.418~424

72) https://twitter.com/genomicsdoc/status/1093183804863242241?lang=en

73) Gulshan, Varun, et al.(2016), "Development and validation of a deep learning algorithm for detection of diabetic retinopathy in retinal fundus photographs", Jama 316.22

74) De Fauw, Jeffrey, et al.(2018), "Clinically applicable deep learning for diagnosis and referral in retinal disease", Nature medicine 24.9, p.1342

75) 전종홍 외(2020), "감염병 재난에 대응하기 위한 의료 인공지능의 기술 표준 동향", ETRI Insight Report, https://ksp.etri.re.kr/ksp/plan-report/read?id=775

76) BenevolentAI, https://www.benevolent.com/

77) Levenson, Richard M., et al.(2015), "Pigeons (Columba livia) as trainable observers of pathology and radiology breast cancer images", PLoS One 10.11, e0141357

78) Uber Revenue and Usage Statistics(2019), https://buildfire.com/uber-statistics/

79) 정흥준(2019.12.), "플랫폼 노동에 대한 전반적인 이해를 위해", 경제사회노동위원회

80) 〈산재보험법〉 시행령에 따르면 특고는 보험설계사, 건설기계 기사, 학습지 교사, 골프장 캐디, 퀵서비스 기사, 대출 모집인, 신용카드회원 모집인, 대리운전 기사 9개 직종에 2020년 1월부터 방문판매원, 방문강사, 대여제품 방문점검원, 가전기기 설치기사, 화물차주 등으로 확대했다.

81) 연구에서는 한 달간 플랫폼 노동자의 정의를 두 가지로 구분해 지난 한 달 내 플랫폼을 이용해 수익을 얻은 이들을 46만 9,000명, 지난 1년간 수익을 얻은 경험이 있는 경우를 53만 8,000명으로 추산했다.

82) 일자리위원회(2020.7.22.), "플랫폼 노동과 일자리 TF 논의 결과"

83) 온라인노동지수는 영미권 Top 5의 온라인 직업 중개 플랫폼 트래픽 데이터를 이용해 분석했다.

84) 2013년 이후 매출액 규모에 따른 기업 비중은 공식 통계를 발표하지 않고 있다.

85) 경향신문(2018.10.26.), "하청 피라미드에 묻힌 여성 IT 노동자의 죽음"

86) 청와대 국민청원(2018.12.12.), "어느 IT 개발자의 죽음"

87) 청와대 국민청원(2019.2.8.), "BC카드 IT 개발자의 죽음"

88) 하도급법을 적용받기 위해서는 원사업자의 연간매출액이 10억 원 이상, 원사업자가 중소기업일 경우 연간매출액이 수급사업자보다 커야 하며, 수급사업자가 상호출자제한기업집단 소속의 중소기업이 아니어야 한다.

89) IDC(2020.4.), "2020년도 국내 ICT 시장 전망: 코로나 이후 시나리오"

90) 음성압축(G.711, G.723.1, G.729, G.729a 등) 및 영상압축(H.261, H.263 등) 기술을 사용해 네트워크의 트래픽을 줄여준다.

91) Grand View Research(2019.12.), "Unified Communication as a Service Market Size", Industry Report

92) 본 글에서는 AI 교육을 SW 교육의 연장선이자 같은 목적을 추구하는 개념으로 바라보고 SW 교육이라는 통합된 용어로 사용하되 맥락상 필요 시 AI 교육이라 칭했다.

93) Seymour Papert(1918-2016), https://el.media.mit.edu/logo-foundation/resources/onlogo/index.html

94) 현실에 의하지 않고 추상적·공상적인 것이다(Oxford Languages).

95) 페퍼트는 뉴턴의 관성 법칙과 같은 지식은 어린 시절 주변의 환경을 통해 쉽게 경험할 수 없는 지식임을 지적하며, 보다 구체적인 경험을 할 수 있는 교육환경을 제공해 주는 것이 무엇보다 중요함을 주장했다.

96) Alan Curtis Kay(1940-), https://ko.wikipedia.org/wiki/%EC%95%A8%EB%9F%B0_%EC%BC%80%EC%9D%B4

97) 교육부(2020), "정보교육 종합계획(안)"

98) 김한성, 전수진, 최승윤, 김성애(2020), "인공지능의 이해와 사회적 영향력에 관한 교육 프로그램 개발 및 적용", 컴퓨터교육학회 논문지, 23(2)를 인용·수정했다.

99) 교육부(2020.6.), "코로나19 대응: 한국의 온라인개학"

100) 교육부의 원격수업 유형에 맞춰 실시된 수업 사례를 분석해 재구성했다.

101) 기획재정부(2020.7.14.), "한국판 뉴딜 종합계획: 선도국가로 도약하는 대한민국으로 대전환"

102) 교육부(2020.10.5.), "코로나 이후, 미래교육 전환을 위한 10대 정책과제"

103) 한국교육학술정보원(2020), "COVID-19에 따른 초·중등학교 원격교육 경험 및 인식 분석", 연구자료 GM2020-11

104) 뉴미디어컨소시엄(NMC, New Media Consortium)에서 발간한 초·중등, 고등영역에서의 학습 트렌드 분석 보고서인 호라이즌레포트(www.nmc.org/nmc-horizon)에서 지난 5년간 제시한 학습 적용기술을 종합해 재구성했다.

105) THE ROYAL SOCIETY(2012), "Shut down or restart? The way forward for computing in UK schools"

106) Bocconi, S. et al.(2016), "Developing Computational Thinking in Compulsory Education, Implications for policy and practice", European Commission, Joint Research Centre

107) 마크 앤더슨(2011), "소프트웨어가 세상을 먹어 치우는 이유", THE WALL STREET JOURNAL

108) 김현철(2019), "정보적 사고에서 인공지능까지", 한빛아카데미

109) https://online-learning.harvard.edu/course/cs50-introduction-computer-science, 한국 번역과정 제공 사이트(https://www.edwith.org/cs50)

110) http://www.bloter.net/archives/280664

111) Executive Office of the President(2016), "Artificial Intelligence, Automation and the Economy"

112) 교육부(2015), "실과(기술·가정)/정보과 교육과정", 교육부고시 제2015-74호, 별책 10

113) Wing, J. M.(2008), "Computational thinking and thinking about computing", Philosophical Transactions of The Royal Society, 366, p.3717~3725

114) Seymour Papert(1981), "Mindstorms: Children, Computers, and Powerful Ideas", Basic Books

115) https://scratch.mit.edu/

116) A. VEE(2013), "Understanding Computer Programming as a Literacy", Literacy in Composition Studies, 1(2), p.42~64

117) diSessa(2000), "Changing Minds: Computer, Learning and Literacy"

118) Denning, P. J.&Tedre, M.(2019), "Computational Thinking", The MIT Press Essential Knowledge series

119) https://ml.yah.ac/

120) AI 국가전략, 제53회 국무회의(2019.12.)

121) 김수환, 김성훈, 이민정, 김현철(2020), "K-12 학생 및 교사를 위한 인공지능 교육에 대한 고찰", 컴퓨터교육학회논문지, 23(4), p.8 발췌

122) 김수환, 김성훈, 이민정, 김현철(2020), "K-12 학생 및 교사를 위한 인공지능 교육에 대한 고찰" 인용

123) 오노 가즈모토 편(2019), "초예측, 세계 석학 8인에게 인류의 미래를 묻다", 웅진지식하우스

124) 블록체인 기반 전자투표 사례는 송경재(2019), "민주주의 기술의 현실과 미래-직접·참여·심의민주주의 플랫폼", 한국정보화진흥원 참조

125) 고선규(2020), "AI는 한국의 통일문제 현안들을 해결하는 대안일 수 있는가?", 세종정책브리프 No. 2020-01 참조

126) https://www.theguardian.com/business/2020/jan/29/boeing-puts-cost-of-737-max-crashes-at-19bn-as-it-slumps-to-annual-loss

127) https://n.news.naver.com/mnews/article/052/0001261241?sid=001

128) https://carsurance.net/blog/self-driving-car-statistics/

129) https://money.cnn.com/2015/08/26/autos/keyless-ignition-lawsuit/

130) https://www.ytn.co.kr/_ln/0103_202009041731447624

131) https://spectrum.ieee.org/computing/software/why-software-fails

132) https://en.wikipedia.org/wiki/Ariane_5에서 사건의 경위 및 원인에 대한 상세 보고서도 읽을 수 있다.

133) https://www.gao.gov/assets/220/215614.pdf, Patriot Missile Defense, Software Problem Led to System Failure at Dhahran, Saudi Arabia, US General Accounting Office, February 1992

134) N.G. Leveson and C.S. Turner(1993.7.), "An investigation of the Therac-25 accidents, IEEE Computer"

135) ISO/IEC GUIDE 51:2014 Safety aspects - Guidelines for their inclusion in standards

136) ISO 26262-1:2011 Road vehicles - Functional safety

137) IEC 61508-1:2010 Functional safety of electrical/electronic/programmable electronic safety-related systems

138) https://www.nerc.com/pa/rrm/ea/Pages/Blackout-August-2003.aspx

139) Anand Deshpande and Manish Kumar(2018), "Artificial Intelligence for Big Data", Packt

140) 조영임(2020.5.), "4차 산업혁명 시대 핵심 인공지능 기술", 홍릉과학출판사

141) https://openai.com/blog/openai-api/

142) 하워드 가드너(2001), "인간 지능의 새로운 이해, 다중지능", 김영사

143) http://www.scholarpedia.org/article/Artificial_General_Intelligence

144) 김재호(2020.6.), "Smart City Data Hub", KRnet 2020

145) 황종성(2020.6.), "플랫폼 기반 스마트 시티 개념과 구현전략: 부산 국가시범도시 사례", KRnet 2020

146) https://link.springer.com/chapter/10.1007/978-3-540-70621-2_2

147) 김대호(2016), "4차 산업혁명", 커뮤니케이션북스, p.4

148) 이러한 기획은 단적인 예로, 각국의 과학기술자와 정책가들이 추진하는 스마트 시티 건설 사업을 통해 엿볼 수 있다. 정동훈(2019), "스마트시티, 유토피아의 시작", 넥서스BIZ, p.25, 55

149) 김선희(2013), "과학기술과 인간정체성", 아카넷 p.125~126; 유발 하라리(2017), 김명주 역, "호모데우스: 미래의 역사", 김영사, p.451~55

150) Fjeld, J., Achten, N., Hilligoss, H., Nagy, A.,&Srikumar, M.(2020), "Principled artificial intelligence: Mapping consensus in ethical and rights-based approaches to principles for AI", Berkman Klein Center Research Publication

151) 2016년 이후 등장한 인공지능 윤리 관련 국내외의 주요 문헌들(인공지능 윤리 원칙, 선언, 권고안, 가이드라인 등 28개의 자료)을 살펴보면 Humanity, Privacy, Accountability, Fairness, Transparency, Safety 등의 핵심 가치를 포착할 수 있다. 허유선, 이연희, 심지원(2020), "왜 윤리인가: 현대 인공지능 윤리 논의의 조망, 그 특징과 한계", 인간·환경·미래 24, p.168~172, 177~179 참조